SUTTON AND SONS LECTURE

LA CULTURE DES LÉGUMES ET DES FLEURS DANS LES ZONES TEMPEREES À PARTIR DES GRAINES ET DES RACINES

TOME 2

Traduit par PATRICK KUNYIMA

Exibook est une maison d'édition des livres qui a pour but de faire la promotion de la tradition écrite en Afrique.
Pour tout contact: exibookinfo@gmail.com
ou patkunyima@yahoo.fr
+243 99 8322 223
+243 97 9502 219

Distribution: Exibook
ISBN: 978-2-38337-090-1

Contenus

INTRODUCTION

Que la demande moderne de fleurs ait créé l'offre ou que l'offre ait trouvé un public appréciateur, nous n'avons pas besoin de rester pour discuter. Il n'en reste pas moins que les quatre ou cinq dernières décennies ont vu une extension phénoménale de l'utilisation des fleurs par toutes les classes de la communauté, pour la décoration de la maison autant que pour embellir le jardin. Principalement, cette avancée du raffinement dans le goût populaire est attribuable à la compétence et au dévouement enthousiaste des fleuristes qui ont soutenu dans toute leur intégrité les véritables canons de la perfection florale, et dont les travaux continueront d'être impératifs pour maintenir les normes de qualité. Par leurs sévères règles de critique, les fleuristes font avancer subjectivement les fins de la floriculture, et par les résultats réels de leurs travaux, ils rendent une aide objective, leurs plus belles fleurs ne servent pas seulement de types, mais de véritables goujons pour perpétuer chaque race. Par conséquent, le déclin de la floriculture impliquerait la détérioration des fleurs, et la prospérité de la floriculture nécessite des progrès non seulement dans les domaines qui relèvent du domaine des fleuristes, mais de beaucoup d'autres doivent ils n'ont pas consacré une attention particulier. Pourtant, il faut reconnaître que, si brillants que soient leurs triomphes, les méthodes qu'ils ont pratiquées ont parfois besoin de sanctions très sévères. La propagation continue pendant de nombreuses générations, dans des conditions artificielles, a tellement affaibli la constitution des roses trémières, des verbènes et de quelques autres sujets, que les plantes sont devenues victimes de maladies qui à un moment menaçaient leur existence. Pour les sauver de l'anéantissement, il fallait abandonner le chemin utilisé de la propagation, demi-finales. En termes d'endurance, ces plantes se sont révélées éminemment satisfaisants, bien qu'à d'autres égards ils ont été, au début, tristement décevants. Il est alors devenu clair qu'avant le spectacle, les fleurs veulent être acquises à partir des semis, le jugement et l'habileté doivent être consacrés à l'art de conserver les semences. C'était forcément un travail du temps, exigeant une grande patience et des connaissances scientifiques rares. La tâche a été entreprise avec enthousiasme dans plusieurs directions, et les résultats ont plus que justifié ce travail d'amour. Autrefois, le mode universel de perpétuation des roses trémières était par le processus générique de boutures, ou en greffant des bourgeons sur les racines de semis dans des maisons chauffées à la température tropicale. Dans de nombreux endroits, la coutume était de soulever les vieilles plantes, de les mettre en pot et de les conserver pendant l'hiver dans des fosses. Tout a été jugé nécessaire pour assurer cela de belles fleurs. Tandis que le fardeau du travail était ainsi rendu lourd, la constitution de l'usine s'est affaiblie, et à un moment donné la crainte a été entretenue que son extinction était à portée de main. Mais le nouveau système préservé la rose trémière, et en même temps fourni un exemple frappant du principe selon lequel les semences conservées scientifiquement reproduisent les variétés dont elles ont été prélevées. Les roses trémières des semis donnent maintenant des fleurs doubles de la meilleure qualité; et les plantes sont moins sujettes aux maladies. Donc avec la verveine. À partir de plantes à graines nécessaires peuvent être soulevées qui produiront les fleurs les plus resplendissantes, et au lieu de propager un stock à garder au cours de l'hiver, d'être frappé de moisissure et de ne coûter aucune fin de soins, seulement pour devenir malade enfin, une pincée de graines est semé en janvier ou février, et bientôt il y a un stock de plantes saines posséder la force propre aux semis. Ceux-ci, étalés au bon moment, fleurissent beaucoup plus librement que les plantes à partir de boutures et produisent des fermes deux fois plus grandes.

Pour illustrer encore davantage le changement de méthode, nous pouvons citer la Cinéraria. Autrefois, c'était une plante difficile à cultiver, car il était nécessaire de propager des variétés désignées par divisions et drageons. Le système restreint s'est traduit par une culture limitée. Rares étaient ceux qui étaient prêts à s'aventurer sur une tâche connue pour être entourée de difficultés. Peu à peu, on a découvert que les meilleurs cinémas pourraient être obtenus en semant simplement des graines et en donnant aux plantes la culture habituelle d'annuelles tendres. Cela a mis la cinéraire à la portée de milliers de personnes qui n'essaieraient pas de la cultiver sous l'ancien système, et le gain qui en résulte pour la société est immense.

Ce qui a été fait avec la cinéraire un son parallèle dans un certain nombre de fleurs décoratives les plus élégantes. Des résultats brillants ont été réalisé avec des bégonias, des calceolarias, des cyclamens, des gloxinias, des primulas et des schizanthus. Il a également cessé d'être nécessaire de garder ces grands stocks de littérature et d'autres plantes tout au long de l'hiver, pour les Ageratums, les Lobelias et les pensées se sont révélées sensibles au nouveau traitement, et une grande partie du travail habituel dans la frappe et le rempotage des boutures, comme ainsi que les dépenses de verre, de carburant et d'achat fréquent de plantes à prix élevé, ont été rendues inutiles. Même parmi les fleurs qui sont correctement désignées annuelles, de nouvelles et délicieuses variations ont été obtenues à partir de types originaux. Parmi ceux-ci, nous en avons des exemples dans Aster, Godetia, Larkspur, Mignonette, Phlox Drummondii, Poppy, Stock, Sweet Pea et bien d'autres. Dans certains cas, de la taille des fleurs est remarquable,

Ainsi une révolution a été accomplie dans l'économie et le teint du Jardin des Fleurs anglais, une révolution qui a réduit et simplifié le travail du jardinier, augmenté le nombre et rehaussé la beauté de nombreuses fleurs, effectué une économie notable sur le coût des plaisirs du jardin, et a apporté la culture d'un grand nombre de sujets les plus attrayants dans les moyens de ceux qui présentent ni les installations ni les connaissances nécessaires pour poursuivre les méthodes du fleuriste. Il ne semble y avoir aucune limite aux progrès futurs. Tout ce que nous pouvons faire est d'expérimenter et d'acquérir des connaissances, et ceux qui aiment le jardinage peuvent aider à étendre la zone de ce nouveau système bon marché de production de certaines des fleurs de jardin les plus élégantes en une saison à à partir de graines seules.

Le moment et la méthode de semis des graines de fleurs doivent dans chaque cas être réglés par des considérations quant à leur nature. Les graines de plantes tendres sont généralement semées dans des pots ou des casseroles et placées sur un lit chauffé modéré ou dans une maison de multiplication au début du printemps, et dans ce cas, les plantes sont cultivées en serre jusqu'à ce que le moment arrive pour les endurcir avant la plantation finale. Mais les graines de nombreuses fleurs rustiques peuvent être réalisées de la même manière, lorsqu'une longue saison de croissance est nécessaire à leur développement. Ainsi, les phlox, les verbènes et les roses trémières, les plantes qui diffèrent énormément dans l'habitude et la constitution, peuvent être semés en février, et mis côte à côte dans la même fosse chaude ou vinery, ou même dans le coin le plus chaud de toute serre, et le même traitement leur conviendra également. Le sol doit être principalement limoneux et sable, avec un peu de vieux fumier bien pourri provenant d'un lit chaud ou d'un tas de compost; et la lumière, l'air et doivent être régulés en vue d'assurer une croissance libre et vigoureuse dès le début, avec le moins de chaleur artificielle possible. Dans certains cas, cependant, les semis doivent être reportés à mars ou avril, et le résultat sera bien plus satisfaisant que la croissance réalisée sous l'impulsion de la chaleur artificielle plus tôt dans la saison. Mais dans tous les cas, les plantes doivent disposer de suffisamment de temps; car, bien que le système rapide ait été développé, la constitution des plantes reste inchangée, et celles qui ont présent jusqu'à présent été classées comme bisannuelles et vivaces ont besoin d'une longue saison lorsqu'elles sont utilisées comme annuelles.

Une proportion considérable de fleurs les plus fines peut être soulevée à partir de graines à l'aide d'un cadre et d'une gestion peu prudente. Nous prendrons comme exemple un jardin très restreint. Voici un petit cadre et quelques paquets de graines, et le mois de février ou mars est arrivé. Les casseroles et les pots sont préparés avec du compost de sable doux, et les graines sont semées et étiquetées, et les casseroles et les pots sont emballés ensemble dans le cadre sur un lit de cendres de charbon propres, ou des ardoises, des tuiles ou des briques combinées sur le sol, pour favoriser la chaleur et la propreté et pour empêcher l'intrusion de vers parmi les graines. Par une gestion simple presque aussi rapide, on peut assurer une croissance des graines dans ce cadre qu'à l'aide d'un lit chaud, et le secret consiste en un stockage soigneux de la chaleur du soleil. Poser sur les plaques de verre des bacs à graines pour éviter l'évaporation, et que le soleil brille en plein sur eux. Attention à avoir: ils ne doivent jamais être mouillés, jamais secs, et l'eau ne doit pas être négligée. Il est recommandé de plonger les casseroles ou poêles dans un récipient contenant de l'eau douce, légèrement tiède. Lorsque les semis commencent à apparaître, donnez un peu d'air et posez des feuilles de papier tendrement dessus pendant une heure ou deux à midi, lorsque le soleil peut briller. Mais gardez-les du premier aussi `` dur " que possible avec beaucoup de lumière et d'air, en veillant toujours à ce qu'ils ne soient ni rôtis, ni emportés par le vent cruel d'est, ni étouffés la nuit par un gel meurtrier. Quelques vieux nattes ou de légers débris d'arbres posés sur la charpente du coucher du soleil au lever du soleil seront une protection suffisante à ces moments difficiles; et lorsque les gelées printanières font des ravages avec la feuille de germination tendre et fleurissent dans chaque partie du jardin, ces petites choses seront en sécurité sous leur couvercle en verre, et une légère expérience montrera qu'un cadre commun peut devenir une maison chaude miniature entre les mains de celui qui a appris à faire de l'échec le tremplin du succès. Nous ne devons pas omettre de recevoir que le propriétaire d'un tel jardin, ou, en fait, de tout jardin, sera prudent de profiter du premier beau temps pour semer en pleine terre les graines de fleurs ou de légumes à semer à cette saison. Le jardin à charpente peut être réservé, si besoin est, pour le temps pluvieux, car il est de la plus haute importance de semer une bonne quantité de graines en pleine terre le plus tôt possible au mois de mars.

En passant de ce petit exemple au grand jardin, il sera évident que pour ceux qui ont toujours un gros travail sous la main, les avantages de ce transfert, du travail de l'ancien système vers le nouveau sont immenses. Tant pour les employeurs que pour les jardiniers, les avantages sont importants; la propagation des massifs par boutures et des fleurs des fleuristes par les drageons et les divisions, les nappes et les passepoils, ne sera bien entendu pas complètement abolie; mais pour tous les buts ordinaires, les fins en vue peuvent être complies plus simplement, plus rapidement et à meilleur marché avant l'épreuve. Les fosses jusque-là voulues aux litières, etc., peuvent en grande partie être libérées, et il n'y aura aucune difficulté à leur trouver des occupants plus rentables.

LA CULTURE DES FLEURS À PARTIR DES GRAINES

Alors que les champignons, les pommes de terre primeurs et les salades d'hiver sont en demande, avant de traiter certaines fleurs, il peut être souhaitable de dire quelques mots en général concernant la culture des Annuelles - Hardy, Half-Hardy et Tender - ainsi que sur les Biennales et Vivaces rustiques.

Annuelles : Bien que les espèces annuelles les plus populaires soient élargies dans l'embellissement des jardins de fleurs, elles sont adaptées à de nombreux usages auxquels elles peuvent avec avantage être plus fréquemment appliquées. Quelques idées fausses prévalent quant aux mérites relatifs à cette classe de plantes. Par certains, ils sont prévus comme «nuisibles» et «de courte durée». Leur très bon marché et la quantité relativement faible de compétences requises pour leur culture tendancielle dans une certaine mesure à nuire à leur valeur dans la ressource publique. Nous ne serons pas assez téméraires pour dire qu'une utilisation plus étendue des années rendrait inutile la culture de ce que l'on appelle spécialement les «plantes à massifs»; mais il y a quelque chose à dire au nom des années qui méritent peut-être la considération de tous ceux qui recherchent au développement de la fraîcheur, de la variété, et de la richesse de couleurs dans le jardin fleuri. En premier lieu, ces plantes fleurissent dans un tours de temps relativement court à partir du semis de la graine, et il est d'une importance considérable qu'une grande partie des meilleures belles reste jusqu'à la toute fin de la saison. Quelques fois en automne, les géraniums sont littéralement lavés, tandis que les capucines Tom Thumb peuvent être enflammées de couleur et continuer ainsi lorsque les géraniums sont hébergés pour l'hiver. Un grand nombre d'annuelles voyantes et durables sont adaptés à l'emploi dans la litière, et par un peu de gestion, celles qui ne durent pas la saison peuvent être remplacées par d'autres pour la succession; offrant ainsi l'offre d'une plus grande variété et ne faisant aucune demande de verre et de combustible pour les maintenir pendant l'hiver comme le font les litières ordinaires. Nous avons eu de grandes et glorieuses feuilles de Candytufts, blanc comme neige, cramoisi riche et carmin brillant; et quand ils ont commencé à décliner, ils ont été enlevés, et le sol planté d'Aster, et très bientôt il y eut un autre étalage, si frais, si brillant et si varié envisageait une litière de serre ne pouvait les dépasser. De grandes banques affamées, Bartonia *aurea* , les variétés naines de *Lupinus* , Virginian Stock, *Collinsia bicolor* , Convolvuluses, Candytufts, Eschscholtzias, Poppies et Clarkias; et les bordures humides et semi-ombragées ont été délicatement pavées au moyen de Myosotis, de Miroir de Vénus, de Pensées, de Rosy Oxalis, de Nemophilas, de Godetias, de Silènes, de Coreopsis et de Scabious.

Pour les postes les plus importants dans le jardin de fleurs, nous avons le choix de nombreux sujets vraiment somptueux, tels que les stocks, les asters, les baumes, le Phlox de Drummond, les Lobelias, les belles nouvelles variétés d'Antirrhinums, Dianthus , Portulacas, Zinnias, grands épis à fleurs, Nemesias, et bien d'autres fleurs tout aussi belles et durables. Nous n'espérons pas par ces brèves remarques changer la mode dominante - en effet, nous n'avons aucun souhait particulier de cette façon - mais nous nous sentons obligés de constater qu'il suffit pour la beauté du jardin que les litières de serre soient confinées au parterre correct. C'est un gaspillage d'espace et d'opportunité de les placer partout aux frontières, comme cela se fait trop souvent. Dans les bordures ensoleillées, les plantes herbacées annuelles et pérennes sont bien plus voulues.

Depuis quelque temps, en nous promenant dans un grand jardin, nous avons laissé la riche coloration des parterres géométriques pour découvrir ce qui devait faire la merveilleuse lueur du cramoisi sur une bordure lointaine; et à notre grande surprise, il s'est avéré être un bouquet de rose de l'Indian, qui avait été semé comme une année avec d'autres annuelles, et était là brillant au milieu d'une constellation des plus belles fleurs de toutes les formes et teintes, le résultat simplement de semer quelques paquets de graines. Personne ne peut mépriser la giroflée au printemps, et les fleurs bleu céleste de *Nemophila insignis* au début de l'été en inciteront beaucoup à marcher dans le jardin qui se soucieraient peu des feuilles d'écarlate et de jaune qui en plein soleil font mal aux les yeux. pour les regarder. Il faut se rappeler aussi que parmi les annuelles, on trouve de nombreuses fleurs les plus parfumées; d'autres, comme les éternelles et les herbes, sont précieuses à sécher pour une utilisation hivernale pour l'emploi dans les bouquets et les guirlandes dans les décorations de Noël; et les pois de *senteur* , et *Tropæolum canariense,* et le Convolvulus grimpant peut être utilisé pour couvrir les tonnelles et les treillis avec le meilleur effet possible, et même être autorisé à se suspendre en festons autour des parties ensoleillées des rocailles, ou à traîner sur le sol pour créer de véritables effets de litière. Une autre question importante doit avoir été mentionnée ici, et nous recommandons à l'attention des jardiniers qui sont sévèrement taxés pour assurer de vastes étalages de fleurs pendant la saison estivale. C'est qu'un certain nombre de plantes de caractère hautement ornemental, qu'elles soient réalisées comme des plantes vivaces, sont vraiment plus efficaces, en plus de nécessiter moins de travail pour les produire, lorsqu'elles sont cultivées comme annuelles. Le Dianthus et ses nombreuses variétés splendides font mieux en tant qu'annuelles que bisannuelles. Pour tous les besoins ordinaires de l'affichage, les Lobelias peuvent être aussi bien cultivées à partir de graines que de boutures, et dans chaque jardin se trouvent la preuve du peu de soins dont ils ont besoin; car nous trouvons des plantes égarées, auto-semées dans des pots de géraniums et d'autres endroits, et celles-ci, si elles sont laissées seules, deviennent des buissons parfaits, et sont une masse de fleurs tout l'été. De nombreuses annuelles réputées pour être tendres et élevées en chaleur se débrouillent très bien avec une méthode plus rugueuse et plus prête. Pour preuve de cela, semez *Perilla nankinensis* dans la première semaine de mai où cela est nécessaire, et au mois de juillet, vous serez probablement convaincu que Perilla n'a pas toujours besoin de soins soignés dans les maisons chauffées au printemps. Même la très tendre plante à huile de ricin prospérera si elle est semée en pleine terre la première semaine de mai. N'ayant pas de contrôle, comme doivent l'être les plantes sorties de pots, la croissance sera régulière et robuste et atteindra des dimensions magnifiques.

Le moyen le plus efficace de cultiver des années est peut-être de les éliminer en mélanges harmonieux ou en contrastes de couleurs. Le grand choix de variétés disponibles admet un nombre presque infini de combinaisons, et les tableaux suivants, classés par couleur, offriront sans aucun doute quelques suggestions utiles, bien que celles-ci n'épuisent en aucun cas la liste. La hauteur est indiquée en pieds et les grimpeurs en «Cl».

TEINTES BLANCHES ET CRÈMES.

TALL .

Chrysanthème	coronarium,	Princesse May	3
Chrysanthème	coronarium,	Double blanc	3
Bleuet,	blanc		3
Hélichryse,	Globe d'argent		3
Larkspur,	Stock-fleuri,	blanc	3
Lavatera	Alba	splendens	3
Coquelicot,	Géant Double,	blanc	3
Coquelicot	Géant célibataire,	blanc	3
Scabieux,	Boule de neige		3
Chrysanthème	carinatum	album	2-1 / 2
Chrysanthème	Dunnetti,	Double blanc	2-1 / 2
Capucine,	Haut,	perle	Cl.
MOYEN.			
Clarkia	élégans,	Boule de neige	2
Lupinus	Hartwegii,	blanc	2
Malope,	blanc		2
Coquelicot,	cygne blanc		2
Shirley,	Double blanc		2
Calendula	pluvialis		1-1 / 2
Chrysanthème	inodorum	plénissimum	
Clarkia,	Double blanc		1-1 / 2
Gilia	nivalis		1-1 / 2
Gypsophile	élégants		1-1 / 2
Épervière,	blanc		1-1 / 2
Épervière	Argent		1-1 / 2
Jacobea,	Double,	blanc	1-1 / 2
Doux sultan,	Géant	blanc	1-1 / 2
Chrysanthème	coronarium,		
Nain	double	blanc	1-1 / 4
NAIN .			
Acroclinium,	Blanc unique		1
Candytuft,	Amélioré	Spirale blanche	1

Clarkia,	Blanc nain		1
Clarkia	Double	blanc nain	1
Liseron	mineur,	blanc	1
Eschscholtzia	crocée	Alba	1
Godetia,	Duchesse	d'Albany	1
Layia	élégants	Alba	1
Linaria,	Blanc comme neige		1
Capucine,	Nain,	perle	1
Platystemon	californicus		1
Viscaria,	Blanc pur		1
Alyssum,	Doux		3/4
Chrysanthème	inodorum	plenis-simum,	
Robe de mariée			3/4
Collinsia	candidissima		3/4
Godetia,	Blanc nain		3/4
Swan River	Marguerite,	blanc	3/4
Swan River	Marguerite	Étoile blanche	3/4
Vénus'	Miroir,	blanc	3/4
Vénus'	Millepertuis		3/4
Stock virginien,	blanc		3/4
Candytuft,	Petit Prince		1/2
Nemophila	insigne	Alba	1/2
Alyssum	le minimum		1/3
Silène,	Blanc nain		1/3

TEINTES JAUNE ET ORANGE

TALL .

Tournesol,	Jaune géant		dix
Tournesol	Primevère	La perfection	6
Tournesol	Miniature		4
Tournesol	Stella		4
Tournesol	Primrose Stella		4
Chrysanthème	coronarium,		
Chrysanthème	Double jaune		3
Chrysanthème,	Reine d'or		3

Coreopsis	tinctoria		3
Hélichryse,	Golden Globe		3
Tournesol,	Double nain		3
Tournesol	Nain unique		3
Chrysanthème	Dunnettii,		
Chrysanthème	Double doré		2-1 / 2
Souci,	africain		2-1 / 2
Capucine,	Feuilles de lierre	Gemme d'or	Cl.
Capucine,	Haut,	Jaune	Cl.
MOYEN .			
Hibiscus	africanus	Majeur	2
Bartonia	aurea		1-1 / 2
Chrysanthème,	Star	variétés	1-1 / 2
Coreopsis	Drummondii		1-1 / 2
Coreopsis	coronata		1-1 / 2
Erysimum,	Gemme orange		1-1 / 2
Épervière,	Jaune		1-1 / 2
Leptosyne	Stillmani		1-1 / 2
Lupinus	Menziesii		1-1 / 2
Doux sultan,	Jaune		1-1 / 2
NAIN .			
Calendula,	Roi orange		1
Calendula	Reine du citron		1
Cheiranthus	Allionii		1
Chrysanthème	coronarium,		
Chrysanthème	coronarium,	Nain double jaune	1
Dimorphotheca	aurantiaca		1
Eschscholtzia	Californie		1
Escholtzia,	crocée		1
Escholtzia,	crocée	fl. PL.	1
Eschscholtzia,	Mikado		3/4
Layia	élégants		1
Lupinus,	Jaune nain		1
Capucine,	Nain,	Tissu d'or	1

Capucine,	Nain,	Jaune	1
Tagetes	signata	pumila	1
Tagetes	mandarin		3/4
Linaria,	Gemme d'or		3/4
Souci,	Miniature	Orange	3/4
Souci	Miniature	Orange	3/4
Eschscholtzia,	Primevère miniature		1/2
Limnanthes	Douglasii		1/2
Sanvitalia	procumbens,	Seul	1/2
Sanvitalia	Double		1/2
Leptosiphon	aureus		1/4

NUANCES BLEU, MAUVE ET VIOLET.

TALL .			
Bleuet,	Bleu		3
Larkspur,	Stock-fleuri,	Bleu	3
Larkspur,	Stock-fleuri,	Mauve pâle	3
Lupinus,	Grand bleu foncé		3
Coquelicot,	Géant Double, Mauve		3
Scabieux,	Mauve		3
MOYEN .			
Godetia,	Double Mauve		2
Lupinus	Hartwegii,	Bleu azur	2
Coquelicot,	Reine mauve		2
Doux sultan,	Violet		2
Xeranthème	superbissimum		2
Xeranthème	impériale		2
Anchusa,	Bleu annuel		1-1 / 2
Gilia	capitata		1-1 / 2
Gilia	tricolore		1-1 / 2
Jacobea,	Double, violet		1-1 / 2
Nigelle,	Mlle Jekyll		1-1 / 2
Phacélie	tanacetifolia		1-1 / 2

Salvia,	Barbe bleue		1-1 / 2
Doux sultan,	Mauve Délicat Géant		1-1 / 2
Doux sultan,	Mauve géant		1-1 / 2

NAIN .

Asperula	azurée	Setosa	1
Candytuft,	Lilas		1
Liseron	mineur,	Bleu foncé	1
Liseron		Bleu ciel	1
Bleuet,	Roi de	Bouteilles bleues	1
Eutoca	viscida		1
Linaria,	Mauve		1
Lupinus,	Nain	bleu riche	1
Mathiola	bicorne		1
Phacélie	congesta		1
Viscaria,	Bleu brillant		1
Whitlavia	gloxinioides		1
Bleuet,	Victoria,	Bleu nain	3/4
Leptosiphon	Androsaceus		3/4
Nigelle,	Double nain		3/4
Phacélie	campanularia		3/4
cygne	Rivière Daisy,	Bleu	3/4
cygne	Rivière Daisy,	Bleu étoile	3/4
Campanule	attique		1/2
Nemophila	insigne		1/2

TEINTES ROSE ET ROSE

TALL .

Bleuet,	Rose		3
Larkspur,	Stock-fleuri,	Rosy Scarlet	3
Lavatera	rosea	splendens	3
Lupinus	mutabilis,	Crème et rose	3
Coquelicot,	Géant Double,	Chamois-rose	3
Scabieux,	Rose		3

Capucine,	Reine du saumon		Cl.
Capucine,	Reine rose		Cl.
MOYEN .			
Clarkia elegans,	Double saumon		2
Clarkia elegans,	Double rose délicat		2
Godetia,	Rose double		2
Jacobea,	Seul,	Rose brillante	2
Coquelicot,	Gemme rose		2
Coquelicot,	Cardinal,	Rose saumon	2
Coquelicot,	Shirley,	Rose-rose unique	2
Coquelicot,	Shirley,	Rose double	2
Saponaria	Vaccaria,	Rose	2
Clarkia,	Rose double		1-1 / 2
Épervière,	Rose		1-1 / 2
Jacobea,	Double,	Rose	1-1 / 2
Silène Armeria,	Rose		1-1 / 2
Statice	Suworowi		1-1 / 4
NAIN .			
Acroclinium,	Rose double		1
Acrolinium,	Rose unique		1
Convolvulus minor,	Rose		1
Eschscholtzia,	Rose à volants		1
Escholtzia,	Reine rose		1
Escholtzia,	Cardinal rose		1
Gypsophila elegans,	Rose délicat		1
Lupinus,	Nain	rose délicat	1
Capucine,	Nain,	Rose saumon	1
Capucine,	Nain,	cæruleum roseum	1
Silène,	Double	Rose saumon	1
Silène,	Double	Délicat rose	1
Silène,	Bonetti		1
Silène,	Pseudo-Atocion		1
Statice	spicata		1
Viscaria,	Délicat rose		1

Bleuet,	Victoria,	Rose naine	3/4
Godetia,	Rose nain		3/4
Godetia,	Rose satiné		3/4
Abronia	ombellata		1/2
Candytuft,	Rose nain		1/2
Saponaria	calabrica		1/2
Silène,	Double nain	Délicat rose	1/3
Silène,	Double nain	Rose brillante	1/3
Silène,	Bonetti,	Rose nain	1/3
Leptosiphon	roseus		1/4

NUANCES CRIMSON ET SCARLET,

y compris Carmine et Ruby.

TALL .			
Coreopsis	atrosanguinée		3
Hélichryse,	Boule de feu		3
Coquelicot,	Géant Double,	Écarlate	3
Polygonum,	Gemme rubis		2-1 / 2
Malope,	rouge		2
Capucine,	Haut,	Lucifer amélioré	Cl.
Capucine,	Haut,	Prince Noir	Cl.
MOYEN .			
Chrysanthème	atrococcineum		2
Clarkia elegans,	Saumon écarlate		2
Clarkia elegans,	Luciole		2
Godetia,	Double Crimson		2
Coquelicot,	Cardinal		2
Cacalia	coccinea		1-1 / 2
Coreopsis	cardaminigolia	Nain	1-1 / 2
NAIN .			
Candytuft,	Carmine améliorée		1
Candytuft,	Crimson foncé		1
Centranthus	macrosiphon		1

Godetia,	Roi cramoisi		1
Godetia,	Reine écarlate		1
Godetia,	Dame Albemarle		1
Linum	grandifiorum	rubrum	1
Capucine,	Nain,	Reine écarlate	1
Capucine,	Nain,	Roi Théodore	1
Naturtium,	Roi de	Tom Thumbs	1
Viscaria	cardinalis		1
Collomia	coccinea		3/4
Coreopsis,	Crimson nain		3/4
Eschscholtzia,	Ruby King		3/4
Godetia,	Rémanence		3/4
Godetia,	Dame Albemarle,	nain	3/4
Saponaria,	Reine écarlate		1/2
Stock virginien,	Roi cramoisi		1/2
Viscaria,	Carmin nain		1/2

Pourtant, une autre méthode de culture annuelle mérite une mention spéciale. Il n'est pas entièrement reconnu qu'un certain nombre de sujets, généralement associés uniquement aux plates-bandes et aux bordures, peuvent également être fleuris avec la plus grande facilité sous verre en hiver et au début du printemps. Ceux qui n'ont pas encore tenté la culture des annuelles de cette manière seront ravis des effets charmants produits. Parmi les sujets les plus adaptés à cet objectif figurent Alonsoa; les variétés Star et Dunnettii de chrysanthème annuel; *Clarkia elegans;* Dimorphotheca; *Gypsophila elegans* ; Linaria; *Nemesia Suttoni* ; Nicotiana, blanc miniature et *N. affinis* ; Phlox, Purity, l'une des plus belles plantes en pot pour la véranda et d'une valeur particulière pour les travaux de décoration à Pâques; Salpiglossis; et la jolie marguerite bleue, semblable à une cinéraire, de la rivière Swan. Du fait que ces annuelles sont des types rustiques ou semi-rustiques, on comprendra aisément qu'aucune grande quantité de chaleur n'est nécessaire pour les amener à maturité; en effet, plus le traitement est résistant, mieux c'est pour leur bien-être. Les graines doivent être semées en août ou septembre dans des pots ou des casseroles placés dans un cadre frais, les semis être piqués dans d'autres pots dès qu'ils ont atteint une taille appropriée. À l'approche du temps froid, transfert à la serre ou à la véranda, et à condition que la température nocturne ne soit pas autorisée à descendre en dessous de 45 °, tout devrait aller bien. Pendant la journée, donnez aux plantes le maximum d'air chaque fois que le temps le permet.

Annuelles rustiques. - Les graines doivent être semées sur une surface soigneusement préparée dont les gros cailloux ont été enlevés, et les mottes doivent être cassées, mais le sol ne doit pas être rendu assez lisse pour devenir pâteux sous la pluie. Semez finement, en rangées espacées pour correspondre à la hauteur de la plante, recouvrez d'une très légère couche de terre sèche fine - les plus petites graines n'ayant besoin que d'un simple saupoudrage pour les couvrir - et, dès la première, gardez les plantes suffisamment éclaircies pour éviter la surpopulation. Les annuelles semées au printemps méritent un meilleur sol que ce qu'elles leur ont habituellement attribué, et aussi un traitement plus soigné. Il n'est pas sage de semer avant mars ou après la mi-avril. Dans l'après-culture, le plus important est de garder les mottes bien éclaircies. Non seulement la floraison des plantes surpeuplées sera relativement pauvre et brève, mais par un éclaircissage précoce et audacieux, les plantes deviendront si robustes et couvriront de si grands espaces de terrain avec leur large feuillage et leurs fleurs bien développées, comme vraiment pour étonner les gens qui pensent qu'ils savent tout sur les annuelles, et qui se sont peut-être aventurés après de nombreux mauvais traitements pour les qualifier de «fugaces et nuisibles». Bien que le semis d'annuelles rustiques directement sur les plates-bandes et les bordures où les plantes sont recherchées est économique en main-d'œuvre et évite de vérifier quelles occasions de transplantation, la pratique consistant à élever des annuelles sur des lits de semence spécialement préparés et à piquer les plantes dans les quartiers de floraison est parfois suivi. Le sol dans lequel ils sont transférés pour la floraison doit être profondément creusé, complètement brisé et, le cas échéant, généreusement fertilisé. C'est également un excellent plan pour semer des annuelles rustiques à l'extérieur en automne, mais il est inutile d'en dire plus à ce sujet ici, car il est traité en détail à la page 313.

Annuelles semi-rustiques. - Accordez-leur une période de croissance aussi longue que possible pour assurer une plante vigoureuse avant la saison de floraison. Le meilleur moment pour semer est février, ou début mars; car, bien que certaines espèces puissent avec avantage être semées plus tôt, il est généralement plus sûr d'attendre le soleil et la pleine lumière du jour, afin de maintenir une croissance régulière et continue. Le sol des bacs à graines doit être riche et fin. Un bon terreau, amélioré par l'ajout de fumier complètement décomposé et de moisissure des feuilles, avec suffisamment de sable pour rendre la texture poreuse, conviendra à toutes sortes d'annuelles qui sont semées dans des casseroles sous un verre. Semez la graine finement, couvrez très légèrement et posez des carrés de verre dessus pour garder un degré d'humidité uniforme sans avoir besoin d'arroser. Si un arrosage devient nécessaire, veillez à ne pas laver les graines. Si les casseroles ou les casseroles sont placées dans un récipient contenant plusieurs pouces de profondeur d'eau jusqu'à ce qu'une quantité suffisante ait été absorbée, il n'y aura aucune occasion de verser de l'eau sur la surface. Une chaleur douce est à préférer; lorsque la germination est trop rapide, elle tend à la production de plantes faibles. Dès que les jeunes plants apparaissent, retirez les verres et placez les bacs à graines dans la pleine lumière, où l'air peut leur être donné sans danger pour eux. Un vent sec d'est soufflant violemment sur eux se révélera une explosion de mort. S'ils n'ont pas d'air du tout, ce seront des choses chétives et branlantes, qui ne valent guère la peine d'être plantées. Les variétés de choix doivent être soigneusement piquées dans des casseroles et des pots dès qu'elles sont suffisamment grandes; cela favorisera une croissance fine et trapue et un magnifique développement des fleurs. Veillez à ne pas planter avant que le temps ne soit favorable, car tout bon contrôle annulera tout votre travail et rendra vos nourrissons affamés. Si vous ne pouvez pas commander la chaleur pour les annuelles semi-rustiques, semez la première semaine d'avril, placez les casseroles dans un cadre orienté vers le sud, et les graines vont bientôt pousser et bien pousser. Si cela vous pose trop de problèmes, semez dans la bordure ouverte au début du mois de mai, rendant la bordure riche et friable, afin qu'ils aient de bonnes chances dès le début.

Annuelles tendres. —Celles-ci nécessitent le même traitement général que celui conseillé pour les annuelles semi-rustiques. Mais il est souhaitable de semer dans une chaleur plus forte que ce qui est nécessaire pour les annuelles qui doivent être plantées. Il est également nécessaire d'être à temps pour piquer les plants, car s'ils sont beaucoup attirés, ils ne peuvent pas faire de plantes en pot robustes. Un sol léger, riche, parfaitement sucré, contenant une bonne proportion de sable tranchant, est nécessaire pour assurer des plantes qui valent la peine d'être possédées. Il est également important de les placer dans des petits pots séparés dès que possible et de les déplacer dans des pots de plus en plus grands, jusqu'à ce qu'ils aient suffisamment d'espace en pot pour la floraison, après quoi il ne faut plus changer. Dès que ces pots sont remplis de racines, donnez constamment de l'eau de fumier très faible jusqu'à ce que les plantes soient en fleurs, puis arrêtez-la en utilisant à la place de l'eau douce pure.

Biennales et vivaces rustiques. —Celles-ci sont souvent semées dans des casseroles ou des boîtes, et sont piquées lorsqu'elles sont suffisamment grandes dans d'autres casseroles ou pots avant d'être transférées sur des lits ou des bordures. Le système présente certains avantages pour assurer la sécurité contre la vermine et une attention appropriée, car c'est un fait regrettable que trop de cultivateurs considèrent qu'il est inutile d'éclaircir ou de transplanter des semis faits dans des lits ou limites. Les plantes sont fréquemment autorisées à lutter pour l'existence, et le résultat est de faibles spécimens atténués qui, avec un soin et une attention insignifiants, auraient pu devenir robustes et capables de produire une floraison abondante en leur saison. Néanmoins, il faut bien comprendre que toutes les bisannuelles et vivaces rustiques peuvent être cultivées à la perfection en semant sur un lit de semence approprié en pleine terre, en protégeant la tache des maraudeurs de toutes sortes, et par un éclaircissage ou une transplantation précoce et intrépide. En règle générale, nous préconisons un quart de travail avant de placer les plantes en position finale.

ABUTILON

Vivace de serre semi-rustique

De belles plantes, de deux pieds ou plus de hauteur, peuvent être produites à partir de graines et fleuries en une seule saison. Ils sont utiles pour s'entraîner aux murs des serres, et ils peuvent également être transférés vers des frontières ouvertes pour l'été. Lorsqu'elles sont employées à cette dernière fin, les plantes doivent être soulevées et mises en pots vers la fin du mois d'août, après une averse pénétrante. En l'absence de pluie, un trempage d'eau la veille empêchera le sol de tomber des racines.

Février et mars sont les bons mois pour semer des graines, et pour les pots tout compost assez léger répondra. Piquez les semis à environ un pouce de haut, en plaçant les plantes jusqu'aux feuilles des graines. Ils ne doivent jamais être autorisés à souffrir faute d'eau, ni être affamés dans de petits pots. Il vaut mieux ne pas précipiter la croissance à aucun stade; les plantes se développeront alors en spécimens galbés avec très peu de soins.

ACHIMÈNE

Vivaces de serre ou de cuisinière

Bien qu'Achimenes puisse être multiplié par division des tubercules, la méthode plus simple consistant à augmenter l'approvisionnement à partir de graines est devenue une pratique courante. En mars ou avril, semez dans des pots ou des casseroles, et bien que tout petit, transférez les plants dans des pots séparés. Il est important d'assurer un drainage gratuit, d'autant plus qu'un arrosage fréquent est une nécessité pendant que les plantes sont en croissance active. Les achimènes sont généralement conservés à une température élevée; mais ils n'ont pas vraiment besoin d'autant de chaleur que les Gloxinias, et dans une serre chaude, ils peuvent fleurir sans la moindre difficulté. C'est l'un des meilleurs sujets à cultiver dans des paniers suspendus.

ALONSOA

Ces fleurs mi-rustiques populaires ne sont pas seulement précieuses pour une exposition estivale dans les bordures, mais elles font de charmants sujets pour la véranda au printemps. Pour la floraison en extérieur, les graines peuvent être semées dans des casseroles en mars et les plantes traitées de la manière habituelle pour les annuelles semi-rustiques, ou un semis peut être fait à l'air libre vers la fin du mois d'avril. Les plantes à fleurir à l'intérieur en avril et mai doivent être cultivées à partir de graines semées en août et septembre précédents. Pousser régulièrement sur les semis dans des pots, mais ne les forcez en aucune façon. En effet, le traitement doit être le plus résistant possible, une température nocturne de 45 ° étant généralement suffisante pour les porter pendant l'hiver.

AMARYLLIS

Hippeastrum

La majorité des variétés nommées sont chères et une économie très considérable est réalisée en élevant des plantes à partir de graines. Grâce à la compétence de l'hybrideur, les plants se comparent non seulement favorablement aux fleurs cultivées à partir de bulbes coûteux, mais ils ont également remporté des certificats et des récompenses de mérite.

La germination est si irrégulière qu'il est bon de ne mettre qu'une seule graine dans chaque petit pot. Le sol le plus approprié est un mélange de deux parties de limon et une de moisissure des feuilles, avec suffisamment de gros grains pour assurer un drainage libre. La bonne température est d'environ 65 °. Une fois les plants établis, suivez le traitement conseillé à la page 340.

ANÉMONE

Le Windflower. Vivace rustique

La découverte qu'il est facile de fleurir le populaire Saint Brigid et les anémones similaires à partir de graines dans environ sept mois à compter de la date de le semis a donné une grande impulsion à la culture de cette plante, d'autant plus qu'elle possède une grande valeur pour la décoration des vases, en plus de son utilité dans les parterres et les bordures. À partir des graines semées en février ou mars, les plantes devraient commencer à fleurir en septembre ou octobre de la même année et continuer à fleurir jusqu'au juin suivant, quand il n'est pas rentable de les conserver plus longtemps. Aucun chouchou d'aucune sorte n'est nécessaire. Creusez une tranchée dans un endroit abrité et ensoleillé et remplissez-la d'un sol riche mêlé de fumier de vache pourri. Si la terre est quelque peu tenace, les anémones y seront gentilles, mais elles devraient être bien travaillées, et il peut être nécessaire d'ajouter un peu de compost de sable fin en haut pour préparer la graine. La graine laineuse doit être frottée avec du sable et les deux peuvent être semées ensemble finement en lignes. Pour finir, le sol doit être légèrement battu avec le dos d'une pelle. La germination est décidément lente, de sorte que jusqu'à ce que les semis apparaissent, l'élimination des mauvaises herbes nécessite des soins. Les plantes doivent être éclaircies jusqu'à ce qu'elles se tiennent à six pouces l'une de l'autre. Les graines peuvent également être semées en juin ou juillet pour que les plantes fleurissent l'année suivante, et les résultats seront probablement encore plus satisfaisants que lors des semis de printemps.

MUFLIER

Muflier. Vivace rustique

Autrefois, les Antirrhinums étaient rarement vus au-delà des limites des jardins de chalets à l'ancienne. Mais même alors, le Snapdragon était une fleur populaire, et il était généralement perpétué par la subdivision des plantes. Maintenant, en commun avec un grand nombre de plantes vivaces et bisannuelles, l'Antirrhinum est presque exclusivement cultivé à partir de graines. Cette modification de la méthode de culture a entraîné une nette amélioration de la taille et de la couleur des épis de floraison, et a également augmenté la vigueur et le caractère florifère des plantes. Dans le processus d'élévation, de sélection et de re-sélection des stocks, les experts ont trouvé qu'il était possible de développer trois classes distinctes - Tall, intermédiaire et nain - de sorte que la valeur de la plante comme ornement dans le jardin a été avancée au-delà de la rêve d'une ancienne génération de jardiniers. Les variétés Tall atteignent une hauteur d'environ trois pieds; les intermédiaires varient généralement entre douze et dix-huit pouces, et la section Dwarf ou Tom Thumb dépasse rarement six pouces. Les trois classes ont une valeur distincte pour différentes positions dans le jardin.

Les antirrhinums ne sont pas exigeants quant au sol et peuvent être invoqués pour donner satisfaction dans presque tous les endroits choisis pour eux. Pourtant, il faut admettre qu'ils réussissent remarquablement sur les sols secs et dans des positions ensoleillées. Cela expliquera les étonnantes apparitions parfois vues sur les vieux murs et dans les grandes rocailles sauvages, où ils sont parfaitement à l'aise, apparemment indifférents aux conditions de famine dans lesquelles leur sort est moulé.

Le fait que la plante possède une telle indépendance de caractère robuste augmente considérablement sa valeur et son utilité. Rien de plus beau ne peut être imaginé dans une bordure que les pointes gigantesques des variétés Tall, et elles font une magnifique décoration pour les vases à une saison où les fleurs aptes à être coupées sont indispensables. Les antirrhinums intermédiaires, comme la classe Tall, combinent des avantages à la fois pour la litière et pour la coupe, peut-être à un degré encore plus élevé. Les variétés sont si nombreuses et si charmantes qu'un passionné a suggéré l'opportunité de consacrer un jardin aux seuls Antirrhinums. Bien que la section Tom Thumb soit également fréquemment utilisée pour la literie, ces variétés à croissance naine sont mieux adaptées pour les bordures de ruban ou comme bordure pour les entraînements de chariot.

Les antirrhinums peuvent être cultivés comme des annuelles semi-rustiques ou des plantes vivaces, mais le premier est le moyen le plus simple d'obtenir des plantes pour la litière d'été. Semez les graines dans des casseroles ou des boîtes de janvier à mars et piquez les plants dès qu'ils sont assez gros pour être manipulés. Cultivez régulièrement et durcissez progressivement pour vous préparer à la plantation une fois que les Wallflowers et autres plates-bandes de printemps ont été retirées. Après la floraison, il évitera des ennuis de consigner les plantes dans le tas de déchets et d'augmenter à nouveau un approvisionnement suffisant pour remplir leurs places au printemps suivant. Lorsqu'elles sont cultivées comme plantes vivaces, les graines doivent être semées en juillet ou en août. Laissez les plantes dans le lit de semence jusqu'à ce qu'elles soient prêtes pour le transfert vers les positions finales. Ceux-ci résisteront à l'hiver et fleuriront plus tôt que les plantes à partir de graines semées au printemps.

AQUILEGIE

Ancolie. Vivace rustique

Depuis l'introduction des variétés hybrides à longues épines, l'Aquilegia est devenue extrêmement populaire. Comme la capucine, elle a un caractère particulièrement accommodant et prospérera sur un sol pauvre et dans un environnement tout à fait peu favorable à de nombreux autres sujets. Plusieurs des belles variétés qui ont été récemment introduites sont cependant dignes d'une place dans le meilleur des frontières. Semez en février ou au début de mars dans un cadre, et plantez quand il est assez fort, ou semez en juin dans une bordure ouverte. Si la saison est favorable, celles semées tôt peuvent fleurir la première année; le reste fleurira l'année suivante.

ASPERGES

Variétés de feuillage de serre. Vivaces semi-rustiques

Le feuillage finement lacini d' *A. Plumosus* est très prisé pour les bouquets, et la plante attire invariablement l'attention comme sujet décoratif sur la table ou dans la véranda. *A. decumbens* a de longues branches tremblantes d'un élégant feuillage vert foncé, et la plante est admirablement adaptée pour les paniers suspendus. *A. Sprengeri* est distinct des deux, mais est également très ornemental dans les paniers. Semez les trois variétés dans des casseroles en février ou mars, en chaleur; piquez les semis dès qu'ils sont assez gros pour être manipulés et faites pousser à feu doux jusqu'au début de juin, lorsque le traitement en serre leur conviendra.

ASTER

Callistephus sinensis. Annuelle semi-rustique

En plein été, il y a tellement de fleurs disponibles qu'aucune difficulté ne se pose pour faire un affichage varié. Le vrai problème réside dans la mise au rebut, en particulier pour une zone limitée. Mais lorsque l'été commence à se fondre dans l'automne, le choix n'est pas si vaste, et parmi les annuelles qui ornent alors le jardin, les asters sont indispensables. Cette superbe fleur a été développée sous de nombreuses formes, et chaque classe offre une large gamme de couleurs magnifiques. Pourtant, il faut admettre que dans la majorité des jardins, les asters sont rarement cultivés en nombre suffisant, et il n'est pas rare de trouver des fleurs de petite taille et de couleur médiocre. Dans de nombreux cas, nous pensons que la raison en est que la culture des Asters est souvent commencée trop tard. Les préparations doivent donc être faites à temps, et en plus de fournir le nombre requis de plantes pour remplir les plates-bandes et les bordures, et pour fournir des fleurs coupées, d'autres devraient être cultivées pour la floraison en pots. Pour la décoration intérieure, une utilisation complète est rarement faite d'Aster, bien que les couleurs comprennent de nombreuses nuances délicieuses qui peuvent être employées avec l'effet le plus révélateur.

Pour assurer un affichage prolongé de la floraison, il doit y avoir plusieurs semis, et les premiers auront besoin de l'aide de la chaleur artificielle. Un secret d'une culture réussie est de ne donner aucun contrôle à la plante depuis sa première apparition jusqu'à la floraison; et un lit approprié doit être préparé, que les graines soient semées sur place ou que les plantes soient transférées d'autres quartiers.

Les asters ne s'accommodent pas facilement des violentes alternances de chaleur et de froid, en particulier au début de la croissance, et c'est pourquoi la position la plus abritée dans le jardin doit être choisie pour eux; mais évitez une haie ou un arbuste, où les arbres à croissance forte privent le sol de sa vertu. Commencez la préparation des lits au cours de l'automne précédent par un creusement profond et incorporez un pansement généreux de fumier bien décomposé au fur et à mesure que les travaux avancent. Sur les sols légers et peu profonds, il fera plus de mal que de bien d'amener le sous-sol brut à la surface, mais le sous-sol peut avec avantage être agité et desserré par la fourche, et si un peu d'argile limoneuse peut y être travaillé, la terre sera en a bénéficié en permanence.

Un sol très raide présentera cependant de plus grandes difficultés; mais si, par un travail libre, on peut le rendre suffisamment friable, Asters s'en délectera et produira des fleurs d'une taille et d'une couleur qui récompenseront le cultivateur pour tous ses problèmes. Jetez le sol environ en octobre. Plus il est exposé à l'action du vent, de la neige et du gel, plus l'hiver désintégrera ses particules et le rendra fertile. Au début du printemps, creuser à nouveau, puis travailler avec une bonne quantité de fumier pourri, avec du sable, du charbon de bois, des cendres de bois ou d'autres matériaux qui aideront à rendre le sol riche et libre. Visez à amener les racines à descendre profondément pour les approvisionnements - il y aura alors un fond frais et humide même par temps sec, et ces conditions contribueront beaucoup à la production de plantes fines et trapues capables de porter un étalage imposant de fleurs.

Pour les semis de la fin mars à la mi-avril, préparez un compost constitué principalement de moisissure des feuilles pourries, avec suffisamment de limon pour le rendre ferme et du sable tranchant pour assurer le drainage. Des pots ou des bacs à graines peuvent être utilisés. Placez-les dans une serre fraîche, ou dans un noyau de concombre ou de melon, ou même sur un lit chaud à moitié épuisé. Semez finement; un semis épais risque fort de se dissiper. Cachez simplement la graine avec de la terre finement tamisée et placez des feuilles de verre en haut pour éviter une évaporation rapide. Ne donnez pas d'eau à moins que le sol ne devienne résolument sec, puis il est préférable d'immerger le pot ou la casserole pendant la moitié une heure que d'appliquer de l'eau sur la surface. Lorsque les plantes atteignent la troisième feuille, elles peuvent être piquées dans des boîtes peu profondes ou autour des bords de pots de 3-1 / 2 pouces. À partir de ceux-ci, ils peuvent soit être transférés séparément dans de petits pots, soit être transférés directement dans les quartiers fleuris. Une température élevée n'est requise à aucun stade de la croissance, en effet elle est nettement préjudiciable. De 55 ° à 65 ° est la plage extrême, et le juste milieu doit, si possible, être maintenu. Donnez de l'air à chaque occasion convenable, et à l'approche du moment du transfert vers le terrain découvert, essayez de vous rapprocher à peu près de la température extérieure. Les plantes ressentiront alors à peine l'enlèvement.

Une autre procédure plus simple produit d'assez bons résultats, et nous la décrivons au profit de ceux dont les ressources peuvent être faibles, ou qui ne se soucient pas d'adopter la méthode la plus gênante. Dans un endroit à l'ombre du soleil, faites un tas de fumier stable, plutôt plus grand que la lumière à placer dessus. Nivelez le dessus et couvrez de quatre ou cinq pouces de terre riche. Placez un cadre dessus avec la lumière un peu ouverte. Lorsque le thermomètre indique 60 °, dessinez des forets à six pouces l'un de l'autre; semez la graine et recouvrez d'un peu de terre tamisée. La lumière ferait mieux de ne pas être tout à fait fermée, en cas d'élévation de température. Au fur et à mesure que les plantes prospèrent, donnez progressivement plus d'air, jusqu'à ce qu'en avril, les averses puissent tomber directement sur elles pendant la journée. Lorsque les Asters auront environ trois pouces de haut, ils seront tout à fait prêts pour le terrain découvert, et une journée pluvieuse est propice au transfert. Une fois que le lit aura atteint son objectif, le fumier sera dans un état capital pour enrichir le jardin.

S'il n'y a pas de cadre à revendre, enfoncez un piquet dans chaque coin du lit. Reliez les sommets des piquets, à environ un pied de la surface du lit, avec quatre tiges solidement attachées, et sur celles-ci, placez d'autres tiges, au-dessus et autour desquelles tout matériau de protection à la commande peut être utilisé. Avec cette technique simple, il est tout à fait possible de cultiver des Asters de manière satisfaisante.

Les meilleurs asters sont fréquemment cultivés en plein air, entièrement sans l'aide de la chaleur artificielle, et en fait sans aucun appareil horticole spécial. Ceux qui possèdent les meilleures ressources possibles trouveront un avantage supplémentaire à recourir également à ce mode de culture. Il donne une autre corde à l'arc et prolonge la saison de floraison. Pour les semis en plein air en avril, faites en sorte que le sol soit plat et fin, et vers le milieu de ce mois, dessinez des semoirs de trois pouces de profondeur. Dans ces endroits, un pouce de terre riche finement préparée, et si elle est en grande partie mélangée avec des cendres végétales, tant mieux. La distance entre les forets doit être réglée par la variété. Pour les Asters de grande taille, douze à quinze pouces entre les rangées ne seront pas trop. Dix pouces suffiront pour les nains. Semez la graine finement et uniformément et recouvrez soigneusement de terre fine. Commencez tôt pour éclaircir les plantes, en laissant toujours les plus fortes, et faites en sorte qu'elles se tiennent finalement à une distance de huit à quinze pouces selon le type.

Gardez le sol propre et avant que le stade de floraison ne soit atteint, remuez doucement la surface, mais pas assez profondément pour blesser les racines. Une application occasionnelle d'eau de fumier faible sera avantageuse, mais il ne faut pas laisser toucher le feuillage.

Pour les variétés hautes, il peut être nécessaire de fournir un soutien. Si tel est le cas, placez un bâton net sur le côté de la plante vers lequel il se penche, car cela enlève la tension du matériau de liage et évite que la plante ne soit coupée ou à moitié étranglée. En saison sèche, et en particulier sur les sols légers, il doit y avoir une quantité abondante d'eau douce, alternée tous les quelques jours avec l'eau de fumier déjà évoquée. Le soir est le meilleur moment pour l'appliquer.

Pour les besoins du spectacle, il faut plus d'espace que ce que nous avons indiqué. Seulement cinq bourgeons environ devraient être mûris par chaque plante, et ceux-ci, bien sûr, les meilleurs. Préparer des fleurs pour l'exposition est en soi un art, et chaque cultivateur doit être guidé par ses propres ressources et expériences.

Les asters en pot sont d'excellents sujets décoratifs. Il est seulement nécessaire de les soulever soigneusement des bordures avec des boules de terre entourant les racines, et de les mettre en pot juste avant que les bourgeons se développent, ou ils peuvent être mis en pot alors qu'ils sont en pleine floraison sans se faner.

Les plantes sont sujettes aux attaques des pucerons, tant verts que noirs. Sous verre, les ravageurs peuvent être détruits par fumigation; mais à l'air libre, une solution d'un bon insecticide peut être administrée avec la seringue à des intervalles d'environ trois jours, jusqu'à ce qu'une clairance soit effectuée. Les autres ennemis sont les différents vers blancs qui attaquent les plantes au col. Au premier signe de manque de vigueur, enlevez doucement avec un bâton pointu le sol autour de la plante et évitez ainsi toute perturbation inutile des racines. Ne soyez pas satisfait tant que l'ennemi n'est pas détruit.

AUBRIETIA

Vivace rustique

Dans les premiers mois de l'année, peu de sujets du jardin présentent une apparence aussi gaie que Aubrietias, car à la première approche de temps agréable, les plantes en forme de coussin éclatent en une masse de fleurs délicieuses. Pour la literie printanière, les bordures et le jardin de rocaille, les Aubrietias sont indispensables, et elles font un spectacle particulièrement efficace lorsqu'elles sont cultivées en association avec l'Alyssum jaune et l'Arabis blanc. Les Aubrietias sont faciles à cultiver à partir de graines semées en mai et juin. Les plantes sont mieux cultivées dans des casseroles de sol riche en lumière et peuvent être mises en automne si nécessaire pour fleurir au printemps suivant.

AURICULE

Primula Auricula. Vivace rustique

L'enthousiasme de l'amateur Auricula est vif. Le seul reproche que nous ayons jamais entendu à propos de la fleur est que son admirateur le plus dévoué ne peut la doter d'une jeunesse et d'une beauté perpétuelles.

Il est bon de garder à l'esprit que la graine d'une souche sans valeur nécessite autant d'attention que celle qui est conservée avec toute l'habileté d'un fleuriste à partir de fleurs primées. Certains producteurs préconisent de semer immédiatement la graine est mûre, mais cela intensifie la germination irrégulière qui caractérise les graines de toutes les espèces de Primula. Soit février, mars ou avril peuvent être choisis, et nous donnons la préférence à la fin février. Utilisez des pots de six pouces, et comme il ne doit y avoir aucun doute sur le drainage, remplissez presque à moitié les pots de pots, couvrez-les d'une bonne couche de terreau fibreux rugueux mélangé à du charbon de bois cassé et sur le dessus d'un mélange de limon, de feuilles pourries et du sable pointu. Appuyez fermement sur le sol; semez finement et régulièrement, en mettant les graines à environ un demi-pouce l'une de l'autre; il suffit de les recouvrir de terre fine et de placer les pots dans un cadre ou une serre fraîche, avec des feuilles de verre dessus pour éviter l'évaporation. L'arrosage de la manière ordinaire est susceptible de laver les graines, et il est donc conseillé de plonger les pots dans un récipient contenant de l'eau jusqu'à ce que le sol soit saturé. Attendez patiemment les plantes. Quand ils montrent quatre ou six feuilles, piquez-les dans des casseroles ou des boîtes distantes d'environ deux pouces, et avant que les plants ne se touchent, transférez-les dans de petits pots. La terre de surface dans les pots peut être légèrement remuée de temps en temps pour la garder exempte de mousse. Les plantes ne doivent jamais se dessécher, mais à l'approche de l'hiver, l'eau doit être donnée avec plus de parcimonie et, pendant les fortes gelées, il peut être sage de la retenir entièrement. Il n'y a vraiment pas besoin de chaleur artificielle, car l'Auricula est un alpiniste, et peut supporter à la fois le gel et la neige. Mais nous apprécions tellement sa beauté que les cadres et les serres sont convenablement employés pour le protéger du vent, des fortes pluies, de la suie, de la poussière et de tous les assauts méchants d'une atmosphère de plaine, auxquels il n'est pas habitué à l'état naturel. Pourtant, les plantes doivent être conservées aussi près que possible.

L'Auricula est une plante à croissance lente, et bien qu'il y ait probablement des fleurs de semis la deuxième année, leur valeur ne doit pas être jugée avant la saison suivante. Pour l'œil averti du fleuriste, les Auriculas du Salon prennent le pas sur la section alpine; mais pour l'utilité générale, les Alpines occupent la première place. Ils peuvent être mis sans crainte dans la frontière ouverte, et en particulier la frontière nord, où, avec presque aucun soin du tout, ils supporteront l'hiver et montreront librement leurs belles fleurs au printemps.

BAUME

Impatiens Balsamina. Annuelle semi-rustique

Les anciennes méthodes de culture des baumes prescrivaient un faux système, comprenant l'ébourgeonnage, l'arrêt et d'autres interférences avec la croissance naturelle de la plante. La règle de pincer le chef pour favoriser la croissance des pousses latérales et de retirer les boutons floraux pour augmenter la taille des plantes était tout à fait vicieuse, car la croissance naturelle est plus élégante et efficace. Les fleurs les plus fines sont produites sur la tige principale, et celles-ci sont complètement sacrifiées par ébourgeonnage.

Il est souhaitable de faire deux ou trois semis de baume, disons de la mi-mars à la mi-mai, les semis plus tôt à mettre sur un lit chaud doux, bien que les semis de mars germeront bientôt dans un cadre, et le mai le semis peut être fait en pleine terre sur un lit préparé. Le sol à chaque étape doit être riche et léger, mais pas de rang à aucun degré. Piquez les plantes des bacs à graines directement les premières feuilles rugueuses, et peu de temps après, déplacez-les à nouveau pour encourager une habitude naine robuste. Une position ensoleillée doit être choisie pour le lit, dans lequel ils peuvent être plantés vers la première semaine de juin, ou plus tôt si le temps est particulièrement favorable. La chaleur, l'humidité et une forte lumière favorisent une floraison fine et, par conséquent, de l'eau doit être donnée chaque fois que le temps sec prévaut pendant une période de temps quelconque. S'ils sont solides sous verre, ils n'auront besoin d'aucun support, et bien qu'ils aient une texture particulièrement charnue, ils sont rarement blessés, même par un coup de vent. Lorsque cultivés dans des pots partout, les points principaux sont de les déplacer souvent dans les premiers stades, de favoriser la croissance libre de toutes les manières raisonnables, et de cesser de se déplacer quand ils sont dans des pots suffisamment grands pour soutenir la force des plantes. De manière générale, des pots de huit pouces suffiront pour des baumes très fins, mais des pots de dix pouces peuvent être utilisés pour les plantes d'un semis précoce. Ils ne montreront probablement pas de bouton floral tant qu'une plus grande pièce de pot leur est autorisée; mais dès que leurs racines touchent les côtés des pots, la fleur apparaît. Il est parfois courant de soulever les plantes des plates-bandes lorsque l'on veut des baumes en pot. Cette méthode a l'avantage d'être la moins gênante, et comme les plantes n'ont pas besoin d'être soulevées avant l'apparition des fleurs, les couleurs préférées peuvent être choisies.

BEGONIE, RACINE TUBEUSE

Begonia hybrida. Vivace semi-rustique

L'une des réalisations les plus remarquables de l'horticulture moderne est le magnifique développement de bégonias à racines tubéreuses simples et doubles à partir de la plante introduite pour la première fois dans les Andes. À l'origine, les fleurs étaient petites, de forme imparfaite et de couleur déficiente. Mais les experts ont rapidement compris les capacités de cette plante gracieuse, et elle s'est révélée exceptionnellement sensible aux efforts de l'hybrideur. Maintenant, les grandes fleurs symétriques des fleurs simples et doubles défient l'attention pour la beauté de la forme et une variation presque infinie de teintes propres au bégonia à racines tubéreuses. Les plantes sont des ornements remarquables de la véranda et de la serre pendant plusieurs mois, et l'expérience a prouvé qu'elles fabriquent des litières uniques, supportant des conditions météorologiques défavorables qui sont fatales à de nombreux sujets âgés.

À partir des meilleures souches de graines, il est facile, avec un peu de patience, de faire pousser un beau stock de plantes, possédant les plus hautes qualités décoratives. Sous un traitement généreux, les plants d'un semis de janvier ou février fleurissent en juillet et août. La graine doit être semée dans des pots bien drainés contenant un bon compost au fond, avec un limon sableux fin en surface, pressé. Avant de semer, arrosez le sol avec de l'eau et semez la graine uniformément, en la recouvrant à peine de terre fine. Une température d'environ 65 ° convient. La germination est à la fois lente et irrégulière, et les plantes doivent être piquées dans des casseroles ou de petits pots aussi vite qu'elles deviennent assez grandes pour être manipulées. Ce processus doit être suivi tant que les semis apparaissent et doivent être transférés. Ils peuvent être déplacés au fur et à mesure que la croissance de plusieurs plantes l' exige. Les bégonias nécessitent plus d'attention en ce qui concerne une température uniforme à ce stade qu'à toute autre période.

Les mérites des bégonias en tant que plantes à massifs sont maintenant reconnus dans de nombreux jardins, et ils méritent d'être cultivés encore plus largement. Il est sage de reporter les semis jusqu'en juin. En pleine terre, ils produisent une abondance de fleurs à couper à la fin de septembre et au début d'octobre, lorsque de nombreuses autres fleurs sont terminées. Les plantes doivent être éteintes lorsqu'elles se montrent suffisamment fortes, et il vaut mieux se laisser guider par les plantes que par une date fixe. Les plates-bandes doivent être librement enrichies de fumier bien décomposé et de matière végétale décomposée; il ne peut guère être exagéré, car les bégonias sont de grossiers nourriciers.

Les plantes les plus précoces à fleurir seront souvent conservées dans la serre, car elles succèdent successivement aux Cinerarias et Calceolarias. Ceux qui commencent plus tard peuvent être retournés au fur et à mesure de leur floraison, ce qui aura probablement lieu en juin. En reportant la plantation jusqu'à ce qu'il y ait une exposition de floraison, une sélection de différentes nuances de couleur est possible, ce qui améliorera grandement la beauté des plates-bandes. Les bégonias sont plus résistants qu'on ne le suppose généralement; ils n'ont pas besoin de protection et n'ont pas besoin de chaleur, sauf au stade des semis, lors de la formation initiale de leurs tubercules.

Pour la décoration d'automne, les bégonias doivent être retirés des plates-bandes en septembre et mis en pot, lorsqu'ils continueront à fleurir dans la serre ou la véranda pendant un temps considérable, et constitueront un complément utile aux plantes à fleurs de cette période.

Si ce n'est pas nécessaire pour la décoration d'automne, laissez les plantes rester dehors aussi longtemps que cela peut être sans danger; puis mettre en pot et placer dans la serre. Veillez à ne pas hâter le séchage des ampoules. Lorsque les tiges tombent, les bégonias peuvent être stockés pour leur saison de repos, ce qui leur permet de rester dans les mêmes pots. Ils peuvent être rangés dans une cave sèche, ou sur le sol, recouverts de sable, dans n'importe quel hangar ou cadre où les bulbes resteront secs et seront protégés du gel. L'humidité et le froid leur sont très nocifs. La température pendant leur saison de repos doit être maintenue aussi près que possible de 50 °. Lorsqu'ils montrent des signes de croissance au printemps, ils doivent être placés dans des pots de petite taille, presque à la surface du sol. À mesure que la croissance augmente, passez à des tailles plus grandes, insérez l'ampoule un peu plus profondément à chaque fois jusqu'à ce que la couronne soit couverte.

BEGONIE, À RACINES FIBREUSES I

Begonia semperflorens. Vivace semi-rustique

Les bégonias à racines fibreuses sont extrêmement précieux pour la litière en été ou pour la décoration des serres en automne et en hiver. Ils produisent une succession continue de fleurs, assez petites, mais très utiles pour les bouquets, et les plantes sont charmantes comme ornements de table. Les instructions de semis et de post-traitement recommandées pour la classe à racines tubéreuses conviendront également aux variétés à racines fibreuses, sauf que ces dernières doivent toujours être maintenues en état de croissance, au lieu d'être séchées à la fin de la floraison. saison. Semez les graines fin janvier ou en février, puis à nouveau début mars. Avec un traitement équitable, le premier lot de plantes fleurira pour être repiqué en juin.

CALCÉOLARIE, HERBACÉE

Calceolaria hybrida. Biennale des serres

La magnifique race actuelle de Calceolarias herbacées, à la fois quant à la constitution et la beauté de ses fleurs, est le résultat de beaucoup de fertilisation croisée des types les plus fins, de sorte que les meilleures souches sont capables d'offrir une surprise et un plaisir toujours nouveaux. Les superbes collections exposées ces dernières années, qui ont fait des impressions durables sur le public par leur forme et leur éclat de couleur, ont invariablement été élevées à partir de graines de variétés sélectionnées, sauvegardées sur des principes scientifiques qui assurent la vigueur, la variété et la splendeur de la descendance.

Les calceolarias prospèrent dans une culture de maison froide intelligente, mais il faut bien comprendre qu'à chaque étape de leur croissance, elles sont promptes à ressentir la négligence ou un traitement imprudent. Le travail doit être effectué avec une attention scrupuleuse, et le résultat justifiera largement le travail. Les conditions extrêmes de température sont nettement préjudiciables et les plantes sont particulièrement sensibles à une atmosphère desséchée et sèche.

Mai est assez tôt pour commencer les opérations, et juillet est la limite pour les semis. En règle générale, le semis de juin produira les plantes les plus rapides, les plus fortes et les plus robustes.

Le sol, quelle que soit sa composition, doit être riche, ferme et surtout poreux. Pressez-le bien dans les casseroles ou poêles et faites surface légèrement bombée et assez lisse. Un compost correctement préparé n'aura pas besoin d'eau; mais si l'eau devient nécessaire, elle doit être donnée en submergeant partiellement les casseroles. La graine est aussi fine que le tabac à priser et nécessite une manipulation délicate. Il est facilement perdu ou emporté par le vent, et il est donc sage de ne pas ouvrir le sachet avant d'être parfaitement prêt à semer. Répartissez la graine uniformément et tamisez dessus un simple saupoudrage de terre fine. Placez une feuille de verre sur chaque pot ou casserole, et le verre doit être retourné ou essuyé quotidiennement. Cela vérifie non seulement l'évaporation rapide, mais empêche les attaques de la vermine. La germination est toujours plus lente sur une scène ouverte que sur une scène fermée. Peut-être que la meilleure position possible est une partie humide et ombragée d'une cave, si vous prenez soin lors de la seringue des vignes pour éviter que le spray ne tombe sur les semoirs.

Dans des circonstances favorables, de sept à neuf jours suffiront pour ramener les plants en force, et très peu apparaîtront par la suite. Lorsqu'ils sont à travers le sol, retirez la feuille de verre et accordez-leur une attention immédiate, sinon ils mouillent rapidement. Immédiatement, la deuxième feuille apparaît, aussi petite que les plantes puissent être et difficile à manipuler, commencez à les piquer dans d'autres pots prêts à les recevoir, car il n'est pas prudent d'attendre qu'elles deviennent fortes. Laisser environ deux pouces entre les plantes. Les occupants de chaque casserole peuvent généralement être piqués en trois opérations environ, et il ne devrait y avoir que les intervalles les plus courts possibles entre les deux.

Avec de nombreux sujets, il est prudent d'utiliser les semis robustes et de jeter les plus faibles. Cette pratique ne fonctionnera pas dans le cas des Calceolarias, ou certaines des couleurs les plus charmantes qui peuvent orner la véranda ou la serre seront perdues. Les plants les plus forts produisent généralement des fleurs dans lesquelles le jaune prédomine largement, un fait qui peut facilement être vérifié en gardant les plantes sous des nombres différents. Mais il ne faut pas en déduire que, les autres étant un peu plus faibles au départ, ils ne produiront pas à terme des plantes robustes.

Mélangez librement du sable argenté avec le terreau et soulevez la surface plus haut au centre qu'au bord du pot. Dès la première apparition des semis, l'ombrage est de la plus haute importance, car même une brève période d'ensoleillement direct s'avérera certainement destructeur. Ne laissez pas les plantes sécher pendant un instant, mais arrosez fréquemment et en douceur, et l'eau de pluie est préférable. Au fur et à mesure que le sol durcit, remuez la surface avec un bâton pointu, pas trop profond, et arrosez quelques heures après. Environ un mois de ce traitement devrait trouver chaque plante en possession de quatre ou cinq feuilles. Ensuite, préparez des pots pour les pouces avec de petits pots, couvrez les pots de mousse propre et remplissez-les de terre riche et poreuse. Pour cela, transférez les plantes avec un soin extrême, en soulevant chacune d'elles avec autant de terre adhérant aux racines qu'une main habile peut les faire porter. Placez-les dans un cadre, ou dans la partie abritée d'une serre, à l'abri des gouttes d'eau. Donnez toujours de l'air les jours appropriés et du côté sous le vent de la maison.

Soyez attentif aux pucerons, aux attaques desquelles les Calceolarias sont particulièrement responsables. La fumigation est le meilleur remède, et elle doit être entreprise le soir; une atmosphère calme rend l'opération plus sûre. Arrosez soigneusement le lendemain matin et protégez-vous du soleil.

En septembre, les plantes devraient être dans de grands pots de 60, et il est alors temps de commencer la préparation pour l'hivernage. Certains cultivateurs les mettent en chaleur, et réussissent, mais la chaleur doit être très modérée, et même alors nous considérons la pratique comme dangereuse. Placez les plantes près du verre et à une extrémité de la maison où elles recevront beaucoup de lumière latérale, ainsi que la lumière d'en haut. Lors de fortes gelées, il peut être bon de les ramener ou de les retirer sur une étagère plus bas et vers le centre de la maison, mais ils doivent être restaurés dès que possible à la lumière la plus complète possible, car ils doivent faire toute leur croissance. sous verre. Plus il y a d'air qui peut être donné en toute sécurité, mieux c'est, et se passer de la chaleur du feu si une température de 45 ° à 55 ° peut être maintenue sans elle.

Lorsque la croissance commence au printemps, qui sera généralement au début de mars, donnez à chaque plante son dernier passage dans des pots de huit ou dix pouces. Cela doit être fait avant que les bourgeons ne poussent, sinon il y aura plus de feuillage que de fleurs.

Ce qui suit est le compost que nous conseillons: un boisseau de bon limon jaune, un demi-boisseau de sol en feuilles, un gallon de sable argenté, une livre de fumier de jardin Sutton A 1 et une pinte de suie, bien mélangés au moins dix jours avant utilisation. Toute acidité du sol sera fatale à la floraison. Le compost doit être soigneusement «raffermi» dans les pots, mais aucune pression sévère ne doit être employée, sinon les racines ne couleront pas librement.

La négligence quant à la température ou à l'humidité devra être payée dans les longs joints, la mouche verte, l'araignée rouge ou d'une autre manière. Mais il n'y a pas de plantes de haute qualité qui poussent plus économiquement si elles sont protégées des vents froids et parfaitement propres. Une serre légère et aérée est leur place appropriée, et ils doivent avoir une grande hauteur libre.

Une fois que les pots sont remplis de racines, pas avant, de l'eau de fumier peut être administré jusqu'à ce que les capitules commencent à montrer de la couleur, alors que seule de l'eau douce pure doit être utilisée. Environ une quinzaine de jours avant la présentation complète, les branches doivent être attachées à des supports. S'ils sont habilement gérés, les supports ne seront pas visibles.

Il se peut que quelques gros spécimens soient nécessaires. Si tel est le cas, transférez les plantes les plus prometteuses dans des pots de 6 tailles. Ces grandes Calceolarias auront besoin d'un approvisionnement régulier en fumier liquide jusqu'à ce que la floraison soit bien, et si les pots sont efficacement drainés et les plantes en bon état, une boisson plutôt forte leur conviendra. À toutes fins ordinaires, cependant, les plantes peuvent être autorisées à fleurir dans des pots de huit ou dix pouces, et pour ceux-ci, un quart de travail après l'hiver est suffisant.

Nouveaux types de Calceolaria. —Il existe maintenant un certain nombre de variétés vivaces hybrides semi-rustiques, dont *C. profusa* (*Clibrani*) est la plus populaire, qui ont la même relation avec la Calceolaria à grandes fleurs que la Star Cineraria avec la Cineraria du fleuriste. En termes de taille, les fleurs produites par ces nouveaux types sont plus petites que celles de la section à grandes fleurs, mais les grandes pulvérisations gracieuses sont extrêmement belles et de la plus grande valeur décorative. Sauf que les graines doivent être semées plus tôt (février et mars sont les mois appropriés), les plantes doivent recevoir exactement le même traitement que celui déjà décrit pour les Calceolaria herbacées.

CALCEOLARIA, SHRUBBY

Calceolaria rugosa. Vivace semi-rustique

Malgré la facilité avec laquelle les boutures de la Calceolaria arbustive peuvent être effectuées pendant un hiver rigoureux, il existe une disposition croissante pour obtenir le nombre requis de plantes à partir de graines semées en février; et les plants ont l'avantage d'une grande variété de couleurs. Une charpente ou une serre, et le traitement le plus ordinaire, suffiront à assurer un grand stock de plantes saines attrayantes pour l'embellissement des plates-bandes et des bordures.

CAMPANULA et CANTERBURY BELL

Annuelle rustique, bisannuelle rustique et vivace rustique

Parmi les formes nombreuses et diverses de l'ordre des Campanulaceæ, il y a de nombreuses fleurs de grande valeur dans le jardin, y compris les souches simples, doubles et cup et soucoupe de la populaire Canterbury. Bell (*C. moyen*). L'impression que certaines Campanules sont des cultivateurs timides et nécessitent un traitement exceptionnellement soigné peut provenir de la frêle habitude de certaines variétés, ou du fait que certaines d'entre elles ne fleurissent parfois pas dans les douze mois suivant la date du semis. L'idée ne vaut pas la peine d'être examinée un instant. Dans un sol moyennement riche et bien drainé, les plus belles Campanules se révèlent non seulement très résistantes, mais elles sont plus gracieuses dans les bordures ou les lits herbacés, et elles peuvent également être utilisées seules en touffes audacieuses avec un effet splendide. Par exemple, les belles Campanules Chimney (*C. pyramidalis* et *C. pyramidalis alba*) atteignent fréquemment une hauteur de six pieds ou plus, et des pointes robustes mesurent parfois huit et même dix pieds de la base à la pointe. Ces spécimens sont de magnifiques ornements dans les conservatoires et les couloirs, et ne peuvent manquer d'attirer l'attention à l'arrière des bordures herbacées, ou lorsqu'ils sont utilisés comme plantes isolées sur les pelouses. Lorsqu'elles sont cultivées en pot, utilisez un compost léger et riche en veillant à assurer un drainage parfait. Les plantes ne doivent jamais se dessécher, car cela non seulement freine la croissance, mais les rend susceptibles d'être attaquées par une araignée rouge ou une mouche verte. Un autre sujet distinctif pour la décoration de la véranda est *C. grandis* , qui peut être décrit comme une campanule de cheminée naine. Les plantes à ramification libre, couvertes de fleurs attrayantes, forment également un groupe frappant lorsqu'elles sont cultivées en bordure ouverte.

Tout autre caractère est *C. persicifolia grandiflora* , ou la pêche à feuilles Bell-fleur comme il est parfois appelé. Cette plante est plus légère et plus gracieuse que la Canterbury Bell. Il jette de belles tiges de deux pieds de haut, vêtues du sol de feuilles en forme de lance et d'élégantes cloches qui tremblent à la moindre brise. Une plante intéressante est le Harebell géant, une fleur délicate sur une tige élancée, ressemblant à la variété sauvage par sa forme, mais plus grande, plus riche en couleur et une fleur plus abondante. *C. glomerata* est l'une des plantes les plus résistantes qui puissent être cultivées dans n'importe quel jardin, et les grosses têtes fermées de cloches bleu foncé sont depuis longtemps familières dans les bordures herbacées. Pour ses fleurs dressées d'un bleu profond scintillant très fines, *C. grandiflora* est également un grand favori.

Les campanules étaient autrefois propagées par division, mais ce traitement a donné l'impression qu'elles ne sont pas dignes d'être classées parmi les plantes vivaces. À partir de graines, les plantes sont extrêmement robustes. *C. persicifolia grandiflora est* hostile à la division, qui se traduit souvent par une croissance affaiblie et une tendance, en particulier dans les sols pauvres ou mal drainés, à s'amenuiser. La seule méthode satisfaisante de la croissance des Campanules consiste à élever des plantes chaque année à partir de bonnes souches de graines. Si elles sont semées dans une chaleur douce au début de l'année - février est le mois habituel - de nombreuses variétés fleurissent à la même saison. Lorsqu'ils sont bien démarrés, il faut admettre beaucoup de lumière et d'air. À moins d'être destinés au rempotage, ils doivent être plantés dans un bon sol où ils ne nécessiteront pas plus de soins que ce qui est généralement accordé aux bordures. Les graines peuvent également être semées en pleine terre de mai à juillet; repiquer en automne pour fleurir la saison suivante. Par temps chaud, en particulier sur sol léger, les plantes doivent être bien arrosées, mais dans un sol rétentif, un drainage complet doit être assuré. Si des signes de faiblesse apparaissent, transplantez dans un sol riche, où ils retrouveront bientôt de la vigueur.

Une campanule semi-rustique populaire est *C. fragilis* , d'habitude traînante. Les fleurs bleu pâle étoilées sont les plus avantageuses dans les paniers suspendus. Le charme de ces fleurs est totalement perdu si elles sont placées sur une scène de la serre; et ils ne sont pas entièrement satisfaisants dans une fenêtre où la lumière est transmise à travers les pétales, car cela les prive de couleur et de substance. Mais suspendus dans une véranda avec beaucoup d'air et d'espace, leurs tiges minces et tombantes sont très gracieuses et la lumière réfléchie par les fleurs rend pleinement justice à leur beauté. Semez dans des casseroles en février ou mars et mettez en pot au besoin.

Tout ce qui précède sont des plantes vivaces, mais deux petites Campanules annuelles rustiques sont *Attica* et *A. alba* , qui poussent environ six pouces de haut. Ils font des plantes utiles de premier plan et sont tout à fait à l'aise dans les jardins de rocaille. Semez en avril sur sol léger.

On a déjà fait allusion à la **cloche de Canterbury** ; c'est une charmante biennale rustique formant une caractéristique précieuse de la frontière mixte. Les grandes fleurs semi-doubles de la classe Tasse et soucoupe et les variétés doubles sont des introductions modernes qui sont devenues extrêmement populaires; la gamme de couleurs comprend désormais les nuances les plus délicates de rose, mauve et bleu, en plus du blanc pur. Les graines peuvent être semées d'avril à juillet. Lorsque les plants sont suffisamment gros, transplantez-les là où cela est nécessaire pour la floraison de l'été de l'année suivante. Mais les cloches de Canterbury sont également intéressantes dans la serre au printemps; pour ce pot de travail les en octobre et en décembre. Ainsi traités, ils fleurissent encore plus généreusement qu'au jardin. Il ne peut y avoir de plus bel ornement pour une salle ou un grand salon qu'un groupe bien placé de fines fleurs blanches, soutenu par une masse de plantes à feuillage sombre.

CANNA

Tir indien. Vivace semi-rustique

Les cannas ont cessé d'être considérés simplement comme des plantes à feuillage subtropicales, adaptées uniquement pour la parure des plates-bandes et des bordures. Ils n'ont pas perdu leurs mérites à cette fin, bien que selon toute probabilité, les formes les plus hautes seront moins cultivées qu'autrefois, car les nouvelles variétés naines, qui maintiennent un haut niveau de beauté dans le feuillage, comprennent une diversité de teintes riches inconnues auparavant, et ils possèdent le mérite supplémentaire de produire des fleurs qui ont élevé la race au premier plan en tant que brillants sujets décoratifs pour le jardin et la serre.

Le nom populaire est descriptif de la graine, qui est presque sphérique, noire et si dure qu'elle a été utilisée aux Antilles au lieu d'être abattue. Il n'est donc pas surprenant que les germes éclatent difficilement à travers la forte couverture, et que parfois des semaines s'écoulent avant que les semis n'apparaissent, un ou deux à la fois. Pour faciliter la germination, certains cultivateurs déposent la graine, d'autres la font tremper jusqu'à ce que la peau devienne suffisamment molle pour permettre le rognage d'une petite portion avec un couteau bien aiguisé. Dans les deux cas, il faut faire preuve de prudence pour éviter de blesser le germe. Un moyen plus sûr d'atteindre l'objet est de faire tremper les graines dans de l'eau, placée dans une serre ou un poêle, pendant environ vingt-quatre heures avant le semis. Après avoir trempé les graines, il est nécessaire de garder le sol constamment humide, sinon les germes subiront certainement des blessures. Le nombre de graines semées doit être enregistré, de sorte qu'il puisse être connu quand tout est en place. Le premier semis doit être fait en janvier, à une température d'environ 75 °, et dès que les semis sont prêts, transférer individuellement dans de petits pots. Comme les Cannas sont des mangeurs grossiers, ils doivent avoir un compost riche et poreux, et une dose occasionnelle de fumier liquide se révélera bénéfique, surtout lorsque les pots sont pleins de racines. Si les plants du semis de janvier sont régulièrement mis en pot et correctement gérés, ils commenceront à fleurir en juin ou juillet. Soit les plantes peuvent être transformées en un sol riche, soit les pots peuvent être plongés, et après la floraison à l'air libre jusqu'à la fin de l'automne, les plantes peuvent être soulevées pour une autre exposition de floraison dans la serre. Dans les quartiers chauds et dans les situations sèches et abritées, les racines peuvent être laissées en pleine terre tout l'hiver sous une couverture de cendres; mais ils doivent être soulevés d'un sol humide et froid, et stockés dans un cadre pendant les mois d'hiver. Nous n'avons mentionné que janvier comme le mois des semailles, mais les graines peuvent être introduites jusqu'au milieu de l'été, voire plus tard, en suivant la routine déjà indiquée.

ŒILLET

Dianthus Caryophyllus fl. PL. Vivace rustique

L'œillet appartient à l'aristocratie des fleurs et a atteint la dignité d'une exposition exclusive. Mais en plus de leurs mérites en tant que fleurs d'exposition, les œillets font des ornements remarquables dans le jardin et la maison, et il a été constaté que les semences conservées avec compétence à partir des meilleures variétés produiront des plantes produisant des centaines de fleurs dont le producteur n'a pas besoin d'avoir honte. . Depuis l'introduction de la classe à floraison précoce, qui peut facilement être eu en fleur dans les six mois à compter de la date de semis, un immense élan a été donné à la culture des œillets à partir de graines, et avec une gestion judicieuse, ce n'est pas une question difficile à assurer une succession de ces délicieux sujets presque toute l'année. Pour la décoration des serres et pour la fourniture de fleurs coupées, les œillets de semis ont une valeur particulière, qui doit seulement être connue pour être universellement appréciée. Aucun problème ne doit être éprouvé avec les semences de première qualité, qui germent librement et économisent beaucoup de temps et de travail par rapport au processus plus fastidieux de propagation; tandis qu'une nouvelle pause occasionnelle peut parfois récompenser le relanceur.

Le proverbe selon lequel ce qui vaut la peine d'être fait vaut la peine d'être bien fait est particulièrement illustré dans la culture des œillets, la différence entre les résultats d'un bon et d'un mauvais travail étant immense. Nous conseillons donc la préparation d'un compost composé d'environ trois parties de terreau gazonné, pour une partie chacune de fumier de vache et de moisissure douce, avec un petit ajout de grain fin. Un compost qui a été mis en place pendant un an, selon la pratique orthodoxe des fleuristes, est très à désirer; mais il peut être préparé à la main si l'on prend soin d'avoir tous les matériaux dans un état sucré, friable, exempt de pâteux et autant que possible exempts de vermine. En le déposant en tas et en le retournant deux ou trois fois, la vermine sera assez bien éliminée. Semez d'avril à août dans des pots de 4-1 / 2 pouces, qui doivent être bien égouttés. La graine doit être recouverte très finement et des feuilles de verre doivent être posées pour vérifier l'évaporation. Placez les pots dans un cadre fermé, ou si la saison est agréable, une bordure abritée suffira. Immédiatement, les plantes sont assez grandes pour être manipulées, piquez-les dans des bacs à graines ou arrondissez le bord de pots de 48 tailles. Placez-les dans une fosse froide ou dans la serre. Donnez de l'ombre et de l'eau jusqu'à ce que les plantes aient formé six ou huit feuilles, puis choisissez un jour humide pour la plantation.

Pour assurer les plantes à fleurs l'été suivant, il est nécessaire de les avoir solides et robustes avant l'arrivée de l'hiver. À mesure que les tiges en fleurs se lèvent, elles doivent être soigneusement attachées à de grands bâtons, suffisamment robustes pour porter une couverture pour la floraison, si les plantes ne sont pas fleuris sous verre. Lorsque les bourgeons apparaissent, ils doivent être éclaircis, en laissant généralement les bourgeons supérieurs, troisième et quatrième. Le second est souvent trop proche du premier, et certains ne porteront pas le quatrième avec vigueur. Lorsque les pétales remplissent presque le calice, chacun doit être soigneusement noué avec une fine bande de matériau un peu plus que la moitié du bas, pour éviter que le calice n'éclate, ce qui disqualifie la fleur pour l'exposition.

La classe à floraison précoce est extrêmement précieuse pour la facilité avec laquelle elle peut être cultivée. Les plants offrent l'avantage d'être beaucoup plus florifères que les plantes qui ont été multipliées par la méthode orthodoxe, et ils sont assez immunisés contre la maladie qui décime souvent les stocks issus de pondeuses et de boutures. Deux souches - Vanguard et Improved Marguerite - possèdent ces caractéristiques à un très haut degré. Toutes les couleurs habituelles sont incluses, et elles font non seulement un affichage très imposant dans les bordures mais sont d'une grande valeur pour la décoration de table. Dans les six mois environ à partir du moment où la graine est semée, une forme admirable d' œillet délicieusement parfumée est à la disposition de chaque jardinier, et une succession de ces fleurs populaires est disponible longtemps après que les variétés vivaces ont cessé de fleurir. Les plantes de graines semées à chaud en janvier ou février fleuriront librement à l'automne de la même année, et si elles sont soulevées et mises en pot, elles continueront à fleurir pendant l'hiver comme ornements de la serre ou du jardin d'hiver. À partir d'un autre semis en automne, il y aura une exposition au printemps suivant.

CELOSIA PLUMOSA

Cockscomb à plumes. Serre annuelle

Les conditions qui conviennent à un Cockscomb cultivé généreusement produiront de longs panaches gracieux de *Celosia plumosa* , mais le système affamé ne répondra pas avec cette plante. Semez en février ou mars, et grâce à une chaleur constante, une attention régulière avec de l'eau et une atmosphère plutôt humide, les spécimens doivent être cultivés sans contrôle du début à la fin. Lorsqu'ils atteignent les derniers pots, une dose occasionnelle d'eau de fumier faible les aidera, tous les deux en taille et la couleur, mais elle doit être interrompue lorsque les fleurs commencent à montrer leur beauté. En règle générale, il sera plus facile de gérer cette plante sur un lit chaud de taille moyenne que dans une serre. Le rempotage doit toujours être fait à temps pour empêcher les racines de pousser à travers le fond des pots.

CELOSIA CRISTATA — voir COCKSCOMB,

CHRYSANTHÈME

Plante vivace et annuelle rustique

La méthode fastidieuse de propagation des bégonias, gloxinias et primules par boutures ou couches a été remplacée par la procédure plus simple et plus satisfaisante de semis, qui assure toutes les fleurs les plus fines dans une variété beaucoup plus grande que celle obtenue sous le traitement obsolète. Une révolution similaire est en cours dans la culture des chrysanthèmes. De nombreux producteurs dépendent entièrement de semis issus de semis au début de l'année pour leur exposition d'automne. La culture de *C. indicum à* partir de graines est aussi simple que celle des primulas ou des stocks, et la variété et le charme délicat des semis dépassent de loin les plantes formelles d'il y a des années. Les jardiniers qui ont besoin d'un grand nombre à des fins décoratives peuvent utiliser des chrysanthèmes de semis avec un excellent effet.

Les graines doivent être semées en janvier ou février, en utilisant un compost composé de deux parties de sol foliaire pour une partie de limon. Placer les casseroles ou poêles à une température de 65 ° à 70 °. Dès que les semis apparaissent, ils doivent être déplacés à une température un peu plus basse - environ 55 ° à 60 °. Lorsque les jeunes plantes sont assez grandes pour être manipulées, piquez-les dans des plateaux espacés d'environ trois pouces, en utilisant un peu plus de limon dans le sol. La taille la plus pratique à cet effet est de quinze pouces de long sur neuf pouces de large et trois pouces de profondeur. Ces plateaux produisent une action racinaire plus rapide que les pots. Une fois que la croissance a commencé, placez-les dans des cadres froids. Immédiatement, les plantes ont fait transférer cinq ou six feuilles individuellement dans des pots de trois pouces, et lorsqu'elles sont bien enracinées, elles peuvent être arrêtées une fois. Vers juin, passez dans des pots de six pouces, ajoutant une petite quantité de sable argenté grossier au terreau. Dix jours plus tard, placez-les à l'extérieur sur un lit de cendres. Vers la fin du mois de juillet, transférer dans des pots de 9-1 / 2 pouces pour la floraison, en utilisant un sol de la composition déjà conseillée. Garder les debout sur des cendres ou des planches, si possible du côté nord d'une haie ou d'une maison. Lorsqu'il est bien enraciné, un peu d'eau de fumier peut être administré une fois par semaine. En octobre, placez les plantes dans une maison fraîche et, la première semaine de novembre, déplacez-les dans des quartiers fleuris, en maintenant la température de 55 ° à 60 °.

Si nécessaire pour la floraison en plein air, piquez les plants dès qu'ils supporteront la manipulation, et en mai, faites-les planter dans les positions finales, en donnant un peu de protection au début. Ils donneront une profusion de fleurs qui se révélera inestimable à des fins décoratives tout au long des mois d'automne.

Les chrysanthèmes vivaces comprennent la célèbre Marguerite, ou Marguerite (*C. leucanthemum*), dont plusieurs nouvelles variétés ont été introduites ces dernières années. Non seulement ces fleurs ont été grandement améliorées en taille et en forme, mais il existe maintenant des variétés à floraison précoce et tardive qui donneront une succession de floraisons de mai jusqu'au début de l'automne. La graine peut être semée à tout moment d'avril à juillet sur un lit soigneusement préparé de sol léger et fertile, et lorsque les plants sont suffisamment gros, ils doivent être transférés dans des quartiers permanents pour la floraison l'année suivante. Dans la bordure vivace, les plantes font de beaux spécimens, et les fleurs à longues tiges sont également inestimables pour la décoration des vases une fois coupées.

Plusieurs des chrysanthèmes annuels font de superbes affichages dans les bordures, en particulier lorsqu'ils sont plantés en grandes touffes, et ils méritent d'être cultivés abondamment dans des coins étranges pour fournir une réserve de fleurs charmantes pour les bouquets et l'arrangement dans des vases. Il y a un choix considérable de couleurs, ce qui devient tout à fait vrai, et les plantes peuvent être traitées à tous égards comme des annuelles rustiques. Lorsqu'elles sont cultivées en pot, les variétés Star et Dunnettii font des sujets les plus attrayants pour la décoration de la serre en hiver et au début du printemps. À cette fin, les graines doivent être semées en août et septembre.

CINERARIA

Serre annuelle

La facilité relative avec laquelle la Cineraria peut être bien cultivée, ainsi que la beauté et la variété excessives de ses fleurs, lui assureront toujours une position élevée en faveur du public. Il est maintenant si généralement élevé à partir de graines qu'aucun autre mode de culture n'a besoin d'être évoqué. La plante a une croissance rapide, très succulente, assoiffée, nécessite une alimentation généreuse et ne supportera pas les extrêmes de chaleur ou de froid. Un compost de terreau moelleux à gazon, jaune ou brun, avec une bonne addition de moisissure des feuilles, le fera pousser à la perfection. Si la moisissure des feuilles ne peut être obtenue, la tourbe gazonnée fera un assez bon substitut. Le sol d'un ancien lit de Melon répondra également, avec l'ajout de grains tranchants tels que les balayages tamisés des allées de gravier; l'inconvénient d'un sol très riche est qu'il a tendance à produire trop de feuillage.

La période habituelle pour les semis est pendant les mois de mai et juin et, en règle générale, les plantes cultivées en mai seront les plus précieuses. Un semis de juin ne devrait pas produire de fleurs avant le mois de mars ou avril suivant. Il est tout à fait possible d'avoir des Cinerarias en fleurs en novembre et décembre, et ceux qui s'occupent d'un étalage à cette période précoce devraient semer en avril.

Les cinerarias poussent si librement qu'il n'est pas nécessaire de piquer les plants autour des bords des pots ou des casseroles; mais aussitôt les plantes commencent à faire leurs secondes feuilles, les transfèrent directement dans des pots à pouces, en utilisant un sol assez grossier, et ce faisant, veillez à ne pas couvrir le cœur des plantes. Placez les pots dans un cadre fermé; s'occuper de l'ombrage et arroser avec de l'eau douce matin et soir jusqu'à ce qu'il soit bien établi. Dans la deuxième semaine après le rempotage, diminuez progressivement la chaleur et donnez plus d'air. Une température trop élevée et même trop d'ombre produiront des tiges de feuilles minces et faibles. Si les plantes sont si encombrées qu'elles se touchent, cela sera presque certainement nuisible et en fera une proie facile pour certains de leurs nombreux ennemis. Il est de loin préférable de cultiver quelques spécimens très fins qui produiront un bel étalage de superbes fleurs, que d'essayer un grand nombre de plantes faibles qui s'avéreront une source constante de problèmes, et à la fin un rendement mais un mauvais retour en fleur . Efforcez-vous de les cultiver aussi presque que la saison le permettra, en admettant même l'air de la nuit librement aux occasions appropriées. Immédiatement, les pots de pouce sont remplis de racines, passent à une taille plus grande et il est important que cette opération ne soit pas retardée d'un jour de trop. Pour l'œil expérimenté, la modification de la couleur des feuilles en vert pâle est une indication suffisante que la famine a commencé et qu'une action rapide est nécessaire pour sauver les plantes. Il est de coutume de certains cultivateurs de transférer immédiatement à la taille dans laquelle ils sont censés fleurir. Il y a, cependant, un certain danger pour les inexpérimentés dans le sur-empotage, et donc un quart intermédiaire est conseillé. En règle générale, les pots de 32 tailles sont assez grands, mais la taille 24 ou même la taille 16 est autorisée lorsque les spécimens très fins sont obligatoire. Les plants doivent être dans leurs pots définitifs au plus tard fin novembre.

Cela aidera à durcir et à établir les plantes si elles sont placées à l'air libre en août et septembre. Une frontière nord sous l'abri d'un mur ou d'un bâtiment est l'endroit le plus approprié, mais évitez une haie de toute nature. Éliminez les drageons, et si de nombreux bourgeons sont présentés, un sur trois peut être enlevé lorsque des fleurs très fines sont souhaitées. Dès la première apparition des bourgeons, l'eau de fumier peut être donnée avec avantage une ou deux fois par semaine jusqu'à ce que les fleurs aient une couleur, puis elle doit être interrompue.

Bien que les Cinerarias soient des plantes économe, elles sont méticuleuses en ce qui concerne les bagatelles. Si possible, donnez-leur de nouveaux pots ou assurez-vous que les anciens sont nettoyés scrupuleusement. Même l'eau dure retardera la croissance libre, souvent à la perplexité du cultivateur.

Une foule d'ennemis attaquent les Cinerarias; en effet, il n'y a guère de ravageur connu dans la serre, mais trouve une maison agréable sur cette plante. La moisissure est plus fréquente à certaines saisons qu'à d'autres. En règle générale, il apparaît en juillet et août, surtout après une ventilation insuffisante, ou lorsque les plantes ont été laissées trop longtemps à un endroit ou trop près les unes des autres. De toute évidence, la faiblesse invite à l'attaque, et la nécessité d'une croissance robuste et vigoureuse est ainsi efficacement enseignée. Lors de la première apparition d'une feuille enroulée, saupoudrez le feuillage et le sol avec du soufre, et ne versez pas d'eau au-dessus de la tête jusqu'à ce qu'une cure ait été effectuée. Le puceron est facilement tué par fumigation effectuée lors d'une soirée calme. Certains jardiniers préfèrent donner une heure ou deux une fois par semaine à l'élimination du ravageur au moyen d'une brosse douce. De trois à quatre douzaines de plantes sont facilement nettoyées à la main dans le temps indiqué.

Les Star Cinerarias (*C. stellata*) sont cultivées exactement dans les mêmes conditions que les Florists 'ou Show Cinerarias, et ce type de fleur est très apprécié pour sa grâce singulière et son bel effet décoratif. Dans la véranda et sur la table, c'est une plante indispensable. Les sprays admettent les arrangements les plus charmants dans des vases avec tout type de feuillage ornemental, et conservent leur beauté pendant longtemps dans l'eau.

Cinerarias intermédiaires . - Ces nouveaux types de Cineraria, qui par habitude sont intermédiaires entre les classes à grandes fleurs et Stellata, font d'admirables sujets pour la décoration de table, ainsi que pour l'ornement de la véranda ou de la serre. Dans cette classe, la variété Feltham Beauty a sans aucun doute un bel avenir devant elle. Originaire des Pépinières Feltham, cette variété a a attiré une attention considérable lors des nombreuses réunions horticoles où il a été exposé, et depuis qu'il est passé entre nos mains il y a quelques années, de très belles couleurs que l'on ne trouve pas parmi les variétés ordinaires de Stellata lui ont été ajoutées. Le trait distinctif des fleurs est le centre blanc, qui améliore grandement la vivacité de la coloration des pétales. Pour la section intermédiaire, les mêmes méthodes de culture que celles recommandées pour les autres classes de cinéraires s'appliqueront.

CLARKIA

C. elegans. C. pulchella. Annuelles rustiques

Les deux classes distinctes de Clarkia nommées ci-dessus comprennent plusieurs variétés qui ont longtemps été cultivées librement dans les jardins en tant qu'annuelles d'été. Mais les très belles introductions récentes dans la classe Elegans ont élevé ces fleurs à un niveau d'utilité supérieur pour produire des feuilles de couleurs brillantes dans les parterres, les bordures, les arbustes et à côté des voitures. Bien que tous les Clarkias fleurissent abondamment dans la terre de jardin ordinaire, ils remboursent bien un traitement libéral. Les graines peuvent être semées de mars à mai, ou en septembre si une exposition précoce est souhaitée. Dans une bonne terre, chaque plante des variétés Pulchella devrait avoir un espace de huit ou dix pouces, mais un espace plutôt plus grand doit être donné à la classe Elegans pour rendre justice aux plantes.

Les variétés Elegans ont une valeur particulière lorsqu'elles sont traitées comme des plantes en pot pour la décoration de la véranda en mai et juin. À partir de graines semées en août ou au début de septembre, les plantes peuvent lentement devenir de magnifiques spécimens de quatre pieds de haut et presque autant de diamètre. Notre propre pratique consiste à semer finement dans des pots propres et bien drainés de 48 tailles. Ceux-ci sont placés à une température de 50 ° à 55 °, et lorsque les plants sont assez grands pour être manipulés, ils sont piqués dans des boîtes peu profondes distantes d'environ trois pouces, la base des boîtes étant librement perforée pour assurer un drainage suffisant. Le sol le plus approprié est composé à parts égales de limon sain et de moisissure des feuilles, avec l'ajout d'un gallon de sable grossier à chaque boisseau du sol mélangé. Une fois que les plantes sont bien établies, ventilez librement pour assurer une croissance robuste. Lorsque trois pouces de haut pincent les pointes, et un peu plus tard, transférez-les séparément dans de petits pots, en les gardant près du verre pendant quelques jours et aussi près que possible du verre. Au fur et à mesure que les racines se développent, transférez à nouveau dans des pots plus grands, puis dans le deuxième et l'arrêt définitif des tournages doit être effectué. Si de très grandes plantes sont désirées, elles peuvent être fleuries dans des pots de 16 tailles, en utilisant un compost légèrement plus lourd que celui conseillé à un stade plus jeune de croissance. La température nocturne pendant l'hiver devrait être d'environ 45 °, donnant l'air librement le jour autant que possible pour le faire en toute sécurité. Comme les branches ont besoin de soutien, des bâtons d'une longueur appropriée doivent être fournis et les tiges doivent être attachées à temps pour éviter qu'elles ne se cassent.

CLÉRODENDRON FALLAX

Arbuste de poêle

Un très bel arbuste dressé, largement cultivé dans les jardins tropicaux. Dans ce pays, il atteint une hauteur d'environ deux pieds et est facilement élevé à partir de graines dans une serre chaude ou une véranda, où il s'avère être une plante vraiment belle et frappante.

Semez dans des casseroles ou des poêles en mars ou avril et transférez dans des pots simples tout petits. Dès le départ, un sol très riche est nécessaire pour assurer une croissance robuste et une couleur intense dans les panicules de fleurs écarlates brillantes. Les plantes fleurissent en août ou septembre de la même année. Lorsque les feuilles tombent, si l'intention est de stocker pendant l'hiver, retirez-les à une température de 55 °; mais élever des plantes annuellement est plus satisfaisant et entraîne moins de problèmes que le stockage.

Comme beaucoup d'autres plantes tropicales, Clerodendron fallax est sujet aux attaques de la cochenille farineuse, et ce ravageur peut être combattu à la main ou en lavant les feuilles avec un insecticide deux soirs de suite. Les pucerons sont également gênants et doivent être éliminés par fumigation.

CRÊTE DE COQ

Celosia cristata. Appel d'offres annuel

Cette belle fleur à l'ancienne a gagné une popularité renouvelée ces dernières années, probablement grâce à un certain nombre de plantes bien cultivées exposées lors de salons horticoles. Ceux qui peuvent produire de beaux Cinerarias, Baumes et Calceolarias, seront susceptibles de produire de grands Cockscombs, fortement colorés et sur des plantes naines à feuilles. La culture libérale est essentielle et le premier départ doit être fait dans un compost constitué principalement de terreau riche et léger et friable. Semez les graines sur une chaleur plutôt vive en février ou mars, un lit chaud nouvellement fait mais doux étant le meilleur endroit pour les casseroles de graines. Piquez tôt dans de très petits pots et passez de manière à encourager la croissance sans contrôle, et gardez les plantes sur le lit chaud jusqu'à ce que les rayons se forment. Il est bon de ne pas dépasser la taille de 8-1 / 2 pouces; puis, en laissant les racines se lier au pot, les rayons sont bientôt produits. Peu importe comment sélectionner la graine, ou avec quelle prudence la culture, une certaine proportion de rayons asymétriques apparaîtra; mais ceux-ci, s'ils sont richement colorés, seront utiles à des fins décoratives et devraient avoir toute l'attention nécessaire pour garder leurs feuilles fraîches et les peignes de couleur pure.

COLEUS

Poêle vivace

Il est tellement difficile de transporter Coleus pendant l'hiver en bonne santé que le plan moderne de le traiter comme une annuelle est avantageux pour éviter les ennuis et la chaleur du feu en hiver, et aussi parce qu'il offre le charme d'une diversité constante. Le fait est que nos journées d'hiver sont trop courtes et sombres pour conserver la splendeur de la coloration qui rend Coleus si attrayant et précieux; et on peut compter sur les graines d' une bonne variété pour produire des plantes qui raviront les yeux tout au long de l'été et de l'automne. Certains hommes expérimentés sèment en février et réussissent, mais la majorité des cultivateurs feront preuve de prudence en attendant jusqu'en mars, lorsque l'augmentation de la lumière du jour favorise la croissance rapide des plantes. Les pots de fleurs sont meilleurs que les casseroles, car la plus grande profondeur offre la possibilité d'assurer un drainage efficace. Les pots doivent être presque à moitié remplis de pots, recouverts d'une couche de mousse pour éviter que le sol ne soit emporté. Remplissez-les de terreau légèrement gazonné, mélangé à une quantité presque égale de sable tranchant. Faites une surface plane, sur laquelle semez finement, et secouez sur la graine une légère couche de terre fine. Placer les pots à une température d'au moins 65 °. L'arrosage nécessite un soin particulier, en raison de la capacité particulière des jeunes plantes à se dissiper, en particulier par temps terne. Les semis les plus résistants sont à peu près ceux dans lesquels le vert et le noir prédominent, et ils peuvent sans scrupule être enlevés pour faire place aux spécimens à croissance plus lente mais de meilleure couleur. Ceux-ci doivent être transplantés sur les bords des pots tout en étant assez petits; et comme montrent des teintes délicates, en particulier celles qui ont des marques roses sur un fond doré, valent la peine d'être soignés au stade précoce avec un soin particulier. Les pots doivent être protégés du soleil direct, mais doivent être conservés près du verre. En mai, les plants seront assez grands pour des pots de 48 dimensions, au-delà desquels il n'y a pas lieu d'aller. Lorsque les pots sont pleins de racines, le feuillage gagne en brillance, tandis que les pots plus grands favorisent la croissance libre au détriment de la couleur. Une atmosphère sèche est particulièrement préjudiciable, tandis qu'une dose occasionnelle d'eau de fumier maintiendra les plantes en bonne santé.

COLUMBINE - voir AQUILEGIA

COSMEA

Cosmos. Annuelle semi-rustique

Cosmeas fait un spectacle saisissant dans la bordure mixte, et les fleurs sont également très demandées pour la décoration intérieure. Cependant, la déception est souvent causée par le fait que les plantes ne fleurissent pas avant la fin de la saison, et il est donc important de cultiver une variété à floraison précoce afin d'assurer un affichage prolongé. La méthode la plus efficace pour faire pousser des plantes est de semer les graines dans des pots en février, en piquant les plantes dès qu'elles sont suffisamment grandes. Lorsque les premières fleurs apparaissent en mai, la transplantation dans des positions à l'air libre est immédiatement passée.

CYCLAMEN

Vivace semi-rustique

Les jardiniers d'expérience se souviendront de l'époque où les couleurs prédominantes du cyclamen étaient le violet et le magenta, et il était impossible pour le critique le plus sympathique de se sentir enthousiasmé par ces fleurs. Mais les nouvelles couleurs - rose saumon, écarlate saumon, l'intense Vulcan, Rose Queen et Cherry Red, ainsi que le blanc géant et le papillon blanc - sont désormais considérées comme les plus brillants et les plus beaux sujets décoratifs pour la longue période de sombres journées d'hiver dont Noël est le centre. En tant que fleurs coupées pour la table à manger, les Cyclamens n'ont pas de rival à cette période de l'année, et en tant que plantes spécimens à la maison, elles sont délicieuses pour leur port à floraison libre, leur forme compacte et leur feuillage élégant.

Les graines peuvent être semées à tout moment pendant l'automne ou au début de l'année, et les plantes ne fleuriront pas seulement dans les douze mois, mais si elles sont correctement cultivées, elles produiront plus de floraison que ce qui peut être obtenu à partir de vieux bulbes. Nous ne conseillons pas plus de trois semis, dont le premier et le plus important doit être effectué en août ou début septembre. Pour obtenir une succession de plantes, semez à nouveau en octobre et pour la dernière fois au début de la nouvelle année. Ceux qui n'ont pas encore cultivé de cyclamen pour la floraison hivernale seront ravis du résultat. Il est tout aussi facile de les fleurir en hiver que pendant les jours plus longs, et c'est plus que ce que l'on peut dire de la plupart des plantes.

Le meilleur sol pour le cyclamen est un terreau riche et sain, avec un mélange généreux de moisissure des feuilles et suffisamment de sable argenté pour assurer un drainage gratuit. Presser fermement ce mélange dans des pots ou des casseroles à graines, et tremper les graines à environ un pouce d'intervalle et pas plus d'un quart de pouce de profondeur. Couvrir la surface d'une fine couche de feuilles ou de matériau fibreux pour vérifier l'évaporation rapide, et plus tard garder le sol exempt de mousse. Les semis d'automne peuvent d'abord être placés dans un cadre ayant une température d'au moins 45 °. Au bout de quinze jours, transférez les casseroles dans n'importe quelle position chaude et humide de la serre ou de la maison de multiplication.

Bien que le cyclamen soit une plante tendre, il n'a pas besoin d'une forte chaleur et ne supportera pas les extrêmes d'aucune sorte. Les changements soudains sont toujours fatals à sa croissance. En hiver, la température ne doit pas descendre en dessous de 56 °, ni dépasser 70 ° à tout moment. Plus la chaleur peut être maintenue uniformément, mieux c'est, et il est souhaitable de donner toute la lumière possible. En été, cependant, bien qu'une atmosphère chaude et humide soit encore nécessaire, la lumière peut avec avantage être quelque peu tamisée, mais l'ombrage ne doit pas être exagéré, sinon la constitution de la plante en souffrira.

Les graines de cyclamen germent non seulement lentement, mais elles poussent également de la manière la plus capricieuse; parfois, quelques plantes remontent longtemps après que d'autres aient pris un bon départ. Ne soyez pas impatient de leur apparence, mais lorsque certains plants sont assez gros pour être retirés, transférez-les dans des pots à pouces, en prenant soin de ne pas les insérer trop profondément. Au fur et à mesure que les plantes se développent, passez dans des pots plus grands, se terminant finalement par la taille 48. Dans les derniers stades, mélangez moins de sable avec le sol et, lors du rempotage, laissez toujours la couronne du bulbe claire. Gardez les plantes près du verre, et au fur et à mesure que le soleil devient puissant, il sera nécessaire de fournir de l'ombre et d'éviter les excès de chaleur. Ne laissez jamais les semis souffrir du manque d'eau ou devenir la proie des pucerons. Pour éviter ces derniers, occasionnels ou fréquents, il faut recourir à des fumigations. Vers la fin du mois de mai, les plantes les plus avancées devraient être prêtes à être transformées en 60 pots. Donnez tout l'air possible pour favoriser une croissance robuste. Ce faisant, évitez cependant les courants d'air froid. De fin juin à mi-juillet, les plus belles plantes devraient être prêtes pour leur dernier passage en 48 pots, dans lesquels elles fleuriront admirablement. La croissance en août et septembre sera très libre, puis une assistance occasionnelle avec de l'eau de fumier faible augmentera la taille et la couleur des fleurs. Au fur et à mesure que les soirées raccourcissent, protégez les plantes des frissons, qui se traduisent par des fleurs déformées.

Tout le secret d'une culture réussie de Cyclamen peut se résumer en quelques mots: une chaleur constante et constante, une atmosphère humide et des approvisionnements abondants en eau sans stagnation; libre circulation de l'air, évitant les courants d'air froids; lumière en hiver et ombre en été, sans insectes ravageurs. Ces conditions maintiendront les plantes en croissance vigoureuse du premier au dernier, et le résultat sera une floraison si abondante qu'elle prouvera la solidité du système rapide de culture. Cette routine peut être variée par le cultivateur expérimenté, mais les principes resteront les mêmes dans tous les cas, car la constitution naturelle de la plante donne la clé de sa gestion.

DAHLIA

Vivace semi-rustique

Les classes doubles et simples de Dahlia sont de plus en plus cultivées comme des annuelles à partir de graines, et cette pratique a le grand avantage d'être économique en temps et d'économiser de l'espace pendant l'hiver. Les semis poussent librement et rapidement, et fleuriront aussi tôt que ceux cultivés par la méthode la plus longue et la plus gênante des tubercules. Même ceux qui possèdent un stock de sortes nommées peuvent avec avantage augmenter leur approvisionnement à partir de semences, d'autant plus qu'il y a une probabilité d'obtenir une charmante nouveauté, qui n'est en soi pas une petite incitation.

Bien que le Dahlia soit une plante tendre, il se gère facilement dans une serre, ou dans un cadre reposant sur un lit chaud. La graine peut être semée dès janvier, mais à moins qu'un espace suffisant ne soit disponible pour garder les plantes trapues au fur et à mesure qu'elles se développent, il sera sage d'attendre jusqu'en février. Un semis dans le dernier mois nommé produira des plantes suffisamment avancées pour fleurir à l'heure habituelle. Même mars ne sera pas trop tard; mais quel que soit le moment choisi, le départ doit être suivi avec diligence, afin d'éviter de faire un chèque du premier au dernier. Semez finement dans des pots ou des casseroles remplis de compost ordinaire riche en lumière, et recouvrez la graine d'une simple aspersion de terre fine. Lorsque la première paire de feuilles atteint la hauteur d'un pouce, mettez en pot chaque plante individuellement près de la base des feuilles. Il n'est pas conseillé de jeter les semis faiblement; ce sont les plantes les plus susceptibles d'afficher de nouvelles nuances de couleur et elles valent quelques problèmes supplémentaires. Bien que faibles au départ, ils peuvent, par un traitement judicieux, devenir un état prospère et sain.

Une fois en pot, placez les plantes en chaleur, en donnant un peu de soin supplémentaire jusqu'à ce que la croissance soit bien démarrée. En temps voulu, passez à des tailles plus grandes si nécessaire, puis il sera sage de déterminer s'il y a de l'espace pour bien cultiver l'ensemble du stock. Sinon, n'hésitez pas à sacrifier le surplus et, ce faisant, à rejeter les spécimens les plus riches, car ceux-ci sont les moins susceptibles de produire une belle floraison. C'est une pratique erronée de retirer la pousse supérieure, car cela vérifie la plante pour une bonne fin; mais quand environ six pouces de haut, chacun aura besoin du support d'un bâton. Donner de l'eau librement et de l'air à toutes les occasions appropriées. La moindre tendance aux feuilles enroulées indique que quelque chose ne va pas et exige une attention immédiate. Une explosion de froid peut avoir frappé les plantes, ou le sol peut être pauvre; le manque d'eau produira le mal, ou il peut résulter de la présence de pucerons. Si la dernière hypothèse se révèle correcte, fumiguez le premier soir calme et omettez d'arroser ce jour-là. La simple mention des autres points suffira à en montrer le remède.

À l'approche du moment du transfert à l'air libre, tout ce qui est possible doit être fait pour durcir les plantes en vue du changement. Ils peuvent être placés pendant quelques jours à l'abri d'un mur ou d'une haie, mais au moindre signe de gel, préparez-vous à les protéger avec des haies ou des nattes. Une exposition complète pendant les averses géniales et le beau temps est recommandée, et un examen occasionnel des plantes empêchera leur enracinement à travers les pots dans le sol.

La frontière des dahlias ne peut guère être trop riche, car ce sont des sujets affamés et assoiffés, et rembourseront amplement dans une profusion de fleurs le fumier qui leur sera prodigué. Les limaces et les escargots sont malheureusement trop friands des dahlias nouvellement plantés, mais la vermine cesse bientôt de s'en soucier; il est donc conseillé de planter abondamment les laitues en même temps, ou avant, sur le même sol, et saupoudrer autour des Dahlias avec de la chaux. Insérez au moins un piquet, d'environ un mètre de long, près de chaque plante, pour donner un soutien, et deux ou trois autres devront être donnés avant que les branches ne se propagent loin. Sécurisez la première pousse lorsque la plantation est terminée et suivez le liage au fur et à mesure que la croissance l'exige.

Les dahlias fleurissent continuellement pendant une longue période et semblent être particulièrement à l'aise dans la bordure d'arbustes ou au centre d'un lit. Ils sont également précieux pour l'entraînement contre les bâtiments ayant un aspect méridional, et ici la période de floraison est beaucoup plus longue, car un gel précoce les atteindra à peine. Un mur de lumière est un fond admirable pour les variétés de couleur foncée, et les fleurs blanches ou jaunes sont mises en valeur contre un bâtiment sombre. Les dahlias peuvent être utilisés seuls ou en compagnie des plantes grimpantes habituelles dans de telles positions.

Les fleurs possèdent une valeur particulière pour la décoration intérieure, et n'importe quel coin étrange du jardin peut être utilisé pour produire un approvisionnement à cet effet. La coupe doit toujours être faite tôt le matin, alors que la rosée est sur eux. Ils conserveront alors leur beauté plus longtemps que ceux prélevés une heure plus tard sur les mêmes plantes. Cette remarque est vraie pour toutes les fleurs, mais elle s'applique avec une force particulière au Dahlia.

DAISY, DOUBLE

Bellis perennis fl. PL. Vivace rustique

Le développement remarquable de la Double Daisy ces dernières années a élevé ce jardin simple sujet au premier rang des plantes à massifs printaniers. L'amélioration de la taille et de la forme des fleurs a été si prononcée que les plantes issues d'une souche fiable de graines produiront désormais des fleurs qui pourraient bien être confondues avec des spécimens d'Aster finement formés. Lorsqu'elles sont massées dans un grand lit, les fleurs présentent l'un des sites les plus frappants que l'on puisse voir dans le jardin printanier. Mais en dehors de leur utilisation dans les plates-bandes et les bordures formelles, les marguerites doubles font une pause agréable parmi les giroflées et sont particulièrement attrayantes lorsqu'elles sont cultivées comme bordure de fleurs bulbeuses et d'autres sujets à floraison printanière tels que Polyanthus, Myosotis, etc. Les plantes issues d'un semis fait en casserole en avril et éteints lorsqu'elles sont assez grandes, peuvent fleurir à l'automne de la même année. Mais la méthode la plus généralement pratiquée est de semer sur des plates-bandes préparées à l'air libre en juin ou juillet, et de transférer les plants lorsqu'ils sont suffisamment développés vers des positions de floraison la saison suivante.

DELPHINIUM

Vivace rustique

Presque toutes les variétés pérennes peuvent être cultivées à partir de graines, et là où un grand nombre est requis, c'est la meilleure méthode pour les obtenir. Ils font de belles fleurs de bordure et sont extrêmement précieux pendant les premiers mois de l'été. Semez en mai, juin ou juillet, en pleine terre, et repiquez en automne. Si des graines mélangées ont été semées, il ne sera pas sage d'éclaircir toutes les plantes faiblement, ou il peut arriver que certaines des nuances les plus choisies soient perdues. Les premières fleurs seront terminées au milieu de l'été, mais si les tiges sont coupées rapidement au lieu de pouvoir semer, il y aura une deuxième exposition plus tard dans l'année.

Trois variétés, Queen of Blues, Dwarf Porcelain Blue et Blue Butterfly, peuvent fleurir comme des annuelles, en semant dans des casseroles en mars et en repiquant à l'air libre dès que les semis sont prêts. Ils font également des plantes en pot particulièrement charmantes, pour lesquelles il est conseillé de semer des graines en mars.

La variété écarlate (*D. nudicaule*) est un peu plus délicate que les autres, et il est sage d'élever les plantes dans des bacs à graines bien drainés, et d'en prendre soin pendant le premier hiver dans un cadre froid; en effet, dans un sol lourd, il y a un risque de les perdre en tout hiver à la fois froid et humide. Il n'est pas nécessaire d'employer des pots, mais immédiatement après la floraison, prenez-les et stockez-les dans la tourbe jusqu'au mois d'avril suivant, date à laquelle ils peuvent être remis en pleine terre.

D. sulphureum. La graine met beaucoup de temps à germer et met à rude épreuve la patience du semeur. Mais sinon, il n'y a aucune difficulté à faire pousser des plantes, et les longues pointes de belles fleurs claires jaune soufre valent bien le temps supplémentaire dont les semis ont besoin. Le mieux est de semer en automne en pleine terre, de couvrir d'un cadre et d'éviter de perturber le sol, sauf pour le désherbage, jusqu'à l'automne prochain, lorsque les plantes doivent être mises en position pour la floraison l'été suivant.

Comme les limaces sont extrêmement friandes des delphiniums, les couronnes doivent être examinées au printemps et les lits de semence peuvent être recouverts de suie et entourés de cendres pour éviter que les semis ne se blessent.

Les delphiniums annuels sont traités sous Larkspur, page 274.

DIANTHUS

Rose. Biennales, rustiques et semi-rustiques

De nombreuses variétés de Dianthus réclament l'attention pour leurs formes élégantes et la splendeur de leur coloration. Ils ont été si merveilleusement améliorés par les cultivateurs scientifiques qu'ils remplacent presque les vieux roses de jardin et ont le grand avantage de se réaliser à partir de graines. *D. Heddewigii* (Japan Pink) et ses variétés, *D. chinensis* (Indian Pink) et *D. imperialis* , forment des parterres intéressants et somptueux, et peuvent tous fleurir la première année à partir de semis effectués en chaleur en janvier ou février. Immédiatement les semis traversent le sol, il est important de les déplacer à une température plutôt inférieure à celle nécessaire pour assurer la germination, sinon les plantes deviennent molles et sans valeur. Soyez très économe en eau, surtout si le sol est rétentif. Lorsque deux feuilles sont formées, les transférer dans des casseroles, en laissant environ un pouce entre chaque plante, et les placer dans une position abritée. Introduisez progressivement le traitement au frais et, lorsque vous êtes prêt, repiquez, en laissant plus d'espace à chaque plante. Ils auront donc un bien meilleur départ, lorsqu'ils seront plantés en mai, que s'ils étaient prélevés directement dans les bacs à graines. Les dianthus font un affichage des plus attrayant dans des pots, et un certain nombre de plants doivent être mis en pot pour la floraison de cette manière.

Là où il n'y a pas d'installations pour élever Dianthus en chaleur, il est assez facile de faire pousser des plantes dans un endroit dégagé à partir d'un semis en juin ou juillet, et elles fleuriront librement l'année suivante. Préparez des forets à environ six pouces d'intervalle et tapissez-les de terre tamisée; semez finement et recouvrez soigneusement la graine de terre fine. L'ombre doit être donnée pendant la germination, mais elle doit être progressivement retirée lorsque les plants sont en place. Transfert aux postes définitifs en août. Si cela est impossible, piquez les plantes et remettez-les un peu plus tard. Cela ne fera que du mal de les laisser entassés dans le lit de semence, et le second mouvement leur permettra de mieux résister aux gelées hivernales. Le Dianthus prospère dans un sol sableux ou limoneux, avec une exposition complète au soleil, et les plantes n'ont guère besoin d'eau ni d'attention pendant toute la saison.

DIGITALE

Digitale pourprée. Biennale rustique

Outre la digitale pourpre indigène, largement cultivée dans les jardins, il existe plusieurs très belles variétés qui sont précieuses pour orner bordures, arbustes et promenades boisées. La primevère géante, une belle variété aux fleurs riches en crème ou chamois, mérite une attention particulière; le Giant Spotted, qui produit de belles fleurs, riches et variées en couleurs; et la variété blanche avec son abondance de charmantes cloches blanc ivoire, parfois légèrement tachetées.

Tout sol riche et profond convient à Digitalis, et les graines semées en mai, juin ou juillet produiront des semis qui, avec très peu d'attention, donneront un bel étalage de fleurs l'été suivant. Semez à l'air libre dans des casseroles ou sur une bordure préparée et mettez les jeunes plants en position permanente, en choisissant un temps pluvieux en août ou en septembre.

DIMORPHOTHÈQUE

Annuelle semi-rustique

Le Dimorphotheca, également appelé l'étoile du Veldt, a été introduit dans ce pays depuis l'Afrique du Sud et, comme le Nemesia, également originaire de ce Dominion, il est devenu l'un des plus précieux de nos annuelles d'été. Dans des conditions favorables, les plantes peuvent fleurir six semaines après le semis et elles continueront de fleurir à profusion jusqu'à ce qu'elles soient coupées par le gel. En plus de la fleur orange frappante, *D. aurantiaca* (Orange Daisy), une large gamme de couleurs, y compris de nombreuses teintes délicates, a été développée par une hybridation minutieuse.

Ceux qui souhaitent obtenir des plants avancés doivent semer en mars ou avril dans des bacs de terre légère placés dans un châssis froid, et les plants seront prêts à être transférés dans les quartiers ouverts en mai. Ou les graines peuvent être semées en toute sécurité en pleine terre en mai et juin. Comme le suggère son habitat naturel, le Dimorphotheca aime une position chaude et ensoleillée et pousse à la plus grande perfection dans un sol léger ou un limon bien drainé.

La pratique de la floraison d'annuelles semi-rustiques en pot augmente rapidement, et parmi cette classe de plantes, la Dimorphotheca a peu de rivaux comme sujet décoratif pour la véranda. Il est plus efficace de cultiver trois ou quatre plantes dans un pot qu'une seule, et les meilleurs spécimens sont obtenus en semant directement dans les pots et en éclaircissant les plants au nombre requis. Utilisez un compost léger et riche contenant une bonne proportion de sable argenté, et ne laissez pas les plantes souffrir du manque d'eau.

ESCHSCHOLTZIE

Vivace rustique

Il y a une dizaine d'années, les couleurs prédominantes trouvées dans les Eschscholtzias étaient le jaune et l'orange, mais ces dernières années, un certain nombre de nouvelles teintes très attrayantes ont été introduites, de sorte que cette plante est maintenant considérée comme indispensable pour la litière d'été et pour les bordures. La pratique moderne consiste à cultiver les Eschscholtzias comme annuelles, en semant en plein air en mars et avril. Comme les semis ne se transplantent pas facilement, la graine doit être placée là où les fleurs sont désirées. Diluez en temps voulu, laissant à chaque plante suffisamment d'espace pour le développement. Les semis peuvent également être effectués en septembre, à partir desquels les plantes fleuriront avant celles qui sont élevées au printemps.

FREESIA

Vivace semi-rustique

Le Freesia est une autre des fleurs bulbeuses facilement cultivées à partir de graines et il peut être fleuri dans les six mois suivant la date du semis. Utilisez un compost riche et semez sous verre en janvier, février ou mars, selon votre convenance. Les graines doivent être semées à nouveau en août, pour fournir des fleurs au printemps ou à l'été de l'année suivante. La fragilité des racines fait du rempotage une opération dangereuse. Il est donc judicieux de semer dans 48 pots et d'éclaircir à quatre ou cinq plantes dans chacun, évitant ainsi le besoin de déplacer jusqu'à ce que la floraison ait eu lieu. Lorsque le rempotage devient impératif, il doit être fait avec une main douce, et les ampoules doivent être soigneusement assorties pour chaque pot. La position choisie pour les freesias doit être légère et librement ventilée par temps doux, mais ils ne supporteront pas un courant d'air de coupe. Pour plus de notes culturelles, voir page 328.

FUCHSIA

Vivace semi-rustique

Élever des fuchsias à partir de graines sera une nouvelle pratique pour beaucoup; mais il est à la fois intéressant et peu coûteux, et chaque année il rassemble un nombre croissant d'adhérents. Les graines peuvent être semées à presque n'importe quel moment de l'année; si un début est fait en janvier ou février, les plantes fleuriront en juillet ou août. La terre pour les pots de graines doit être un peu ferme dans la texture, mais un compost léger et riche doit être utilisé lorsque les plantes viennent à être mis en pot, et le changement final devrait être dans un mélange contenant près d'un tiers de fumier de vache pourri. Pour les semis précoces que nous avons nommés, une chaleur assez forte sera nécessaire pour faire remonter la graine. Lorsqu'elles sont assez grandes pour être manipulées, piquez les plants autour des bords de 60 pots, en mettant environ six plantes dans chaque pot. L'ombre et l'humidité sont nécessaires pour leur donner un bon départ après chaque transfert. Ensuite, ils doivent être mis en pot au fur et à mesure que la croissance l'exige, jusqu'à ce que la taille finale soit atteinte; et la floraison ne commencera pas tant que l'espace du pot sera augmenté. La croissance ne doit pas être précipitée et les plantes doivent à tout moment être exemptes de vermine. Les plantules ayant des feuilles étroites et pointues peuvent être déposées sans scrupule au tas de déchets; mais les plantes à feuillage court et arrondi, surtout si elles sont de couleur sombre, sont presque sûres de se révéler de haute qualité.

GAILLARDIA

Vivace semi-rustique

Toutes les Gaillardias sont cultivées le plus commodément comme annuelles à partir de graines. Les plantes restent en fleur pendant une longue période, et pour leur magnifique coloration, les fleurs sont aussi prisées pour la disposition dans des bols et des vases que pour la décoration de jardin. Le meilleur mois pour semer des graines est mars, et les plantes seront alors prêtes à sortir en mai. Tout bon compost répondra, et seule une température modérée est nécessaire pour faire remonter les semis. Le cours habituel de la procédure de piqûre doit être adopté pour les garder courts et robustes.

GÉRANIUM

Pelargonium. Vivace semi-rustique

Les géraniums de toutes sortes sont plus précieux s'ils sont traités comme des annuelles. Dans leur état de semis, les plantes sont particulièrement robustes et d'une fraîcheur charmante en feuillage et en fleurs, même si parmi elles, il n'y en a pas une qui soit la bienvenue comme fleur de fleuriste. Lorsqu'il est cultivé à partir de semences de première classe, cependant, on peut s'attendre à une grande proportion de variétés fines et à quelques véritables nouveautés. La graine peut être semée n'importe quel jour de l'année, mais février et août sont particulièrement adapté. Semez dans des casseroles remplies d'un bon mélange, dans un état un peu rugueux. Couvrir d'un juste seizième de pouce de terre fine. Mettre les bacs à graines à une température de 60 ° à 70 ° s'ils sont semés en février, mais la chaleur ne sera pas du tout nécessaire à moins que l'on ne souhaite faire fleurir les plantes au début de l'été suivant. Nous avons l'habitude de placer les bacs à graines sur une étagère ensoleillée dans une serre fraîche, et avons de belles plantes à la fin juin, dont beaucoup commencent à fleurir en août.

GERBERA

Vivace semi-rustique

Le Gerbera, également connu sous le nom de Barberton ou Transvaal Daisy, est originaire d'Afrique du Sud. Sous un traitement en serre fraîche, il peut être cultivé à la perfection dans des pots, et une charmante exposition de fleurs peut également être obtenue dans la bordure ouverte à partir de plantes placées dans une position ensoleillée bien drainée et bénéficiant d'une légère protection en hiver. Les fleurs ressemblent un peu à une Marguerite en forme, ayant un certain nombre de longs pétales pointus rayonnant à partir d'un petit centre. En plus du brillant *G. Jamesonii* , parfois appelé la Marguerite écarlate du Cap, de nombreuses fleurs hybrides ayant une large gamme de couleurs délicieuses sont également disponibles. Bien que les graines soient souvent semées au printemps, les meilleurs résultats sont probablement obtenus à partir d'un semis d'août, dans des casseroles placées à feu doux. Piquez les semis lorsqu'ils sont assez gros, et si nécessaire pour la serre ou la véranda, transférez-les dans des pots, ou durcissez progressivement pour les planter en plein air dès que le temps le permet au printemps suivant.

GESNERA

Nægelia. Vivace tendre

Un très bel ornement pour poêle ou véranda. Les nouveaux hybrides produisent librement des épis de fleurs lumineuses pendantes de nombreuses couleurs charmantes. Bien que la Gesnera soit une plante vivace, il est judicieux de la traiter comme une plante annuelle. Les semis d'un semis de janvier commenceront à fleurir dans environ neuf mois. Un sol très riche, une température chaude et uniforme et beaucoup d'eau sont nécessaires pour favoriser une croissance luxuriante. La culture conseillée pour les Gloxinias conviendra également exactement à la Gesnera.

GEUM

Vivace rustique

L'introduction de la variété double bien connue, Mme Bradshaw, qui peut facilement être fleurie à partir de graines dans la première saison, a mis le Geum au premier plan ces dernières années. Les graines de la variété susmentionnée doivent être semées dans des casseroles en mars ou avril et les plants sont piqués dans des boîtes de sol riche lorsqu'ils sont suffisamment gros. Sortez en mai ou juin et ne laissez pas les plantes souffrir faute d'eau. Les geums peuvent également être élevés à partir de semis effectués en juin ou juillet, et de transplantation en temps voulu dans des quartiers permanents, de la manière habituelle avec les plantes vivaces rustiques.

GLAÏEUL

Drapeau de maïs. Vivace semi-rustique

Autrefois, le glaïeul était rarement élevé à partir de graines, probablement parce que les graines obtenues ne valaient pas la peine d'être semées. Maintenant, il est sauvé avec tant de soin qu'il donnera un splendide étalage de fleurs, dont une grande proportion sera égale à des espèces nommées, et certaines peuvent montrer une avancée décisive.

L'utilisation de grands pots - répondra la taille 32 - est avantageux pour de nombreuses raisons, et ils doivent être neufs ou scrupuleusement propres, car ils devront rester inchangés pendant plusieurs mois, de sorte qu'un bon départ est le plus nécessaire. Pour la même raison, des précautions particulières doivent être prises pour assurer un drainage gratuit. Sur les pots habituels, placez une couche de mousse sèche et remplissez avec un compost de terreau fibreux et de moisissure des feuilles à parts égales, avec suffisamment de sable pointu ajouté pour le rendre complètement poreux. Appuyez fermement sur le sol dans les pots, ce qui rend la surface assez uniforme, et en février, trempez les graines séparément à environ un pouce d'intervalle et un demi-pouce de profondeur. Cela rendra inutile de déranger les semis pendant la première saison. Mettez les pots de semences à une température constante ne dépassant pas 65 ° ou 70 °. Après l'arrosage, cela aidera à retenir l'humidité si le dessus de chaque pot est recouvert d'une couche de *vieille* mousse, jusqu'à ce que les plantes apparaissent. Lorsque les plants ont environ un pouce de haut, les retirer à une température plus basse et commencer à durcir en donnant de l'air à des occasions appropriées. Veillez cependant à ce que dans le processus aucun contrôle ne soit donné à la croissance. Peu de temps après la mi-mai, les semis devraient être capable de supporter une exposition complète, et il sera alors temps de renouveler le sol de surface. Retirez délicatement la couche supérieure et remplacez-la par du fumier de vache pourri ou une autre vinaigrette riche. L'eau doit être donnée régulièrement jusqu'à la mi-été environ, lorsque les pots peuvent être plongés jusqu'au bord dans une bordure ombragée, ce qui les maintiendra relativement humides jusqu'à ce qu'en septembre, les plants commencent à mûrir, ce qu'ils doivent être autorisés à faire. Lorsque les feuilles sont mortes, secouez les bulbes et placez-les sur une étagère pour les faire sécher. Un mélange à parts égales de tourbe et de sciure de pin, placé dans une boîte ou un bac à graines, en fera le meilleur stockage possible; la boîte ou le bac à graines à conserver dans un endroit à l'abri de la chaleur et du gel. Après environ six semaines, chaque bulbe doit être examiné et les spécimens pourris retirés. Si l'un d'entre eux a commencé à pousser, mettez-le en pot et placez-le dans une fosse ou une serre. En mars, sortez les bulbes du magasin, mettez-les en pot individuellement et préparez-vous à les planter. Le transfert à l'air libre ne doit pas être effectué tant que le danger de gel n'est pas passé, même s'il faut attendre la première semaine de juin.

D'autres remarques sur le glaïeul se trouvent à la page 329, sous «La culture des bulbes à fleurs».

GLOXINIE

Vivace tendre

Les gloxinias peuvent désormais fleurir de la manière la plus satisfaisante dans les six mois suivant la date de semis. Il n'y a donc plus la moindre tentation de propager ces plantes par la méthode longue et gênante autrefois en vogue, d'autant plus que les semis issus d'une souche de première classe produisent des fleurs de la meilleure qualité, à la fois en termes de forme et de style de croissance. Un grand avantage à obtenir à partir des semis est une variété presque infinie de couleurs, car l'hybridation soigneuse des fleurs les plus choisies perpétue non seulement ces couleurs, mais donne également d'autres nuances fines. Ceux qui n'ont jamais vu une collection importante et bien développée de semis de Gloxinias n'ont pas encore assisté à l'une des manifestations les plus frappantes de la beauté florale.

On a fait tout autant pour le feuillage de la Gloxinia que pour sa fleur, et les meilleures variétés produisent maintenant de grandes feuilles qui sont réfléchies de manière à presque cacher le pot, de sorte que le feuillage présente un aspect extrêmement ornemental.

Par des semis successifs et une gestion judicieuse, il est possible de fleurir les Gloxinias presque toute l'année. Les mois les plus importants pour semer des graines sont janvier, février et mars, et pour assurer une exposition précoce au printemps suivant, certains cultivateurs sèment à nouveau en juin ou juillet.

Le sol le plus adapté aux gloxinias est un compost légèrement poreux de limon fibreux. Si cela n'est pas possible, la moisissure des feuilles répondra, mélangée à de la tourbe et du sable argenté en parties à peu près égales. De nouveaux pots sont recommandés, ou les anciens doivent être soigneusement nettoyés, et un drainage gratuit est essentiel au succès. Remplissez les pots à moins d'un demi-pouce du haut. Semez finement et recouvrez légèrement la graine d'une terre très fine. Placez les pots dans une position chaude et humide, à l'abri du soleil. Un léger arrosage quotidien sera nécessaire. Immédiatement, certaines plantes sont assez grandes pour se déplacer, soulevez-les tendrement du pot de graines, pour à peine déranger le reste, et piquez-les dans de grands pots de 60 dans lesquels le sol a une surface convexe. Suivez ce processus lorsque les plantes sont prêtes jusqu'à ce que tous les plants aient été transférés. Lors du rempotage, laissez les feuilles reposer sur le sol, mais évitez de couvrir les cœurs. Le premier jour chaud, donnez de l'air du côté sous le vent de la maison, brièvement au début, et augmentez le temps au fur et à mesure que les plantes s'établissent. Un espace dégagé entre les plantes est nécessaire pour éviter que les feuilles des voisins ne se rencontrent. Le quart de travail final devrait être en 48 pots, à moins que des spécimens extra-fins ne soient nécessaires, puis une ou deux tailles plus grandes peuvent être utilisées. Une dose occasionnelle d'eau de fumier faible s'avérera bénéfique, en veillant à ce que le feuillage ne soit pas mouillé. Une atmosphère humide, avec une température d'environ 60 ° à 65 °, facilite grandement la croissance des Gloxinias. Avec précaution, cependant, ils peuvent être bien cultivés dans des serres et des fosses chauffées à l'eau chaude. Bien que les plantes aiment une atmosphère humide pendant leur croissance, cela cesse d'être un avantage et, en fait, devient nuisible lorsque les fleurs commencent à se développer. À ce moment-là également, l'eau du fumier devrait être interrompue.

Sous «La culture des bulbes à fleurs», page 331, d'autres instructions sont données.

GODETIA

Plante annuelle résistante au gel

En ce qui concerne la culture de Godetias, les semis printaniers habituels et le traitement régulier des annuelles rustiques satisferont ceux qui se contenteront d'un étalage entraînant le moins de problèmes possible. Mais la Godetia n'est pas une annuelle ordinaire. Les plantes fleurissent avec une profusion si étonnante, et les couleurs sont si magnifiques, que ceux qui souhaitent produire des effets saisissants dans les parterres ou les bordures en juillet et août trouveront des Godetias de la plus haute valeur. Toutes les variétés deviennent parfaitement fidèles à la couleur et admettent de nombreux contrastes et harmonies. À titre d'exemple, nous suggérons la combinaison suivante pour une longue bordure ou à côté d'un chariot. Semez au minimum deux rangées d'Alyssum, en laissant douze pouces entre les rangées; une rangée de Godetia rose nain à quinze pouces de l'Alyssum; deux rangées de G. Dwarf Duchess of Albany distantes de dix-huit pouces; une rangée de G. Scarlet Queen à dix-huit pouces de la variété précédente et une rangée de Double Rose à l'arrière. Le résultat étonnera ceux qui n'ont pas encore vu une très belle exposition de cette fleur. De nombreuses autres combinaisons apparaîtront à ceux qui étudient attentivement les schémas de couleurs.

Il y a peu d'annuelles plus appréciées pour la coupe que les variétés plus grandes de Godetia. Celles-ci produisent principalement des fleurs doubles en pulvérisations de deux pieds ou plus de longueur qui se développent en pleine beauté après avoir été placées dans l'eau.

Mars et avril sont les mois pour semer les graines en plein air pour une exposition estivale et septembre pour la floraison printanière. Cependant, de bons effets sont obtenus en élevant un nombre suffisant de plantes dans des caisses et en les piquant pour être prêt à être éteintes après que les bulbes et les plates-bandes de printemps ont été enlevés. Selon cette pratique, il n'est pas nécessaire de disposer d'un blanc ou d'un échantillon défectueux.

Les godétias nains font des plantes en pot extrêmement symétriques et attrayantes. Pour cela, semez les graines en octobre dans des casseroles et placez-les à une température de 55 ° jusqu'à ce que les plants apparaissent, puis retirez-les dans un endroit plus frais. Dès que possible, piquez-en trois dans chaque pot de 48 et, une fois établi, faites pousser pendant l'hiver dans des cadres froids, donnant de l'air tous les jours sauf par temps glacial, lorsque les cadres doivent rester fermés et peuvent être protégés avec n'importe quel revêtement à portée de main. Ici, il peut être bon de souligner que même lorsqu'elles sont touchées par le gel, les plantes récupèrent si elles sont à l' abri des rayons du soleil jusqu'à ce que les pots soient tout à fait exempts de gel. Les godétias fleuris dans des pots forment des groupes lumineux dans les vérandas, et font parfois du bon service là où des pannes se produisent dans les plates-bandes.

GREVILLEA ROBUSTA

Chêne australien. Arbuste de serre

Dans son pays d'origine, la Nouvelle-Galles du Sud, c'est un arbre majestueux. Ici, il est cultivé comme plante en pot, et le feuillage finement coupé, tombant, semblable à une fougère, produit l'un des sujets décoratifs les plus gracieux que nous possédions. Sa valeur est renforcée par le fait qu'il résiste mieux aux influences néfastes du gaz, de la poussière et des changements de température que la majorité des plantes de table.

Les semis sont facilement élevés par ceux qui peuvent faire preuve de patience; et ensuite la culture fraîche la plus simple suffira pour faire pousser de beaux spécimens. Mais nous ne connaissons aucune graine - pas même l'Auricula - qui prend plus de temps et est si capricieuse à germer. Dans tous les cas où les graines sont semées dans un sol assez riche, qui doit être maintenu constamment humide et non perturbé pendant une longue période, il y a une tendance à l'acidité, surtout en surface. Un drainage gratuit fera quelque chose pour éviter cela. Une autre aide dans le même sens consiste à recouvrir la graine d'une couche de sable et le sable d'une fine couche de terreau ordinaire. Lorsque la surface est recouverte de mousse, la couche de terre peut être délicatement enlevée jusqu'au sable et remplacée par de la terre fraîche, sans nuire aux graines.

Semez à tout moment de l'année, dans des pots de 48 dimensions remplis de terre assez ferme; et pendant que les semis se traînent à travers et montrent deux paires de feuilles, mettez-les séparément, et offrez l'abri d'une fosse ou d'un cadre fermé jusqu'à ce qu'ils soient établis. Il ne faut pas leur permettre de souffrir par manque d'eau, mais il n'est pas nécessaire de leur donner de l'eau de fumier à aucun stade de croissance. Un rempotage occasionnel est la seule autre attention dont ils auront besoin jusqu'à ce qu'ils atteignent la taille finale, et les pots n'ont alors pas besoin d'être grands.

TRÉMIÈRE

Althæa rosea. Vivace rustique

Des générations de traitements contre nature avaient tellement affaibli la rose trémière que la maladie menaçait de la bannir de nos jardins. Juste au moment critique, on a découvert que la plante pouvait être cultivée et fleurie de manière satisfaisante à partir de graines. Les fleuristes se sont aussitôt tournés vers la production de semences qui méritaient d'être cultivées, et avec un succès marqué. On peut désormais compter sur les meilleures souches pour produire une grande proportion de fleurs doubles parfaitement formées, imposantes en taille, couleur et substance. Les plants possèdent également une constitution capable de résister à la mortelle *Puccinia malvacearum* , et il n'y a plus de danger que cette plante majestueuse devienne simplement l'un des plaisirs de la mémoire.

En cultivant la rose trémière, il est nécessaire de se rappeler qu'une grande quantité de tissu végétal doit être produite dans un court laps de temps, de sorte que le traitement tout au long de sa carrière doit être exceptionnellement libéral. Certains jardiniers réussissent à fleurir les roses trémières comme annuelles. Lorsque ce cours est adopté, il est habituel de semer en janvier dans des pots bien drainés ou des bacs à graines remplis d'un sol riche mélangé librement avec du sable, en recouvrant la graine d'un léger saupoudrage de terre fine. Une température de 65 ° ou 70 ° est nécessaire, et dans environ une quinzaine de jours, les plantes devraient atteindre une hauteur d'un pouce, lorsqu'elles seront prêtes à être piquées autour des bords de pots de 4 1/2 pouces, remplis d'un bon compost poreux. Mettez les plants de sorte que les premières feuilles touchent juste la surface. Au début du mois de mars, transférez-les individuellement dans des pots à pouces, et immédiatement les racines s'installent dans des fosses ou des cadres, où elles peuvent être exposées à des averses géniales et être progressivement durcies. Reportez la plantation jusqu'à ce que le temps soit assez chaud et stabilisé.

La bordure d'arbustes est la position naturelle de la rose trémière, mais les occupants réguliers maintiennent le sol pauvre, et pour une plante à croissance aussi rapide que nous envisageons maintenant, il est évidemment d'autant plus nécessaire de creuser en profondeur et de fumier libéral. S'il est éteint par temps sec, terminez l'opération par un trempage dans l'eau et répétez cette opération deux fois par semaine jusqu'à ce que la pluie tombe. Donnez à chaque plante un espace libre de trois ou quatre pieds pour permettre un accès facile pour le tuteurage et l'arrosage. Au milieu de l'été, les ramifications commenceront à pousser à travers le sol. L'élimination de ceux-ci jettera toute la force de la plante dans une seule tige. Pour assurer sa sécurité, un pieu solide sera nécessaire, qui doit être fermement enfoncé dans le sol et s'élever à six ou sept pieds au-dessus de lui. En cas d'accident à tout moment à la tige centrale, l'espoir de fleurs pour cette année est parti, et cela vaut donc la peine de prévenir un accident. Le nouage doit être fait avec discernement, et au fur et à mesure que la taille des plantes augmente, une inspection occasionnelle évitera de couper les tiges. Plusieurs pouces de fumier de vache à moitié pourri placés autour des tiges, avec un creux en forme de soucoupe au centre pour retenir l'eau, seront utiles aux racines, et si les fleurs sont destinées à l'exposition, le traitement peut à peine être trop généreux .

Il est cependant facile de cultiver et de fleurir des roses trémières sans l'aide de chaleur artificielle. Sur une frontière sud en juin, préparez des exercices à environ deux pouces de profondeur et à un pied de distance. Placez un pouce de terre tamisée riche dans chaque semoir, et sur cette truie, semez la graine très finement, en la recouvrant d'environ un quart de pouce. Si le temps est sec, faites tremper doucement de l'eau et terminez par un saupoudrage de suie pour empêcher la vermine de manger les semis. Éclaircissez les plantes à six pouces de distance, et elles peuvent rester dans les rangées de graines jusqu'à la fin de septembre. Qu'elles soient ensuite transplantées directement dans les quartiers fleuris ou placées dans un cadre froid pour l'hiver, cela dépend du sol et du climat. Dans les comtés du sud et sur les terres légères, il sera généralement sûr d'hiverner les roses trémières à l'air libre, avec simplement un abri de fougère sèche ou de litière. Mais dans le limon lourd ou l'argile, le risque est trop grand et il faut recourir au cadre froid. En cela, ils seront sécurisés et peuvent être ventilés si le temps le permet. Au fur et à mesure que la saison avance, donnez plus d'air, jusqu'à ce qu'ils soient plantés en mai. Les graines peuvent également être semées dans des casseroles en juillet ou en août, les plants étant transférés en temps voulu dans des pots pour l'hiver. La protection d'un cadre suffira, à condition que le gel soit tenu à l'écart, et que les plantes puissent être éteintes au printemps comme déjà conseillé.

IMPATIENS

Baume du sultan. Vivace tendre

Un semis précoce doit être évité pour deux raisons. La graine germe mais lentement par temps terne, et les semis une fois élevés sont presque certains de se dissiper. Nous ne conseillons pas un démarrage avant mars, et pas avant avril à moins qu'une chaleur constante de 60 ° ou 65 ° puisse être maintenue. Semez dans des pots bien drainés, remplis de terre composée de deux parties de terreau gazonné et d'une partie de sol foliaire, avec très peu de sable ajouté. Les semis sont extrêmement fragiles au début, et le rempotage ne doit pas être tenté jusqu'à ce qu'ils atteignent environ un pouce de haut. Même dans ce cas, ils ont besoin d'une manipulation délicate et, une fois la tâche accomplie, ils doivent être rapidement placés dans un cadre chaud ou une fosse de propagation pendant quelques jours. En juin ou juillet, les plantes devraient atteindre 48 pots, mais elles ne doivent pas être transférées à la véranda sans durcissement soigneux, sinon toutes les fleurs tomberont. *I. Holstii* réussit également bien lorsqu'il est couché en été de la même manière que les bégonias.

JACOBEA - voir SENECIO

KOCHIA TRICHOPHYLLA

Annuelle semi-rustique

Cette remarquable variété de *K. scoparia* est un arbuste annuel miniature, également connu sous le nom de cyprès d'été ou Belvidere. Il est singulièrement attrayant, de croissance rapide et d'habitude gracieuse. En très peu de temps, le feuillage finement coupé forme une plante cylindrique compacte, magnifiquement bombée au sommet, et le vert tendre se transforme en un riche rouge pourpre en automne.

Les graines peuvent être semées dans une légère chaleur en février ou mars pour fournir des plantes précoces pour les pots, ou pour être mises à l'air libre dès le début de la saison de litière. Il est important de ne pas surcharger les semis et toutes les précautions doivent être prises pour éviter qu'elles ne deviennent minces, longues ou manquent de symétrie. Chaque plante doit disposer d'un espace suffisant pour se développer de manière égale tout autour. Un semis d'avril peut être fait à l'air libre où les plantes sont destinées à rester, et au-delà d'un éclaircissage régulier, elles ne causeront que très peu de problèmes.

En tant que plante à points remarquables dans les lits, cette Kochia est extrêmement utile, ou elle peut être massée en bordures, et elle forme également une ligne de démarcation admirable dans le jardin de fleurs. Pour la décoration des vérandas, un certain nombre doit être spécialement réservé. Les spécimens peuvent être employés avec un effet frappant sur les volées de marches, dans les halls et dans de nombreuses autres positions où une plante aux contours parfaits servira d'ornement. Hauteur, 2 à 3 pieds.

LARKSPUR

Plante annuelle résistante au gel

La culture des delphiniums annuels, plus connus sous le nom de Larkspurs, est si simple qu'elle appelle peu de commentaires. Mais ces beaux sujets sont si répandus et tellement appréciés qu'ils méritent ici une mention spéciale. Les variétés les plus hautes, dont la souche à fleurs en stock est la plus populaire, sont mieux cultivées dans de grands lits, des bordures et des arbustes, et les espèces naines dans de petits lits. En dehors de leur utilité dans le jardin, cependant, les plus grandes sortes de Larkspur sont beaucoup en demande pour fournir du matériel coupé, en particulier pour la décoration de la table à manger, et un certain nombre de plantes doivent toujours être cultivées dans réserver à cet effet. Il est habituel de mettre la graine là où les plantes sont destinées à se tenir, et mars et avril sont les meilleurs mois pour les semis. Éclaircissez rapidement les semis et donnez à chaque plante suffisamment d'espace pour se développer, surtout lorsqu'elle est cultivée sur un bon sol.

Les épines d'alouette peuvent également être semées en septembre pour produire une apparition plus précoce l'année suivante que ce qui est possible à partir de graines semées au printemps.

LAVATERA

Mauve. Vivace annuelle et vivace rustique

Les jardins de campagne ne doivent pas peu de leur éclat floral aux mauves. Les variétés modernes de Lavatera, cependant, dépassent de loin en efficacité les fleurs communément rencontrées et sont considérées comme parmi les meilleurs sujets pour créer un affichage imposant dans de hautes bordures et de grands parterres. A cet effet, les variétés annuelles, Loveliness, *Rosea splendens* et *Alba splendens* , sont les plus appréciées. Comme il ne faut pas compter sur le repiquage, les graines doivent être semées finement en mars, avril ou mai, là où les plantes doivent fleurir. Si le sol a été généreusement préparé, de beaux spécimens en résulteront, et chaque plante doit avoir un espacement d'au moins deux pieds pour le développement.

La variété vivace, *L. Olbia* , fait un sujet audacieux pour les bordures herbacées et les arbustes. Les graines peuvent être semées dans des casseroles à tout moment de mars à août, en mettant les plantes suffisamment grandes pour fleurir la saison suivante. Les petites plantes de cette variété peuvent avantageusement être mises en pot pour la décoration de la véranda.

LOBELIA

Annuel et pérenne; demi-rustique

Il existe plusieurs classes distinctes de Lobelia, qui diffèrent matériellement par leur taille et leur habitude. Pour les plates-bandes ou les bordures naines, seules *les* variétés *compactes* doivent être utilisées. Ceux-ci poussent de quatre à six pouces de haut et forment des boules de fleurs denses. La classe de *propagation* ou *gracilis* , y compris *L. speciosa* et *L. Paxtoniana* , a une réputation méritée pour des positions qui n'exigent pas une limite exacte à la ligne de coloration. Les plantes se montrent également avantageuses dans les paniers suspendus, les jardinières, travail rustique, vases et toute position où une apparence de négligence gracieuse est visée. La section *ramosa* pousse de neuf à douze pouces de haut et produit des fleurs beaucoup plus grandes que les classes précédemment nommées.

Tout ce qui précède peut être traité comme des annuelles; et à partir de semis, faits en février ou en mars, les plantes peuvent être cultivées à temps pour être repiquées en mai. Utilisez un sol sableux et placez les bacs à graines à une température d'environ 60 °, en prenant soin de les garder humides. À la fin du mois de mars ou au début du mois d'avril, les plants seront prêts à être transférés dans des pots, des poêles ou des boîtes. Les derniers nommés sont très utiles pour cette fleur, car ils permettent de donner aux plants suffisamment d'espace pour produire une habitude de croissance touffue. Une chaleur douce les démarrera, et ils ne poseront aucun problème par la suite, sauf sur un point, qui se trouve être d'une importance considérable. C'est que les plantes ne devraient jamais être autorisées à produire une fleur dans des pots ou des boîtes. Retirez tous les bourgeons jusqu'à ce qu'ils soient en position finale, puis, après s'être emparés du sol, ils fleuriront abondamment jusqu'à la fin de la saison.

Les Lobelias font des plantes en pot élégantes, mais, à l'exception des variétés de *ramosa* qui sont excellentes à cet effet, elles ne peuvent pas être cultivées de manière satisfaisante en pot. La difficulté est facilement surmontée en les écartant d'un pied dans une bonne position ouverte, et si possible dans un sol plutôt raide. Lorsqu'elles se sont développées en fines touffes, soulevez-les avec soin et placez-les dans des pots, en évitant de blesser les racines. Cette méthode produira un affichage de couleur qui ne peut pas être atteint par une culture en pot exclusive.

À partir des meilleures souches de graines, il est possible que quelques plantes reviennent à des caractères perdus depuis longtemps. Les fleuristes s'efforcent d'éviter cela, mais cela prendra du temps. En attendant, il existe deux manières de gérer la difficulté. Certains producteurs préfèrent cultiver des plantes à partir de graines et prélever des boutures de spécimens approuvés pour la saison suivante. Ce plan assure l'exactitude de la hauteur et de la couleur, avec presque la croissance robuste et les qualités de floraison libre des semis. Mais cela nécessite de garder un stock pendant l'hiver, et cela peut être une question sérieuse pour beaucoup. La procédure la plus simple, et qui répond bien dans la pratique, consiste à élever des semis chaque année et à retirer des casseroles ou des boîtes les plantes qui présentent le moins d'écart par rapport au type vrai. Quelques-uns conservés en réserve remplaceront les spécimens défectueux qui peuvent être détectés après la plantation.

La belle section vivace de Lobelias reçoit moins d'attention qu'elle ne le mérite, d'autant plus que la culture de routine la plus ordinaire sera suffisent pour ces plantes. Ils sont friands d'humidité et aussi d'un terreau riche et profond. Un semis à chaleur modérée en février ou en mars garantira que les plantes seront aptes à la litière en mai. Ils peuvent également être cultivés entièrement sans l'aide de la chaleur artificielle des semis en juin ou juillet. Employez des pots ou des bacs à graines, et mettez en pot un seul immédiatement les plantes sont assez grandes pour être manipulées. La protection d'un châssis froid ou d'une lumière à la main est tout ce qui est nécessaire pendant l'hiver, et la plantation peut se faire en mai. Ces Lobelias atteignent deux pieds de hauteur et font d'excellents compagnons pour des fleurs telles que *Anemone japonica alba* et *Hyacinthus candicans* . Le feuillage métallique sombre et les fleurs écarlates éblouissantes ont également un effet imposant comme la rangée arrière d'une bordure de ruban.

LUPINUS

Lupin. Vivace annuelle et vivace rustique

Les lupins annuels et vivaces sont extrêmement précieux pour la décoration de jardin et pour fournir une abondance de fleurs coupées. Chaque classe comprend un certain nombre de couleurs charmantes et de nombreuses fleurs sont délicieusement parfumées. Le moindre de leurs mérites n'est pas le fait que les lupins ne sont pas particuliers quant au sol; en effet, les espèces annuelles prospèrent souvent sur des sols trop pauvres pour d'autres sujets plus exigeants.

Les variétés annuelles doivent être semées là où elles sont destinées à fleurir, car elles ne se transplantent pas bien. Semez la graine en mars, avril ou mai, puis laissez à chaque spécimen un espace d'environ dix-huit pouces pour le développement.

L. polyphyllus est une race précieuse de lupins vivaces qui, à partir d'un semis effectué en mars ou avril et traité comme des annuelles, produira un beau spectacle à l'automne suivant. Afin d'assurer une exposition plus tôt dans la saison, cependant, de nombreux producteurs de ces fleurs préfèrent semer en juin et juillet de l'année précédente. Deux variétés de *L. arboreus* forment de grands buissons qui sont nettement ornementaux lorsqu'ils sont en pleine floraison. La graine doit être semée en juin ou juillet et les plants repiqués en position de floraison avant qu'ils ne deviennent très gros.

SOUCI

Tagetes. Annuelle semi-rustique

Les soucis de plusieurs classes sont appréciés pour la présentation abondante de leurs fleurs dorées dans les derniers mois d'été. Les meilleurs sont les soi-disant français, ou *Tagetes patula* , qui ont des fleurs richement colorées, et certaines variétés sont joliment rayées. Pour leur haute qualité, ces soucis sont jugés selon les normes des fleuristes. L'Africain, ou *Tagetes erecta* , fait de grandes plantes buissonnantes avec des fleurs «empilées haut» au centre; les couleurs sont orange et jaune intenses. dans différentes nuances. La section de litière est représentée par les variétés naines de *Tagetes patula* , ou soucis français nains; également par *Tagetes signata,* une plante très soignée avec un feuillage fin et des fleurs plutôt petites de couleur orange, produite en grande abondance. Dans les saisons chaudes et sur les sols secs, cela s'avère un substitut admirable pour le Calceolaria, qui ne prospère pas lorsqu'il manque de nourriture, tandis que le Tagetes porte la sécheresse, l'ombre des arbres et un sol pauvre avec patience, et jusqu'à un certain point avec avantage. Semez tous ceux-ci en mars sous une chaleur modérée, et piquez les plantes de la manière habituelle, en prenant soin de leur attribuer enfin des positions ensoleillées. Les graines peuvent également être semées en pleine terre à la fin d'avril ou au début de mai.

La section des *soucis en* pot, *Calendula officinalis* , comprend deux variétés remarquablement belles, Orange King et Lemon Queen; les fleurs des deux sont grandes, doubles, parfaitement formées et valent une place dans le plus beau jardin. Ceux-ci peuvent être semés sur la frontière ouverte en mars, avril et mai, et le meilleur endroit pour eux est en plein soleil sur un sol pauvre plutôt sec, mais ils ne sont pas particuliers, à condition qu'ils ne soient pas beaucoup ombragés.

MERVEILLE DU PEROU

Mirabilis Jalapa. Vivace semi-rustique

Cette fleur peut être traitée soit comme annuelle, soit comme bisannuelle. En tant qu'annuelle, les plantes sont très compactes et efficaces, les feuilles et les fleurs formant des masses rondes scintillantes à la fin de l'été et à l'automne. Lorsque les racines sont conservées pendant l'hiver et plantées en avril, de plus grandes plantes sont obtenues, mais il n'y a pas de progrès de qualité par rapport aux spécimens très nets et étincelants issus de graines au printemps. Semez à chaud en mars et avril, et traitez-les de la même manière que les baumes jusqu'à ce que le moment de la plantation arrive. Un terreau sableux riche leur convient et ils aiment une exposition complète au soleil.

MIGNONETTE

Reseda odorata. Plante annuelle résistante au gel

La mignonnette est tellement prisée qu'il faut lui consacrer un paragraphe, bien qu'il y ait peu à dire. Dans de nombreux jardins, les plantes apparaissent année après année à partir de graines auto-semées, et il sera donc évident que la Mignonette peut être cultivée avec la plus grande simplicité. En tant que plante de bordure, nous n'avons qu'à semer là où elle doit rester, à des moments différents de mars au milieu de l'été; le seul point important est de rendre le lit très ferme; en fait, le sol doit être durement foulé. Il est impératif d'éclaircir tôt et sévèrement, car toute plante laissée seule aura bientôt un pied de diamètre et, dans certaines circonstances, couvrira une zone beaucoup plus grande. Là où les abeilles sont gardées et où l'espace peut être accordé, les graines doivent être semées en quantité, car le miel de mignonnette est de la meilleure qualité en saveur et en parfum. Dans la culture en pot, il ne faut pas oublier que la mignonnette ne se transplante pas bien; par conséquent, après avoir semé, disons, une douzaine de graines dans chacun d'un lot de pots de 48 ou 32 dimensions, fermement remplis d'un sol riche et poreux auquel un peu de chaux ou de gravats de mortier a été ajouté, les jeunes plantes doivent être éclaircies jusqu'à cinq, voire trois, dans chaque pot, dès qu'ils commencent à pousser librement. Si de petites plantes sont désirées tôt, laissez-en cinq dans un pot; si des spécimens plus gros sont désirés plus tard, n'en laissez que trois, voire un seul. Pour l'hiver et le printemps, semez en août et septembre et gardez-les aussi rustiques que possible jusqu'à ce qu'il devienne nécessaire de les mettre sous verre pour l'hiver. Un autre semis pour la succession peut être effectué en janvier ou février. Plusieurs variétés de teintes différentes sont désormais aux commandes des cultivateurs de cette fleur préférée.

MIMULUS

Fleur de singe. Vivace rustique

Cette fleur poussera dans presque tous les sols, bien qu'un terreau rétentif humide et une situation ombragée soient les mieux adaptés pour cela. Il existe de nombreuses variétés, de hauteur différente, et toutes valent la peine d'être cultivées, à la fois en pot et en bordure. Si semées en février ou mars et traitées comme des annuelles de serre, elles fleuriront la première année. Il est facile d'élever un grand nombre de plantes dans un cadre froid, et elles font une riche exposition dans les bordures et les plates-bandes plus tard dans l'année. Les semis en pleine terre pendant l'été fourniront des plantes pour la floraison de la saison suivante, mais le cours le plus satisfaisant est de les cultiver comme annuelles, et à la fin de l'été, les mettre à la poubelle. Le mimulus est assez robuste et les soins les plus ordinaires lui suffiront. Arrosez en abondance, sinon la période de floraison sera écourtée.

Le musc bien connu est un mimulus (*M. moschatus*), et est aussi facilement cultivé à partir de graines que d'autres variétés. C'est une plante en pot précieuse.

MYOSOTIS

Ne m'oublie pas. Vivaces, rustiques et semi-rustiques

À un moment donné, l'impression a prévalu que toutes les variétés de Myosotis étaient semi-aquatiques et ne pouvaient être cultivées de manière satisfaisante que dans des endroits ombragés très humides. Et il est bien vrai que la plupart d'entre elles fleurissent plus longtemps dans un sol humide que dans un sol sec. Pourtant, ils fleurissent tous librement et durent un temps considérable dans n'importe quelle bordure de jardin.

La seule variété semi-rustique à laquelle il faut se référer est Sutton's Pot Myosotis, qui est un sujet délicieux pour la floraison à l'intérieur à la période de Noël; et comme les myosotis sont partout les bienvenus, la pratique de la culture des plantes en pots augmente rapidement. Les graines doivent être semées dans un cadre froid en juin, et les plants peuvent être mis en pot selon les besoins, en prenant soin dès le début d'éviter l'entassement par mesure de précaution contre la moisissure, à laquelle les plantes sont très susceptibles. La souche mentionnée produit de belles plantes spécimens à croissance libre, et un lot doit toujours être en réserve pour la coupe. Pour la décoration de table en hiver, les myosotis sont très révélateurs.

Toutes les variétés rustiques peuvent être semées de mai à juillet pour une présentation éclatante au printemps suivant. La graine doit être placée dans un lit de semence préparé sous l'abri d'un mur ou d'une haie; et en automne, les plantes doivent être transférées dans les quartiers fleuris le plus tôt possible.

Les myosotis constituent une base extrêmement efficace pour les bulbes de printemps, à cette fin *M. dissitiflora* est le plus précieux.

NASTURTIUM - voir TROPÆOLUM

NEMESIA STRUMOSA SUTTONI

Annuelle semi-rustique

Cette belle annuelle sud-africaine est remarquable par son caractère florifère, sa longue durée de floraison et sa diversité de couleurs. Depuis que nous l'avons introduit dans ce pays en 1888, il a atteint une grande popularité comme plante en pot pour la décoration de table, et certains des effets de litière les plus resplendissants dans les parcs et jardins publics ont été sécurisés avec cette fleur.

Pour une exposition précoce de la truie fleurie dans des pots ou des casseroles en mars sous verre, en utilisant un compost constitué en grande partie de bon terreau fibreux, avec l'ajout d'une petite proportion de cendres de bois. Il ne faut pas utiliser plus de chaleur que nécessaire, et lorsque les plants sont assez gros pour les manipuler, piquez-les et durcissez progressivement pour les semis en mai. D'autres semis peuvent être effectués en mai et juin, et à cette période de l'année, la graine germe le plus rapidement dans des caisses placées dans un endroit frais et ombragé à l'extérieur. Au début de l'été, les graines peuvent également être semées dans la bordure ouverte, et en éclaircissant à une distance de six ou huit pouces, des plantes robustes seront sécurisées, qui resteront en fleur jusqu'à la fin de l'automne.

Pour l'hiver et la floraison au début du printemps en pot, les graines doivent être semées en août ou septembre. Il ne doit y avoir aucune tentative de forcer, sinon il en résultera des plantes sans valeur atténuées. Un autre semis peut être effectué en janvier pour une floraison au cours des derniers mois du printemps.

Comme la graine de Verveine, Furze et quelques autres sujets, la germination de Nemesia dans des conditions artificielles est quelque peu capricieuse, mais aucune difficulté ne sera rencontrée avec les semis en plein air.

NICOTIANA

Le tabac. Annuelle semi-rustique

Le délicieux parfum de la plante de tabac, surtout le matin et le soir, en a fait un grand favori dans la serre et la véranda, ainsi que dans les parterres et les bordures à proximité des sentiers fréquentés.

En tant que plante en pot aussi, la Nicotiana est extrêmement utile, les grandes fleurs de couleur blanche, rose tendre et rouge riche au parfum sucré sont très attrayantes. Un groupe de plantes placées dans le porche, dans les premières heures et les dernières heures de la journée, à l'ouverture de la porte, remplira la maison de leur délicieux parfum. Les graines peuvent être semées de janvier à juin, et une continuation de la floraison peut ainsi être assurée pendant près de neuf mois de l'année. Piquez les plants dès qu'ils sont aptes à être manipulés, car s'ils sont semés trop épais, ils risquent de se dissiper rapidement. Durcir progressivement si nécessaire pour la plantation en mai ou juin. Dans certains endroits, plus particulièrement dans le sud de l'Angleterre, les graines de tabac semées sur une bordure ensoleillée ouverte début mai donneront de belles plantes qui fleuriront librement en août.

PENSÉE

Viola tricolore. Vivace rustique

La popularité de cette fleur a été considérablement étendue et la culture simplifiée depuis qu'il est devenu pratique d'élever le nombre requis de plantes chaque année à partir de graines. Pour tous les usages ordinaires, la peine de frapper les boutures et de garder les stocks dans des pots pendant l'hiver n'est qu'un gaspillage de travail et de puits. La pensée est un peu fastidieuse, mais pas trop sévère. Il prospère dans un climat frais, avec une ombre partielle en été, et dans un sol riche, humide et sablonneux. Nonobstant tout cela, la pensée grandira presque n'importe où et de toute façon; mais comme les fleurs fines de ce vieux favori sont très prisées, la plante doit être traitée avec un soin raisonnable pour rendre justice à ses grands mérites.

Un semis épais est très sujet à la fonte des semis: semez donc finement, soit en pots, soit en caisses, en février et mars. De plus, le semis fin permet d'extraire les plantes en avant sans déranger le reste. En temps voulu, transplantez dans des casseroles ou des boîtes de bonne terre, et placez-les dans un endroit frais où les plantes peuvent progressivement durcir. Lorsqu'elles sont devenues trapues, déposez-les sur des lits ou des bordures, avec des boules de terre attachées aux racines. Si le sol environnant devient figé par de fortes pluies ou par arrosage, une légère agitation de la surface s'avérera bénéfique.

Les graines semées en pleine terre pendant les mois d'été germent facilement, et les semis n'ont pas besoin d'attention au-delà de l'éclaircissage à environ six pouces de distance jusqu'à ce qu'ils soient prêts à être transférés dans leurs positions appropriées, où ils produiront une masse de fleurs au printemps suivant .

La Pansy produit ses bourgeons très tôt dans l'année. Qu'ils soient particulièrement savoureux, ou que la rareté des jeunes pousses végétales leur donne une importance excessive, nous ne le savons pas, mais il est certain que les moineaux font preuve d'une partialité marquée à leur égard. Et ayant une fois acquis le goût des bourgeons, ces maraudeurs impudents ne les laisseront pas seuls; ils considèrent évidemment les pensées comme la perfection d'une salade d'hiver. Leurs déprédations peuvent être évitées par une application d'eau aromatisée à la quassia ou à l'huile de paraffine, qui doit être répétée après la pluie.

PÉLARGONIUM

Serre vivace

Toutes sortes de pélargonium peuvent être produites à partir de graines avec la certitude de donner satisfaction si le travail est bien fait. Un amateur, qui a contribué à la production de fleurs symétriques dans la section zonale, a découvert que sous un traitement ordinaire, les zonales commençaient à fleurir en cent jours à compter de la date de semis de la graine, et certaines de celles qui fleurissaient le plus tôt se révélaient être les plus belles. Le cultivateur découvrira bientôt qu'une règle est importante, à savoir semer des graines sauvées de très bonnes souches. La culture en serre la plus simple suffit pour élever des pélargoniums à partir de graines. Certains producteurs sèment en juillet ou en août; d'autres en janvier ou février. Les semis d'été nécessitent une tenue hivernale soigneuse et les fleurs apparaissent plus tôt que celles des graines semées au printemps. Mais le semis de printemps est le plus facile à gérer, et est recommandé à tous les débutants. Tout limon sableux léger servira à ces plantes, et il est bon de fleurir la majeure partie d'entre elles dans des pots de 48 et 32 dimensions, car si elles sont cultivées à une grande taille, la date de floraison est différée sans aucun avantage correspondant.

PENTSTEMON

Vivace rustique

Les penstemons, lorsqu'ils sont cultivés comme des annuelles semi-rustiques, sont un ajout précieux aux plates-bandes et aux bordures, où ils produisent un effet brillant en été. Dans les frontières, il n'est pas conseillé de planter séparément, mais ils doivent être employés par groupes d'au moins une douzaine. Il est également important de semer une souche composée principalement de nuances écarlates et roses avec des marques blanches, ainsi que de fleurs blanches; dans des conditions équitables, il y aura une profusion de fleurs richement colorées sur des pointes majestueuses d'environ deux pieds de haut. Semez en chaleur en février ou mars et plantez par temps agréable. Il n'est pas nécessaire de les conserver une fois la floraison terminée, bien que les semis de Pentstemons sur un sol relativement sec dans des régions favorables ne ressentent guère l'hiver. Les graines peuvent également être semées en juin, de la manière habituelle avec les plantes vivaces rustiques, et les plantes fleuriront avant celles qui sont semées au printemps.

PÉTUNIA

Vivace semi-rustique

Le Pétunia offre un autre exemple des immenses progrès accomplis dans l'art de la conservation des graines. Autrefois, les couleurs étaient peu nombreuses et les fleurs relativement insignifiantes. Maintenant, les souches individuelles produisent de grandes fleurs, de belle forme, y compris des couleurs propres et d'autres qui sont rayées, tachées et veinées, dans une diversité presque infinie. Certains sont lisses, d'autres élégamment frangés. Les variétés doubles sont également si presque fidèles à leurs types qu'il est peu nécessaire de garder un stock pendant l'hiver. Les plantes issues de graines de la variété à grandes fleurs embrassent une large gamme de couleurs resplendissantes, et les doubles sont des rosaces parfaites, superbement finies dans la forme et le marquage.

La seule façon d'obtenir des semis doubles est de conserver les graines des plus belles fleurs simples fertilisées avec du pollen de bonnes fleurs doubles. On peut compter sur les plantes produites à partir de telles graines pour produire une bonne proportion de fleurs doubles d'une grande beauté, et celles qui viennent seules seront du type à grandes fleurs.

Les variétés naines atteignent la hauteur de cinq à huit pouces seulement et font d'admirables plantes de bordure et de massifs. Les souches les plus hautes vont de un à deux pieds et sont de beaux sujets pour le travail des bordures et des arbustes. Les sections naines et hautes sont suffisamment brillantes et à floraison libre pour produire une belle présentation en tant que plantes en pot dans la serre et la véranda.

Pour la décoration intérieure, la troisième semaine de janvier sera suffisamment tôt pour commencer les opérations. Deux parties de moisissure foliaire, l'une de limon et l'autre de sable tranchant, constituent un excellent sol pour eux. Remplissez les pots ou les bacs à graines à moins d'un demi-pouce du bord et appuyez fermement sur le sol. Semez finement sur une surface plane et recouvrez la graine de sable presque pur. Gardez les casseroles ou poêles uniformément humides avec une rose fine et une main légère, et à une température d'environ 60 °. Une plus grande chaleur rendra les semis faibles et traînants. De cette condition, il faudra une certaine habileté et beaucoup de temps pour les racheter ; en fait, ils peuvent ne pas produire un bon étalage de fleurs jusqu'à ce que la saison soit presque terminée. Tout comme la graine germe est un moment critique pour les pétunias, et un peu de vigilance supplémentaire sera alors entièrement récompensé.

En février, le soleil n'a pas suffisamment de puissance pour faire des bêtises, de sorte que l'ombrage n'est généralement pas nécessaire. Une température uniforme et l'absence de courants d'air devrait assurer des semis suffisamment solides pour être piqués d'ici la fin de ce mois. Mettez les plantes dans des bacs à graines distants d'environ un pouce, de sorte que les premières feuilles touchent juste le sol, toujours en utilisant un compost léger.

En avril, ils devraient être prêts à être transférés dans de petits pots de 60 pots. Par la suite, ils doivent être mis en pot au fur et à mesure de la croissance, jusqu'à ce qu'ils atteignent la taille 48 ou même la taille 32. Après le rempotage, placez les plantes dans une partie abritée de la maison ou de la charpente, où de l'ombre peut, si nécessaire, être donnée jusqu'à ce que les racines soient établies. Des arrosages fréquents et une température de 60 ° ou 65 ° leur donneront un démarrage vigoureux. Les lumières doivent être éteintes à temps le soir, mais cela doit être fait avec discernement, sinon les plantes perdront leur couleur saine et prendront une teinte jaunâtre. Un drainage insuffisant a un effet exactement similaire. Dans une dizaine de jours, l'air peut être administré plus librement et aucune opportunité d'exposition appropriée ne doit être perdue.

En élevant des pétunias pour la literie, les mêmes conditions sont applicables; mais comme il est inutile de les mettre en pleine terre tant que le temps n'est pas chaud et arrangé, les semis ne doivent être faits qu'à la fin de février ou au début de mars. Et pour la litière, il n'est pas nécessaire de mettre les plantes dans des pots plus grands que les 60. Il sera nécessaire de donner de l'ombre à ces plants à l'état jeune, après avoir été piqués ou mis en pot.

Les plates-bandes ou bordures destinées aux pétunias seront meilleures sans fumier récent, car cela tend à la production excessive de feuillage et reporte la floraison jusqu'à la fin de la saison. Ne soyez pas tenté par la première journée ensoleillée pour les éteindre, mais attendez le temps calme. Un vent d'est coupant, comme celui que nous avons parfois en mai, les ruinera irrémédiablement. Chaque plante de la grande classe occupera un espace de deux pieds, et les nains peuvent être séparés d'un pied.

En empotant des pétunias, ceux qui sont faiblement parmi les célibataires produiront probablement les couleurs les plus appréciées, et à partir des graines semées pour les doubles, il peut être accepté en règle générale que des semis plus faibles, les fleurs en forme de rosette les plus fines peuvent être attendues.

Tous les pétunias sont impatients d'être liés au pot, et cela s'applique particulièrement aux variétés doubles. Ils, s'ils sont traités généreusement, rendront largement justice à la taille de 8 ou même de 10 pouces. La croissance ne doit pas être précipitée à aucun stade, et si le feuillage a une couleur sombre, saine, verte, exempte de brûlure, il y aura de magnifiques fleurs de quatre ou cinq pouces de diamètre. Le changement final devrait être dans un compost sain, composé, si possible, de bon terreau et de la moisissure des feuilles à parts égales, avec suffisamment de sable ajouté pour assurer le drainage. Environ une quinzaine de jours plus tard, commencez à donner de l'eau de fumier faible une fois par semaine au lieu de l'arrosage ordinaire, et à mesure que les bourgeons apparaissent, il peut augmenter en force et être administré deux fois par semaine jusqu'à ce que les fleurs se développent.

Les pétunias sont accommodants dans leur croissance et peuvent être formés sous diverses formes. La pyramide et la forme en éventail sont les plus courantes et les moins répréhensibles. Nous avouons cependant un sentiment d'antipathie pour les formes fantaisistes des plantes, quelles qu'elles soient. C'est une nécessité de nos conditions artificielles de culture que beaucoup d'entre eux devraient être formés et attachés pour produire des spécimens galbés, mais plus l'art du jardinier se rapproche de la nature, plus nous tirons de plaisir de ses travaux.

PHLOX DRUMMONDII

Annuelle semi-rustique

Ceux qui connaissent les anciennes formes de cette annuelle pourraient ne pas reconnaître un ami sous son apparence nouvelle et améliorée. Il existe maintenant plusieurs beaux types, chacun possédant ses propres caractéristiques, et tous produisant des fleurs d'une forme parfaite et de couleurs brillantes. La section à grandes fleurs produit de splendides plantes à massifs, mais les variétés compactes naines sont également très prisées pour leur masse efficace et leur utilité générale. Ces derniers atteignent une hauteur dépassant rarement six pouces, et sont donc parfaitement adaptés pour les bordures et les bordures, ainsi que pour la literie. Ils fleurissent abondamment pendant une longue période, non seulement en pleine terre, mais aussi comme plantes en pot dans la serre ou la véranda, où ils se distinguent par la richesse de leur affichage.

Pour une floraison précoce, semez les graines de toutes les variétés en février ou mars dans des bacs bien drainés ou des caisses peu profondes. Tout bon sol tamisé, rendu ferme, leur conviendra, et chaque graine doit être pressée séparément, en laissant environ un pouce entre chacune; puis recouvrir de terre fine. Cela donnera généralement un espace suffisant entre les plantes pour éviter les piqûres; mais si la croissance devient assez forte pour rendre un transfert nécessaire, soulevez chaque plante alternative, remplissez les espaces vacants avec de la terre, et celles qui restent auront de la place pour se développer. Mettez les plantes en pot, donnez-leur un début dans un cadre et mettez-les à l'abri du soleil direct. Les phlox ne doivent pas être dorlotés; les meilleurs résultats sont toujours obtenus à partir de plantes robustes qui ont été durcies jusqu'à présent que possible par le libre accès à l'air dès leur premier stade de croissance. Cela n'implique pas qu'ils doivent être rudement transférés de la protection vers le plein air. Le changement peut facilement être géré progressivement jusqu'à ce qu'une soirée agréable permette de les exposer pleinement en toute sécurité. Un espace d'environ deux pieds dans chaque sens est nécessaire pour chaque plante de la classe à grandes fleurs, mais une allocation plus modeste de neuf ou douze pouces suffira pour les variétés naines. Avant d'être éteints, les plantes doivent être exemptes de pucerons; sinon, la fumigation doit être pratiquée une ou deux fois jusqu'à ce que le ravageur soit éliminé. Les graines du Phlox annuel peuvent également être semées en pleine terre à la fin du mois de mai, et les plantes fleuriront abondamment à partir de la mi-août jusqu'à ce que le gel les détruit.

On a déjà fait allusion à l'emploi de Phlox comme plantes en pot, mais il faut faire une mention spéciale de la pureté, qui est de loin la plus précieuse de toutes les variétés pour fleurir à l'intérieur. Les fleurs d'un blanc pur, légèrement parfumées, peuvent être produites à presque n'importe quelle période de l'année. Ils sont peut-être plus appréciés à Pâques qu'à tout autre moment, et pour assurer un étalage à cette saison, les graines doivent être semées en septembre ou octobre. Les plantes se porteront bien si elles sont cultivées dans un cadre froid, le dernier passage étant dans des pots de taille 48. Lorsqu'il est cultivé sous verre, le Phlox doit recevoir un traitement aussi résistant que possible, tout ce qui est nécessaire pour réguler la température étant l'exclusion du gel de la serre ou du cadre.

PHLOX, vivace

Vivace rustique

La graine de Phlox vivace est très lente et irrégulière à germer, et à partir d'un semis effectué en septembre, les semis peuvent n'apparaître qu'au printemps suivant. Les graines peuvent également être semées au cours de la première semaine de mars dans des caisses peu profondes et mises à feu modéré. En temps voulu, piquez dans des boîtes remplies de terre légère et riche, et après les avoir durcies de la manière habituelle, plantez un pied d'écart dans un bon lit et aidez, si nécessaire, à un arrosage occasionnel.

PICOTEE

Dianthus Caryophyllus fl. pi. Vivace rustique

Les plantules de Picote sont extrêmement robustes et à floraison libre, et les graines conservées des meilleurs types produiront de beaux spécimens. Les instructions pour la culture de l'œillet - semis dans des casseroles d'avril à août et repiquage lorsqu'elles sont suffisamment grandes - s'appliquent également au Picotee.

ROSE

Dianthus plumarius. Vivace rustique

Cette vieille fleur anglaise est appréciée dans tous les jardins. Les variétés doubles et simples sont facilement cultivées à partir de graines et les plantes fleurissent avec la plus grande liberté. Les graines peuvent être semées à tout moment d'avril à août. Traitez les plants de la manière conseillée pour les œillets et transférez-les en temps voulu dans des quartiers ouverts. Le feuillage conserve sa couleur pendant les hivers les plus rigoureux, et vaut donc la peine d'être pris en considération pour l'ameublement de la bordure, sans parler de l'étalage abondant de fleurs parfumées que les plantes offrent au début de l'été.

POLYANTHUS

Primula (veris) elatior. Vivace rustique

Un semis en février ou mars en casseroles produira des spécimens solides pour la floraison l'année suivante. Ou les graines peuvent être semées de mai à juillet sur une bordure ombragée. Piquez les plants lorsqu'ils sont assez gros pour être manipulés. Les plantes ne doivent jamais s'abattre faute d'eau, et la mouche verte doit être abattue par seringues. Une bonne solution sera nécessaire contre l'araignée rouge si par la famine dans une situation sèche, il a été permis de prendre pied. Toutes les variétés peuvent être cultivées dans un lit avec un aspect ombragé frais. Ils ne nécessitent pas un sol riche; un limon solide et fibreux avec un peu de moisissure foliaire suffit. En sortant de la fleur, les plantes se divisent en plusieurs têtes, lorsqu'elles peuvent être séparées et mises en pot séparément. Des effets de couleurs exquis peuvent être créés en plantant des Polyanthus en association avec des parterres de tulipes pour une floraison en avril.

COQUELICOT

Papaver. Vivace annuelle et vivace rustique

Les développements récents de cette fleur lui ont valu une grande et méritée popularité, et on peut affirmer avec certitude que peu d'autres sujets dans nos jardins offrent un affichage plus imposant de couleurs brillantes pendant la période de floraison. La délicate beauté de la Shirley Poppies est à elle seule suffisante pour créer une réputation pour toute la classe, et les énormes fleurs des variétés doubles font un spectacle magnifique. Toutes les variétés sont parfaitement adaptées pour animer les bordures d'arbustes et les flancs de charrettes.

Les graines de coquelicots annuels doivent être semées là où les plantes sont destinées à fleurir, car il est difficile de les transplanter avec une mesure de succès. En mars ou avril, semez en lignes ou en groupes, *et mince à environ un pied de distance* . De grandes touffes de certaines des couleurs les plus vives doivent être semées dans des endroits visibles de loin, et elles présenteront des masses de fleurs brillantes.

En semant des graines de coquelicots vivaces dans des casseroles en mars et en sortant les semis lorsqu'ils sont assez gros, les plantes fleuriront la même année. Cependant, la pratique la plus générale est de semer très finement sur une bordure bien préparée à tout moment de mai à août. Gardez les plants exempts de mauvaises herbes et éclaircissez-les si nécessaire. Les plantes peuvent être transférées dans des quartiers permanents au début de l'automne ou au printemps.

PORTULACA

Purslane. Annuelle semi-rustique

C'est un sujet magnifique quand le temps le favorise. Pendant une saison sèche et chaude, et sur un sol sableux, les portulacas peuvent être cultivés aussi facilement que le cresson. Les semis sont parfois effectués au début de l'année dans des serres ou des charpentes; mais en règle générale, c'est une vaine tentative. Attendez jusqu'en mai ou juin, lorsque le temps semble calme; puis mettez la graine dans la bordure ouverte, et plus le sol est léger, et plus la saison est chaude, plus les fleurs seront brillantes. Semez sur des plates-bandes surélevées, en rangées espacées de six ou neuf pouces, et recouvrez les graines de sable ou de terre fine. Si les plantes semblent être trop proches, elles doivent être éclaircies. Si une période de pluie s'ensuit, les plates-bandes surélevées ont un net avantage sur une surface plane, et les rangées permettent de remuer le sol et d'arrêter les mauvaises herbes.

PRIMEVÈRE

Primula vulgaris. Vivace rustique

Le seul nom de cette fleur suffit pour rappeler des visions du printemps et peut-être des visites heureuses dans ses repaires d'autrefois. Mais de nombreux amateurs ardents de Primrose peuvent ne pas savoir que les souches qui sont maintenant en faveur embrassent une large gamme de couleurs, du blanc pur au cramoisi profond ou marron, diverses nuances de jaune et d'orange et de bleu riche. En fait, dans un lot de semis, presque chaque plante peut différer de ses compagnons. Ils sont tous d'accord, cependant, pour posséder le parfum délicat qui est caractéristique du favori des bois rustiques. Les primevères fantaisie sont prisées comme fleurs en pot et en bordure, et elles récompensent pleinement les fleuristes pour tous les soins qui ont été consacrés à leur amélioration. Ils fleuriront de manière satisfaisante dans n'importe quel endroit ombragé; mais pour les cultiver à la perfection, il faut un terreau humide et raide, du côté nord d'une haie ou d'un buisson, où des aperçus du soleil jouent parfois sur eux. Ici, de grandes fleurs, de couleur intense, seront abondamment produites loin dans le printemps.

Les plus belles plantes sont généralement obtenues à partir d'un semis de février ou mars réalisé en bacs ou en caisses. Les graines peuvent également être semées de mai à juillet dans un sol soigneusement préparé en plein air. Si vous êtes enclin à prendre quelques soins pour élever les plantes - et elles en valent certainement la peine - faites les semis d'été dans des bacs à graines dans un terreau ordinaire; saupoudrez un peu de sable sur la graine et, pour finir, appuyez fermement. Des feuilles de verre posées sur les casseroles et retournées quotidiennement empêcheront l'évaporation rapide et aideront à garder le sol uniformément humide. Les plants peuvent être mis en pot une fois, puis plantés, ou, s'ils sont suffisamment forts, ils peuvent être transférés directement aux positions de floraison. Si ce mode de procédure est jugé trop gênant, préparez une parcelle de terrain ombragée en creusant profondément; le rendre ferme et de niveau, et sur cette truie dans des semoirs peu profonds, en couvrant la graine très légèrement. Un pansement de suie sur la surface et un cordon de cendres autour de celui-ci éloigneront les limaces. Mincez si nécessaire, et lorsque les plantes sont suffisamment fortes, remettez-les dans leurs quartiers appropriés. En février, les bourgeons commenceront à apparaître, et ceux destinés aux pots devraient être autorisés à révéler leurs couleurs avant d'être repris, afin qu'une variété puisse être obtenue. À partir d'un sol rétentif, chaque plante avec sa terre environnante peut être extraite presque exactement de la taille requise, et elle devrait être plutôt plus petite que le pot qui doit l'accueillir. Un sol léger doit être arrosé la veille de l'opération, sinon les racines seront exposées de manière préjudiciable. Une fois en pot, placez les plantes dans un cadre ou une serre froide ombragée, en leur laissant beaucoup d'espace, et retenez l'eau jusqu'à ce que cela soit absolument nécessaire. Au début, ils doivent être maintenus proches, mais au fur et à mesure que les racines s'établissent, donnez de l'air de plus en plus librement. Un traitement frais et lent suffit. Toute tentative de précipiter la croissance ne fera qu'affaiblir les plantes et ruiner la couleur des fleurs. Juste avant les bourgeons ouvert, une ou deux applications d'eau de fumier seront bénéfiques. Lorsque la présentation en pot est terminée, si les plantes sont placées dans une bordure ombragée, elles peuvent fleurir à nouveau tard dans la saison.

PRIMULA SINENSIS

Primevère chinoise. Serre annuelle

L'histoire de la Primula chinoise depuis son arrivée dans ce pays a un intérêt presque romantique. Telle qu'elle a été reçue à l'origine, la fleur était, et est maintenant, insignifiante en taille et misérablement pauvre en couleur. Mais les fleuristes y percevaient aussitôt d'immenses possibilités. Le résultat de leurs travaux, s'étalant sur de nombreuses années, peut être vu dans les magnifiques primules simples, doubles et étoilées qui ornent maintenant les vérandas, les serres et les maisons. Depuis un si petit début, la gamme de couleurs est incroyable; il y a des fleurs blanc comme neige sous plusieurs belles formes, un bleu Cambridge pur, un bleu violet riche, de nombreuses nuances de rose, rose, écarlate et magnifique cramoisi. L'amélioration du feuillage est presque tout aussi frappante, en particulier l'introduction de la feuille de fougère, avec ses diverses nuances de vert et sa sous-surface richement tonique.

Pour profiter de la floraison pendant une longue période, faites des semis successifs en mai et juin. Un autre semis peut être effectué en juillet si nécessaire. Utilisez des pots neufs qui ont été trempés dans l'eau; mais si ceux-ci ne sont pas à portée de main, nettoyez quelques vieux pots, car les primules sont exigeantes dès le départ, et c'est par des bagatelles apparentes que certains cultivateurs produisent des plantes si immensément supérieures à d'autres traitées avec moins de soin. Fournissez un drainage gratuit et placez un peu de mousse sèche sur les pots. Tout sol assez bon et riche conviendra, mais un mélange de parties égales de terreau fibreux sain et de moisissure des feuilles, avec une petite addition de sable argenté, est le meilleur. Appuyez fermement sur ce compost dans les pots jusqu'à un demi-pouce du dessus. Arrosez avant de semer et saupoudrez suffisamment de sable sur la surface pour recouvrir le sol. Sur ce sable, semez uniformément et finement, car il est bien connu que les nouvelles graines de Primula les plus fines remontent irrégulièrement, et un semis fin permet d'éliminer les plantes qui peuvent être prêtes, sans déranger le reste. Couvrez la graine avec juste assez de terre fine pour cacher le sable et appuyez doucement sur la surface. Placez les pots dans une partie abritée de la serre, à l'abri des courants d'air et de la lumière directe du soleil; un petit cadre vitré sera utile à cet effet. Pendant la germination de la graine, la température ne doit pas dépasser 70 °, ni descendre en dessous de 50 °. Immédiatement, les plantes sont assez grandes, piquez autour du bord des petits pots et, si cela vous convient, placez-les dans une boîte de multiplication. Arrosez avec précaution et ombrage si nécessaire. Une fois établi, donnez de l'air, qui doit être augmenté quotidiennement jusqu'à ce que les plantes supportent la mise en serre. Transférer individuellement dans des pots pour pouces, puis changer de taille plus grande si nécessaire, mais ne le faites jamais tant que les pots ne sont pas remplis de racines, et mettez toujours les plantes fermement jusqu'au col. Pendant les mois de juillet, août et jusqu'à la mi-septembre, exposez-vous librement à l'air dans n'importe quelle position commode où un abri peut être donné par temps défavorable.

Là où il n'y a pas de serre, mais seulement un lit chaud, il est toujours possible de cultiver de bonnes Primulas, avec soin et patience. Les instructions données pour le traitement dans la serre peuvent être facilement adaptées à la fosse ou au cadre, seulement il faut un peu plus de vigilance en offrant de l'ombre les jours ensoleillés pour éviter la surchauffe.

Efforcez-vous de donner aux plantes une constitution robuste dès le début, car les choses faibles et branlantes ne peuvent pas produire une floraison satisfaisante. Les primevères ont besoin d'une longue période de croissance avant de fleurir; par conséquent, ils ne doivent jamais être soumis à une température de forçage. Une chaleur suffisante doit être fournie pour élever les plantes, mais ensuite, l'objectif devrait être de rendre les Primulas aussi résistants que possible avant que le froid ne s'installe. Il doit cependant y avoir une protection suffisante contre le gel, l'humidité et les vents coupants.

Primula stellata (*Star Primula*). - Cette élégante souche de Primula, introduite par nous en 1895, a atteint une position élevée dans la faveur populaire. Bien qu'il ne soit pas destiné à remplacer ou à concurrencer les splendides souches de *P. sinensis* , il s'agit d'un ajout très précieux au conservatoire, et sera jugé indispensable pour les travaux de décoration générale. Les plantes sont exceptionnellement florifères et continuent à fleurir pendant longtemps. Une fois coupés, les sprays voyagent bien et restent frais dans l'eau plusieurs jours. Pour la décoration de table, les Star Primulas ne sont surpassées par aucune autre fleur de serre à leur propre période de l'année. La culture est exactement la même que pour *P. sinensis* .

Primula semi-rustique . - Cette section, qui englobe un certain nombre d'espèces très charmantes, comprend le bien connu *P. obconica grandiflora,* qui fleurit presque perpétuellement sous verre. Les graines de cette Primula peuvent être semées de février à juillet, à partir de laquelle les plantes fleuriront en automne et continueront de fleurir tout au long de l'hiver. Dans les premiers stades, les semis peuvent être gérés comme déjà indiqué pour *P. sinensis* , en gardant à l'esprit que un arrosage excessif doit être évité. Le traitement de serre fraîche conviendra bien aux plantes.

Une autre variété semi-rustique qui a récemment atteint une grande popularité est *P. malacoides* . Les fleurs délicates sont produites étage sur étage jusqu'à une hauteur d'environ deux pieds et sont très doucement parfumées. Pour une truie de démonstration hivernale en février, les semis successifs peuvent être effectués jusqu'en juillet. *P. malacoides est* particulièrement hostile à une température forcée. Par conséquent, la culture doit être aussi presque rustique que possible, et même au stade des semis, les plantes doivent avoir libre accès à l'air en toutes occasions appropriées, ou elles sont très susceptibles de se dissiper.

Hardy Primula. —Un certain nombre de primules de jardin très élégantes méritent l'attention. La majorité répond bien lorsqu'ils sont cultivés en bordure, mais ils sont surtout à l'aise dans les jardins rocheux ou alpins. La famille est maintenant si grande et si variable en temps de floraison qu'il est possible d'avoir les différentes espèces en fleur presque tous les mois de l'année. En règle générale, il est conseillé d'élever les plants dans des pots ou des casseroles placés dans un cadre ou une serre, et de les transférer en pleine terre lorsqu'ils sont complètement durcis.

RANONCULE

Vivace semi-rustique

Le renoncule peut être cultivé à partir de graines ou de racines. La graine est semée finement de janvier à mars, dans des boîtes de quatre à six pouces de profondeur, remplies de bonne terre. Une serre fraîche ou un cadre est le bon endroit pour les boîtes jusqu'à ce que le ressort soit quelque peu avancé. Un peu de soin supplémentaire est nécessaire pour assurer une croissance libre et une constitution robuste, et les racines ne doivent pas être extraites des boîtes avant qu'elles n'aient cessé de pousser et qu'elles soient tout à fait mûres; puis ils peuvent être stockés pour être plantés en novembre ou février. Pour plus de détails sur le traitement des racines, voir page 348.

RICINUS

Usine d'huile de ricin. Annuelle semi-rustique

Bien que cette plante fleurit librement, elle est cultivée dans le jardin subtropical principalement pour son noble feuillage ornemental, et aussi dans la bordure d'arbustes, soit seul ou en conjonction avec d'autres amendes sujets, tels que Canna, Solanum, Nicotiana et Wigandia. Les plantes des variétés naines peuvent également être utilisées avec un effet très décoratif dans les conservatoires et les serres pendant les mois d'été et d'automne.

Pour que les plantes soient prêtes à faire un spectacle au début de l'été, elles doivent être élevées comme des annuelles semi-rustiques en février ou mars. Dès le début, un sol riche et des approvisionnements abondants en eau sont nécessaires à la production de spécimens majestueux. La graine est grosse et peut être mise individuellement dans des pots, ou trois ou quatre dans chacun, et ce dernier est la pratique habituelle. Une température d'environ 60 ° les fera monter. Si plusieurs plantes sont cultivées dans un pot, elles doivent être séparées alors qu'elles sont assez jeunes et placées dans de petits pots remplis de terre très riche. Il est presque impossible d'avoir le compost trop riche, tant que le drainage est assez sûr. Lorsque le pot est plein de racines, passez à une taille plus grande et commencez le processus de durcissement, en prévision de la plantation en juin. Cela vaut la peine d'être pris en compte, car si la plante reçoit un chèque lorsqu'elle est éteinte, elle peut prendre du temps à se rétablir, puis une partie de la brève saison de croissance sera gaspillée. Beaucoup de jardiniers n'élèvent jamais Ricinus en chaleur, mais se fient entièrement à un semis en plein air le premier jour de mai. Les graines sont placées dans trois pouces de profondeur, par groupes de trois ou quatre, et finalement les plantes sont éclaircies à une à chaque station.

Préparez le sol à l'avance en creusant en profondeur et en incorporant une quantité abondante de fumier. La manière la plus efficace de le faire est de retirer la terre à une profondeur de dix-huit pouces ou deux pieds et de la remplir de fumier et de limon pourris, principalement le premier. Sur cela, éteignez la plante ou semez les graines comme cela peut être déterminé. Si c'est une taxe trop élevée sur les ressources, ou si la présence proche d'arbustes rend la procédure impossible, enfoncez une barre dans le sol, qui, si elle est légère, peut être facilement travaillée dans un trou de bonne taille. Remplissez-le avec une substance riche presque jusqu'au sommet, et par-dessus, mettez la plante ou semez la graine. Un pansement épais autour de chaque tige est également souhaitable, et l'application de grandes quantités d'eau transportera la nourriture jusqu'aux racines. Les plantes subtropicales ne sont qu'une source de déception sous un traitement avare, mais elles remboursent amplement tous les soins et la générosité qu'une main libérale peut leur prodiguer. Les plantes auront besoin du support de piquets pour les éviter de se blesser en cas de vent fort.

SAINTPAULIA

Serre vivace

Une plante vivace très remarquable, de seulement quatre pouces de haut, obtenue à partir de l'Afrique tropicale orientale. La plante a des feuilles charnues et les fleurs, qui sont produites en grappes, ressemblent un peu à la violette, mais sont beaucoup plus grandes. Saintpaulia fait un bel ornement de table, et une rangée de plantes en pot en pleine floraison forme une charmante marge dans les vérandas, que ce soit pour une scène ou au sol. Les semis fleurissent librement environ six mois après la date du semis et continuent à fleurir tout l'hiver. Les semis peuvent être effectués de janvier à mars, dans des pots bien drainés placés à une température de 60 ° à 65 °. En aucun cas, le sol ne doit se dessécher. Par la suite, les plantes peuvent être traitées comme recommandé pour les gloxinies.

SALPIGLOSSIS

Annuelle semi-rustique

Une annuelle semi-rustique très ornementale. Les plus belles variétés ont de grandes fleurs ouvertes, présentant des combinaisons extraordinaires de couleurs qui vont du blanc soufre le plus pâle à l'orange, à l'écarlate et au violet-violet, le tout étant plus ou moins crayonné et veiné avec une couleur contrastante forte.

Si un affichage précoce est souhaité, il faut commencer fin février ou début mars, en semant sur un lit chaud modéré. En mai, les plantes seront prêtes pour les quarts de floraison. Ou semez en avril en pleine terre où les plantes doivent rester, en prenant soin de les éclaircir sévèrement, et les éclaircies seront utiles pour dibbling dans les coins éloignés, où ils fourniront un matériau acceptable pour la décoration de table, pour quel but cette fleur frappante est bien adaptée.

Les salpiglossis font de charmantes plantes en pot pour la serre et la véranda. À cette fin, les graines doivent être semées en août ou en septembre, et sous un traitement en serre froide, les plantes fleuriront abondamment au printemps suivant.

SALVIA

Vivace annuelle et semi-rustique

D'un genre comprenant 450 espèces, un petit nombre de Salvias ont gagné une popularité méritée pour les lits et les bordures. En été et au début de l'automne, les longues épis de fleurs brillantes produites par Fireball et Scarlet Queen fait un affichage extrêmement attrayant, et *S. patens* est l'une des plus superbes fleurs d'un bleu pur que l'on puisse voir dans les jardins. En tant que plante à massifs, *S. argentea* est largement cultivée pour son feuillage blanc argenté qui recouvre complètement le sol. Ces variétés vivaces et d'autres peuvent être semées dans des casseroles en février et mars pour être transférées à l'air libre en mai, et les plantes ont besoin du traitement habituel des plantes vivaces semi-rustiques.

Une variété annuelle préférée est la barbe bleue, atteignant dix-huit pouces de haut et présentant de longues pointes de bractées violettes brillantes. Les sauges annuelles devraient également être semées en casseroles en février ou mars et transplantées en mai; ou les graines peuvent être semées en bordure ouverte en avril.

SCHIZANTHUS

La fleur papillon. Annuelle semi-rustique

Lors de nombreuses expositions horticoles de premier plan ces dernières années, des masses de Schizanthus d'une beauté extraordinaire ont été exposées avec un succès frappant. Dans les jardins d'hiver, les serres et sur les tables à dîner, les plantes forment des ornements remarquables et devraient être cultivées librement à des fins décoratives générales. Lors d'occasions spéciales, les pots peuvent être plongés pour créer une brillante exposition de fleurs en tant que lits temporaires et ils sont également extrêmement attrayants dans les paniers suspendus.

Le moment habituel pour semer des graines pour assurer de beaux spécimens est la fin août ou début septembre. Soit des pots bien drainés, soit des boîtes peu profondes, remplies d'un bon terreau, répondront à l'élevage des plants. Semez finement, sur une surface lisse, et recouvrez les graines de terre finement tamisée. Lorsque les jeunes plantes apparaissent, placez les pots ou les boîtes près du verre où elles peuvent avoir beaucoup de lumière et d'air, de sorte que dès le début les plantes puissent être courtes et saines. Les semis minces et dessinés ne valent jamais l'espace qu'ils occupent. Immédiatement, ils sont assez grands pour être manipulés, transférés dans des boîtes peu profondes, laissant un espace de trois pouces à chaque plante. Le compost doit être constitué de terreau sain et de sol foliaire dans des proportions égales, avec l'ajout de suffisamment de sable grossier pour rendre le mélange poreux. Pendant deux ou trois jours, gardez les boîtes dans un cadre, qui doit rester fermé et à l'abri du soleil jusqu'à ce que les semis soient établis, mais enlevez l'ombrage autant que possible; puis donnez de l'air librement, et en atteignant une hauteur de trois pouces, le premier arrêt peut être fait. Une quinzaine de jours plus tard, les plantes seront prêtes pour des pots de taille 60. Traitez-les aussi près que possible de la résistance des intempéries permis. Arrêtez les pousses une deuxième fois à environ six pouces de hauteur, dans le but de former des plantes buissonnantes capables de produire une floraison abondante. Lorsque les 60 pots sont remplis de racines, transférez à la taille 48, et en temps voulu, le décalage final devrait être dans des pots de taille 24. Des pots plus grands peuvent, bien entendu, être utilisés pour des spécimens très fins. Le compost pour ce dernier déplacement doit être constitué de deux parties de terreau riche, une partie de sol foliaire et une partie de fumier complètement décomposé; l'ajout de sable tranchant sera nécessaire. Les tiges doivent être attachées à des piquets à temps pour éviter les blessures. Juste avant la période de floraison et pendant que les plantes sont réellement en fleurs, un fumier liquide faible, au lieu d'eau, une ou deux fois par semaine sera bénéfique. Une température élevée n'est pas nécessaire, même pendant les mois d'hiver, pour maintenir Schizanthus en bonne santé. De 35 ° à 40 °, c'est toute la chaleur dont ils ont besoin; en fait, il est seulement nécessaire de garder le gel à distance, et cette approche proche du traitement rustique se traduira par de belles plantes robustes.

Le Schizanthus peut également être semé en mars et avril dans des casseroles placées à feu doux, les plants étant mis en pot pour la floraison dans la véranda ou ils peuvent être mis en bordure ouverte. Vers la fin d'avril ou en mai, les graines peuvent être semées à l'extérieur.

Un point de la culture réussie de Schizanthus ne doit jamais être oublié. Les racines ne doivent pas devenir liées au pot. Là où cela est permis à n'importe quel stade de croissance, cela est fatal au développement d'une belle floraison.

ÉLÉGANS SENECIO

Jacobea. Plante annuelle résistante au gel

Parmi les variétés doubles, les Senecios cramoisis, violets, roses et blancs prennent les devants pour la beauté et l'utilité. Ce sont des plantes remarquablement accommodantes, adaptées aux plates-bandes ou à la serre. Semez tôt dans des casseroles ou des boîtes, donnez un traitement généreux aux plants et, une fois épandus, les plantes produiront des myriades de fleurs lumineuses, jusqu'à ce que le gel les arrête. Toute bonne terre qui ne devient pas pâteuse conviendra, et une exposition complète au soleil est essentielle à la production d'une riche palette de couleurs. En mars ou avril, les graines peuvent être semées en toute sécurité en pleine terre.

Le Tall Single Bright Rose Jacobea est une fleur coupée inestimable pour la décoration de table sous lumière artificielle. Il rivalise avec la Star Cineraria par sa forme et, étant une annuelle rustique, il peut être cultivé avec la plus grande facilité.

SILENE

Catchfly. Plante annuelle résistante au gel

Aucune des annuelles rustiques n'a établi une meilleure prétention à être semée à l'automne que les Silènes. Seuls, ils font un affichage très attrayant, et ils peuvent être utilisés avec un effet spécial dans des lits plantés de jonquilles, de jacinthes et de tulipes. Alors que les jonquilles sont en pleine beauté, les silènes revêtent le sol d'un tapis vert, et après que le feuillage des bulbes ait été coupé ou épinglé, les silènes fournissent une nouvelle exposition de beauté florale avant les litières d'été.

Les silènes ne prospèrent pas sur des sols lourds et humides, mais la difficulté peut être surmontée en gardant les plantes dans des casseroles ou des boîtes sous un châssis froid jusqu'à ce que le temps de croissance s'installe. Les plantes se portent très bien dans le limon, et mieux encore dans un sol sableux sec . Les semis de printemps doivent être effectués en mars ou avril; les semis d'automne en août ou au début de septembre.

SOLANUM

Annuel et pérenne; demi-rustique

Les solanums sont importants, certains en tant que plantes de serre et d'autres en tant que litières subtropicales. Ils sont quelque peu tendres dans la constitution, et doivent avoir une bonne culture dans un sol léger et riche. Une surveillance attentive de l'araignée rouge est nécessaire, car ce ravageur est très partisan des Solanums. Le mois de mars est suffisamment tôt pour semer la graine, mais à des fins ordinaires, le mois d'avril est préférable. À la mi-juin, les plantes devraient être assez fortes pour s'éteindre, et avec un temps agréable, elles progresseront rapidement. Ceux qui sont cultivés pour leurs baies peuvent être semés à partir de février, car il est important de sécuriser les plantes buissonnantes avant qu'elles ne commencent à fleurir, et un démarrage précoce assure une maturation précoce des beaux fruits brillants.

STATICE

Lavande de mer. Annuelles rustiques et semi-rustiques et vivaces vivaces

Il serait difficile de décider si les lavandes de mer sont plus appréciées en tant que fleurs de bordure ou en tant que matériau coupé pour une utilisation à l'intérieur. Il est certain que les pulvérisations légères et gracieuses de fleurs délicatement colorées sont indispensables pour la décoration de la maison, soit fraîchement coupées, soit séchées pour être mélangées avec des Helichrysums et d'autres jamaisdure en hiver. Pourtant, les statices sont très attrayantes lorsqu'elles poussent en bordure, les variétés à port ramifié donnant un affichage prolongé de belles fleurs.

Les variétés semi-rustiques doivent être semées de janvier à mars dans des casseroles placées à feu inférieur. Lorsqu'ils sont suffisamment gros, piquez les plants dans des boîtes de bonne terre légère et durcissez progressivement pour être prêts à être plantés en mai. Les espèces annuelles rustiques répondent également mieux lorsqu'elles sont démarrées dans des casseroles en mars ou avril et transférées à l'air libre en temps voulu. Les graines des variétés vivaces rustiques doivent être semées dans un beau compost léger à tout moment d'avril à juillet. Mettez les plantes en position de floraison lorsqu'elles ont atteint une taille appropriée.

Lorsqu'elles sont cultivées en pots, les espèces semi-rustiques font de très jolis sujets pour la décoration de la maison ou de la véranda.

STOCK

Mathiola. Demi-rustique et bisannuel

Du point de vue botanique, les stocks comprennent deux classes principales: l'Annuel et la Biennale. Cette vaste famille est si accommodante quant au traitement, cependant, qu'en sélectionnant les espèces appropriées et en semant à des périodes appropriées, il n'est pas difficile d'obtenir une succession de ces délicieuses fleurs tout au long de l'année. Avec cet objet en vue, nos notes sont divisées en quatre sections couvrant le cycle des saisons, comme suit: Floraison d'été, ou dix semaines; Variétés intermédiaires, pour floraison automnale; Floraison hivernale; et floraison printanière.

Floraison estivale, ou stocks de dix semaines . - Ces variétés annuelles comprennent une merveilleuse gamme de couleurs, ainsi qu'une diversité considérable dans les habitudes de croissance. Pour leur luminosité, leur durabilité et leur parfum, ils sont à juste titre populaires. Il est courant de semer la graine sous verre du milieu à la fin mars. Des casseroles ou des boîtes peu profondes, remplies d'un sol sableux doux, tirent le meilleur parti des lits de semence, et il peut être bon de dire tout de suite qu'aucune plante ne paie mieux pour les soins et l'attention que les sujets actuellement à l'étude. Semez finement, afin que les plantes aient de la place pour devenir robustes pendant qu'elles sont encore dans le lit de semence, et s'efforce dès le départ de donner une constitution robuste en donnant de l'air librement chaque fois que le temps le permet. Cela ne signifie pas qu'ils doivent être soumis à une explosion de coupe qui paralysera les plantes au-delà de la rédemption, mais qu'aucune opportunité ne devrait être perdue d'une exposition partielle ou totale chaque fois que le l'atmosphère est suffisamment géniale pour leur être bénéfiques. Si un cadre froid sur un lit chaud usé peut être épargné, il peut être utilisé en piquant les semis à l'intérieur, ou les casseroles et les boîtes peuvent simplement être placées sous sa protection. Plus les plants peuvent être conservés près du verre, moins il y aura de disposition à devenir aux longues jambes. En repiquage en pleine terre, il vaut la peine de faire en sorte que chaque plante porte une belle boule de terre attachée à ses racines.

Sur des terres légères et friables, les stocks de dix semaines peuvent être cultivés avec succès à partir de semis effectués en plein air vers la fin du mois d'avril. Le caractère de la saison doit être une indication du moment choisi, et le semis dans ce cas doit être un peu plus épais que dans les bacs à graines. Si la graine germe bien, un éclaircissage sévère devra être pratiqué au fur et à mesure que la croissance l'exige. Cette méthode de culture empêche entièrement la perte par le mildiou, qui s'avère si souvent fatale pour les jeunes plants transplantés. Il est difficile de rendre le sol trop bon pour eux, et il n'y a pas de comparaison entre les souches cultivées sur une frontière pauvre et celles cultivées dans la luxuriance. Certains producteurs font une petite tranchée pour chaque rangée de graines, ce qui offre un certain degré de protection contre les vents coupants et forme également un canal pour l'eau lorsqu'il est nécessaire de l'administrer. En saison des pluies, les plantes apparaîtront dans environ douze jours, mais par temps sec, elles seront plus longues et un ou plusieurs arrosages doux le matin peuvent être nécessaires pour les élever. La distance entre les rangées doit être déterminée par la variété. Neuf pouces suffisent pour les espèces naines; douze ou quinze pouces ne seront pas trop pour les types moyens et grands.

Les limaces peuvent être éloignées par un saupoudrage de suie ou de cendre de bois, et certaines précautions doivent également être prises pour empêcher les oiseaux de déranger le lit de semence.

Ici, il peut être bon de mentionner un fait dont on ne se souvient pas toujours, bien que la connaissance en soit généralement présumée. Les graines ne peuvent être conservées qu'à partir de fleurs simples, mais ceux qui ont fait une étude de l'entreprise trouvent peu de difficultés à sélectionner les plantes et à les traiter de telle manière que les graines obtenues à partir d'elles produiront un grand pourcentage de fleurs doubles dans la génération suivante. . Mais l'expérience des cultivateurs les plus qualifiés ne leur a pas permis de conserver des semences qui donneront entièrement des plantes à double floraison; et cela n'est guère à regretter, car la perpétuation de la race dépend des fleurs uniques. En gardant les différentes couleurs vraies, il y a un fait très gênant. Certaines espèces produisent invariablement une différence de couleur entre les fleurs doubles et simples.

Les stocks intermédiaires forment une succession précieuse aux variétés à floraison d'été ou à dix semaines. À partir de graines semées à chaud en février ou mars, les plantes commencent généralement à fleurir lorsque les variétés antérieures commencent à se faner, et continueront de fleurir jusqu'à l'arrivée de l'hiver. Il est également facile de cultiver la section intermédiaire dans des pots pour la décoration printanière, si la protection d'une maison ou d'une fosse peut être donnée pendant l'hiver pour les préserver du gel. Un plan simple consiste à semer en août ou au début de septembre cinq ou six graines dans des pots de 48 tailles. Une mince à trois plantes dans chacune, et bien sûr un pot plus grand avec plus de plantes peut être utilisé lorsque cela est souhaitable. Donnez de l'air autant que possible et arrosez régulièrement. Il n'y a pas besoin de chaleur artificielle; en effet, il n'est pas bon de presser les plantes de quelque manière que ce soit. Un bon top-dressing d'un sol riche est conseillé avant la floraison, et au fur et à mesure que les bourgeons apparaissent, de l'eau de fumier, faible au début, mais augmentée progressivement en force, peut être administrée une fois par semaine jusqu'à la pleine floraison.

Stocks à floraison hivernale . - Pendant les mois d'hiver, les stocks procurent un immense plaisir. Elles sont particulièrement les bienvenues à Noël, et pour assurer les plantes à fleurs à cette saison de l'année, des variétés adaptées, telles que Christmas Pink ou Beauty of Nice, devraient être sélectionnées, et commencer en juin. Dès que la première feuille est atteinte, piquez trois plants dans un pot de trois pouces; placer dans un cadre frais sous un mur nord, en gardant la lumière éteinte toute la journée jusqu'à ce qu'ils soient prêts pour un autre passage dans des pots de six pouces. Utilisez trois parties de bon limon jaune et une partie de sol foliaire - pas de sable. Mettez en pot fermement et restaurez le cadre jusqu'à ce que les plantes commencent à pousser, lorsqu'elles peuvent être transportées dans la serre. De l'eau de fumier, pas trop forte, une fois par semaine est bénéfique, et de l'eau pure doit être administrée avec parcimonie. Conserver près du verre et ventiler librement. De nouveaux semis effectués en juillet et août prolongeront l'approvisionnement en fleurs.

Les stocks à floraison printanière , qui incluent la variété populaire Brompton, fleurissent au printemps et au début de l'été. Bien que dans certaines saisons, il puisse répondre de semer là où les plantes doivent fleurir, la pratique est trop précaire pour être généralement risquée. Une méthode plus sûre consiste à semer dans des bacs à graines en juin ou juillet. Placez-les sous abri jusqu'à ce que les plantes atteignent un pouce de haut, puis laissez-les à l'air libre pendant une semaine avant de les repiquer. Préparez un morceau de terre fraîchement creusé et, par une journée terne, mettez-les à huit à douze pouces l'un de l'autre. Si la croissance est trop rapide en septembre, il peut être conseillé de les soulever et de les replanter, car l'hiver ne doit pas les trouver molles et succulentes. Il devrait y avoir des tiges dures et une croissance robuste pour les transporter par temps froid. Dans les quartiers qui sont particulièrement défavorables, il peut être nécessaire de mettre en pot chaque plante individuellement dans la taille 60, et de les plonger dans les cendres dans un cadre froid, ou sous l'abri d'un mur sud, jusqu'à ce que le temps violent soit passé, et ils peuvent ensuite être retournés dans les frontières.

STREPTOCARPUS

Cape Primrose. Vivace tendre

Les hybrides sont une race très frappante, inestimable pour la décoration des serres et des vérandas, produisant une succession continue de grandes fleurs en forme de trompette, embrassant des couleurs allant du blanc pur, en passant par la lavande, le violet, le violet, la rose et le rouge, jusqu'au riche rose-violet. . Semez très finement de janvier à mars dans des pots bien drainés, et un saupoudrage de terre fine couvrira suffisamment la graine. Placez les pots à une température de 60 ° à 65 ° et veillez à ce que le sol ne se dessèche pas. Piquez les plants lorsqu'ils sont assez gros pour être manipulés, en les maintenant à la température indiquée jusqu'au rempotage final. Une fois établis, ils se développent avec une attention ordinaire dans une serre, et ils hivernent bien à une température comprise entre 40 ° et 50 °. Les graines semées en janvier et février produiront des plantes qui fleuriront au cours des mois de juin et juillet suivants.

Streptocarpus Wendlandii est une variété particulièrement intéressante. Une seule feuille immense est produite, qui atteint fréquemment une largeur de deux pieds, avec une longueur proportionnée. Cette feuille est réfléchie, cachant complètement le pot d'un côté, et de ses nervures médianes d'élégantes fleurs bleu violet à gorge blanche sont projetées jusqu'à une hauteur de dix-huit pouces. Les graines doivent être semées dans une serre chaude au début de l'année. Les plantes commenceront à fleurir en hiver et continueront de fleurir pendant environ six mois. La température qui convient aux Gloxinias répondra également pour cette plante.

TOURNESOL

Helianthus annuus. Plante annuelle résistante au gel

L'utilité du tournesol a été évoquée dans une page précédente. Ici, nous n'avons qu'à considérer la plante dans son caractère ornemental, comme un occupant de l'arbuste ou de la bordure fleurie.

En plus des espèces communes, il existe plusieurs souches qui sont adaptées à des fins spéciales. Les variétés naines poussent sur trois à quatre pieds de haut, et produisent de fines têtes de fleurs. Le «géant» atteint l'énorme hauteur de huit ou dix pieds dans une saison favorable, et les fleurs sont d'une taille immense. La double souche atteint généralement six pieds de hauteur et est précieuse pour sa belle couleur et sa qualité durable. Il n'y a donc aucune difficulté à faire une sélection adaptée aux exigences de n'importe quelle frontière. Le tournesol peut également être utilisé en une ou plusieurs rangées pour faire une limite ou pour cacher une clôture disgracieuse, et certains cultivateurs l'utilisent comme écran pour les fleurs qui ne supporteront pas le plein soleil.

Les graines peuvent être semées très tôt dans la saison, et les plantes peuvent être mises en avant de la manière habituelle avec des annuelles semi-rustiques, mais ce mode de culture n'est pas nécessaire. Semez en avril ou mai, là où les plantes doivent fleurir, sur un sol abondamment fertilisé à une profondeur de dix-huit pouces, et elles fleuriront à temps. Pour maintenir la croissance rapide, l'eau ne doit pas être interrompue par temps sec.

POIS DE SENTEUR

Lathyrus odoratus. Annuelle grimpante rustique

L'histoire du Sweet Pea remonte à plus de deux cents ans; et c'est presque aussi fascinant qu'une exposition de fleurs. Les améliorations récentes dans ce sujet très populaire incluent une incroyable diversité de couleurs, une augmentation marquée du nombre de fleurs sur chaque tige et un agrandissement extraordinaire de leur taille. Une liste moderne peut se chiffrer en centaines, mais ceux qui cultivent toutes les variétés connues trouvent qu'il existe de nombreuses ressemblances étroites, découlant sans aucun doute d'introductions simultanées par des hybridistes qui ont expérimenté sur des lignes similaires. Les cultivateurs enthousiastes de Sweet Peas ne se contentent plus d'un nombre limité de variétés nommées, car il est évident que dans les concours où cinquante ou cent grappes doivent être organisées pour certains prix, une collection importante et représentative doit être cultivée. Pour la décoration générale du jardin, cependant, et pour fournir des sprays pour la parure des maisons, la classe à fleurs géantes, proposée uniquement sous des couleurs, continuera d'être extrêmement populaire.

Le changement de caractère et l'utilité accrue des pois de senteur ont nécessité une révolution dans les méthodes de culture. La croissance plus libre et les habitudes plus robustes exigent plus d'espace qu'autrefois. Au lieu de rangées bondées de plantes atténuées, produisant un maigre retour de petites fleurs, de couleur médiocre, il est maintenant d'usage de préparer le sol par des tranchées profondes et un fumage généreux, et de donner à chaque plante suffisamment d'espace pour un développement complet en rangées et en touffes. Dans les paragraphes qui suivent, nous décrivons la routine culturelle qui devrait être suivie aussi près que possible par ceux qui désirent assurer un approvisionnement à long terme des fleurs les plus fines. Mais lorsque les circonstances ne permettent pas que ces recommandations soient adoptées dans leur intégralité, les détails peuvent être modifiés en fonction des matériaux commandés et des exigences du cultivateur.

Il est habituel de commencer la préparation du sol à l'automne. Le creusement de tranchées est d'une importance capitale, car les racines du pois de senteur nécessitent une profondeur considérable de bon sol dans lequel se ramifier pour le soutien de plantes saines et robustes capables de produire de belles fleurs pendant une longue saison. Lorsque le sol de surface est peu profond, il faut prendre soin d'éviter d'amener le sous-sol non cultivé au sommet, et il vaut la peine d'encourir un peu de peine supplémentaire pour fournir une profondeur suffisante de matériau fertile pour le développement complet des racines. Creusez donc une large tranchée et placez la bonne terre végétale d'un côté. Ensuite, retirez et jetez le sous-sol à une profondeur de douze pouces et, après avoir brisé le fond de la tranchée avec une fourchette ou une pioche, remplacez-le par une quantité égale de fumier pourri, de feuilles, de vieux terreau ou de toute autre substance appropriée qui peut être à portée de main. Remettez enfin la terre végétale dans sa position d'origine.

L'utilisation du fumier nécessite une discrimination et, lors de la fixation de la quantité, ainsi que du choix des espèces les plus appropriées, il faut tenir dûment compte du caractère du sol. Pour les terres légères, quatre brouettes de fumier de ferme bien décomposé par poteau carré constitueront un excellent pansement, mais une quantité un peu plus petite suffira pour les sols lourds. Au lieu du fumier de ferme, une quantité illimitée de sol foliaire, si possible, peut être utilisée, et c'est aussi un bon plan de creuser dans les déchets verts disponibles. La terre de jardin qui pendant quelques années a été maintenue dans un état de culture élevé par l'utilisation libérale de fumier naturel n'a, en règle générale, pas besoin d'une aide supplémentaire dans ce sens, mais elle devrait recevoir un bon enduit de chaux. En effet, tout sol dans lequel les pois de senteur doivent être cultivés ne doit pas en contenir moins de 2 pour cent. de chaux. L'emploi d'engrais artificiels et organiques est essentiel dans tout programme de culture de premier ordre. Mais ici un mot d'avertissement est nécessaire. Les fumiers azotés sous toutes leurs formes sont nocifs pour la plante lorsqu'ils sont appliqués en grandes quantités, et sont susceptibles de le prédisposer à la maladie, sauf sur types extrêmes de sols sableux. Le sol lourd doit être recouvert de sept livres de scories de base à l'automne et de deux livres de sulfate de potasse au printemps. Sur les sols légers, appliquer au printemps quatre livres de superphosphate de chaux et deux livres de sulfate de potasse. Les quantités indiquées dans chaque cas sont suffisantes pour un pôle carré de terre. Les cendres de bois (à l'état sec) sont également d'une grande valeur, et celles-ci doivent être ratissées un peu avant la plantation.

La préparation spéciale du sol qui vient d'être décrite implique l'élevage de plantes dans des pots ou des boîtes en vue de leur transfert à l'air libre dès que le temps le permet au printemps. Les plus belles fleurs sont sans aucun doute obtenues à partir d'un semis d'automne, et vers la mi-septembre peut être considérée comme la meilleure période pour mettre la graine. Ce début précoce présente l'avantage de laisser suffisamment de temps pour le développement de plantes robustes et bien enracinées, qui non seulement fleuriront avant celles semées au printemps, mais resteront en fleur pendant une période inhabituellement longue. Semez dans un sol légèrement poreux et des pots, des casseroles ou des boîtes de trois pouces peuvent être utilisés. Placer dans un cadre froid et garder les lumières éteintes jusqu'à ce que les graines aient germé, mais ensuite le cadre ne doit jamais être fermé sauf par temps violent. Il ne doit pas y avoir de malentendu sur la question du don d'air. Le pois de senteur est presque rustique et des semis robustes et sains, cultivés aussi près que possible dans des conditions naturelles, sont recherchés. Par conséquent, soumettre la plante à la chaleur artificielle ne fera que vaincre l'objet en vue. Un courant d'air doit être admis dans le cadre jour et nuit, et les lumières peuvent être entièrement supprimées en toutes occasions favorables. Mais les plants auront besoin de protection contre une humidité excessive, car s'ils sont trop humides au niveau des racines, ils risquent d'être endommagés par le gel. Lorsque quatre paires de feuilles sont formées, arrêtez chaque plante une fois, et après un peu plus de progrès, transplantez-la individuellement dans des pots de trois pouces. Gardez les pots dans le cadre, en n'offrant qu'une protection contre les intempéries qui peut être absolument nécessaire, et plantez à la première occasion appropriée. Dans le sud, le repiquage peut être possible à la fin de février ou à l'ouverture de mars, mais un mois plus tard sera plus sûr dans les districts au nord de la Trente.

Ceux qui, pour une raison quelconque, ne trouvent pas commode de semer à l'automne peuvent commencer la semence tôt dans l'année - à partir de la mi-janvier, selon le district. Les principes généraux décrits dans le paragraphe précédent s'appliquent également aux semis de printemps, mais il peut être bon de dire qu'il ne faut pas tenter d'accélérer la croissance par l'application d'une température élevée. Un cadre offrira tous les protection nécessaire, et même une boîte recouverte de verre et placée dans un endroit abrité sera jugée utile pour élever les semis.

Avant la plantation, la terre végétale du sol préparée à l'automne doit être bien travaillée et rendue friable. La disposition des plantes et la méthode adoptée pour les jalonner dépendront, dans une large mesure, du but précis pour lequel les fleurs sont nécessaires. Pour la décoration de jardin, les lignes simples répondent bien et les plantes doivent être espacées d'un pied. Ou, si vous préférez, mettre en touffes de trois à cinq plantes, permettant un diamètre de neuf à quinze pouces. Retirez soigneusement les plantes des pots ou des boîtes dans lesquelles elles ont été élevées, démêlez les racines et secouez-les pour les débarrasser de la terre. Faites un trou de la profondeur nécessaire et laissez les racines descendre dans le sol dans toute leur étendue, ce qui peut atteindre jusqu'à deux pieds dans le cas de spécimens bien cultivés à partir de graines semées en automne. Soutenez immédiatement avec des brindilles bien ramifiées, et il est important que les plantes soient parfaitement droites. Enfin, piquetez avec des bâtons de noisetier touffus de huit à dix pieds de hauteur, ou plus haut encore là où le sol a été généreusement préparé.

Les fleurs à longue tige sans défaut sont essentielles pour le travail d'exposition et pour les formes les plus élevées de décoration de la maison, et pour assurer un approvisionnement adéquat sur une période prolongée, la méthode suivante, qui est adoptée par certains des exposants les plus réussis, est fortement d'être conseillé. Les plantes sont disposées en doubles rangées espacées d'un pied et espacées d'un pied dans les lignes. Chaque plante ne doit porter que deux pousses, qui doivent toutes deux être munies d'une tige de bambou, de frêne ou de noisetier, de dix à douze pieds de long. Pour ce système à double cordon, les tiges seront espacées de six pouces dans les rangées, et il est souhaitable de les sécuriser contre les dommages causés par les vents violents. Insérez un poteau solide à chaque extrémité de la rangée, et à environ sept pieds de la fixation au niveau du sol à chaque poteau une traverse en bois substantielle d'un peu plus d'un pied de longueur. À partir de ces traverses, étirez étroitement des brins de fil de fer auxquels les tiges sont solidement attachées. Au fur et à mesure que la croissance se développe, commencez à ébouriffer rapidement, retirez régulièrement tous les côtés et les vrilles et attachez chaque cordon à sa tige de support avec du raphia aussi souvent que nécessaire.

Après le transfert en pleine terre, les plantes ne doivent jamais se dessécher au niveau des racines. Gardez la houe entre les rangs, surtout après que le sol a été battu par la pluie.

La période de floraison peut être prolongée par le simple expédient d'enlever quotidiennement les fleurs mortes ou fanées. La maturation de seulement quelques gousses met rapidement un terme à la floraison.

En pleine terre, les graines peuvent être semées au printemps de février à mai, et des semis successifs à des intervalles de quinze jours prolongeront l'approvisionnement en fleurs jusqu'aux jours d'automne. Même là où seulement quelques touffes peuvent être cultivées, il n'est pas sage de dépendre d'un seul semis. Les semis d'automne en extérieur se font souvent en septembre ou octobre où un sol chaud et une situation favorable peuvent être assurés.

Sweet Peas a deux ennemis principaux, la limace et le moineau. Contre les premiers, les précautions habituelles, telles que les cendres, la vieille suie, la chaux et divers pièges, sont disponibles; et ce dernier doit, par certains moyens, être empêché de faire du mal. Une fois que les bourgeons ont traversé le sol, il est généralement trop tard pour adopter des remèdes. Presque toutes les têtes seront trouvées pincées et prêtes à être inspectées. On pourrait presque pardonner que les maraudeurs étaient la nourriture de l'objet, mais les oiseaux semblent faire des ravages par pure insouciance, et des rangées entières sont parfois détruites en une seule matinée.

Les premières pulvérisations sont tellement prisées que la pratique de la floraison des pois de senteur dans des pots sous verre augmente chaque année, et à cette fin, les graines doivent être semées en août ou en septembre; les plantes doivent se déplacer lentement pendant les jours sombres. En février, la croissance sera plus rapide, mais il est important de donner aux plantes le traitement le plus résistant possible. En avril, s'il est correctement géré, il y aura un affichage brillant.

La race à floraison hivernale fleurit librement à une période encore plus précoce, bien que les plantes soient moins vigoureuses que les autres variétés.

SWEET WILLIAM

Dianthus barbatus. Biennale rustique

Sweet William appartient au même genre que le Pink. Les meilleures variétés produisent de superbes têtes de fleurs, certaines intensément riches en couleurs, tandis que d'autres ont un bord contrasté. Les nouvelles variétés sont si marquées comme une avance sur les couleurs plus anciennes qu'elles ont créé un nouvel intérêt pour cette fleur de jardin préférée.

Dans plusieurs cas, nous avons indiqué que les biennales et les plantes vivaces devraient être traitées comme des annuelles, à la fois pour des raisons économiques et pour les excellents résultats obtenus par cette pratique. Mais le Sweet

William ne se prête à aucun traitement qui réduit la période naturelle de croissance.

Les graines peuvent être semées en mai, juin ou juillet pour être repiquées en automne, et les nombreuses couleurs permettent d'obtenir une grande diversité d'effets splendides dans les plates-bandes et les bordures.

TABAC - voir NICOTIANA

TORENIA

Serre annuelle

Semez à une température chaude en mars ou avril. Piquer tout petit dans des pots, puis mettre en pot les semis un à un. Tout compost assez bon leur conviendra. Les branches ont besoin de soutien et les plantes doivent être préservées de la mouche verte. Les Torenias font des plantes en pot très élégantes, et elles sont également bien adaptées pour les paniers suspendus et autres artifices ornementaux.

TROPÆOLUM

Capucine, ou Indian Cress. Annuelles rustiques et semi-rustiques

Le *Tropæolum tuberosum* est traité dans le cadre de la `` Culture de bulbes à fleurs '', de sorte que nous n'avons ici qu'à considérer les variétés qui sont cultivées à partir de graines. Il existe deux classes distinctes, toutes deux largement cultivées, car la graine est peu coûteuse et les plantes extrêmement durables et faciles à cultiver.

Tropæolum majus est la capucine grimpante, ou grand cresson indien. La fleur obtenue à l'origine du Pérou était d'une orange riche, marquée d'un brun rougeâtre profond, mais elle a été développée dans diverses nuances de jaune et de rouge, aboutissant à une teinte presque noire. Les feuilles sont presque circulaires et sont attachées aux longues tiges par le centre plutôt que par la marge. Loudon compare avec fantaisie la feuille à un bouclier et la fleur à un casque. La section Lobbianum a un port proche, avec un feuillage plus petit porté sur des tiges un peu laineuses. Toutes les variétés fleurissent librement et constituent une brillante classe de grimpeurs de grande valeur pour égayer le dos des bordures ou cacher des objets disgracieux. Une fois que les graines ont été trempées à environ un pouce de profondeur en avril ou en mai, la seule attention dont les plantes ont besoin est de couper une pousse traînante de temps en temps, ou d'empêcher une branche égarée d'atteindre et d'étouffer une plante qui ne supportera pas ses étreintes.

La célèbre plante grimpante *canarienne* (*T. canariense*) est une variété parfaitement distincte et, en tant qu'annuelle semi-rustique, elle doit être élevée sous protection et plantée en mai, bien que les semis en pleine terre en avril et mai se révèlent souvent satisfaisants. Contrairement aux autres, il a besoin d'un sol riche pour assurer une croissance vigoureuse. Lorsqu'elle est généreusement traitée, la plante entière sera recouverte de ses fleurs lumineuses ressemblant à des fées, jusqu'à ce que le gel mette fin à sa carrière.

Tropæolum majus nanum. - Les Tom Thumb, ou variétés Dwarf, font d'excellentes plantes à massifs, fleurissant loin dans l'automne après que bon nombre des plates-bandes régulières se sont fanées et sont devenues minables. Il existe un vaste choix de couleurs dans les rouges, les jaunes et les bruns, qui se réalisent parfaitement à partir de graines, et toutes possèdent le mérite de fleurir librement sur un sol très pauvre. Ils poussent de manière luxuriante sur des terres riches, mais le feuillage devient alors un simple masque sous lequel les fleurs sont dissimulées. Il n'y a pas un de la classe Tom Thumb qui ne puisse pas être traité comme une annuelle rustique, et tous offrent la possibilité de faire un magnifique spectacle de couleurs à un coût ridiculement disproportionné par rapport à l'effet obtenu. Ils sont également admirablement adaptés pour la culture en pot, faisant des plantes galbées couvertes de fleurs pendant une longue période.

Beaucoup des dernières introductions à Capucine se distinguent par leur coloration raffinée et délicate, et sont des sujets extrêmement désirables pour la décoration de la table à manger et des petits vases dans le salon.

Comme la saveur des fleurs et des feuilles ressemble quelque peu à celle du cresson commun, elles sont fréquemment utilisées dans les salades et sont considérées comme un excellent anti-scorbutique. Les fleurs sont légitimement employées à la décoration du saladier, car elles ne sont pas seulement ornementales mais strictement comestibles.

À l'état vert, les graines des variétés hautes et naines font un excellent cornichon qui est parfois utilisé comme substitut aux câpres.

VERVEINE

Vivaces rustiques et semi-rustiques

Les VERBENAS issues des meilleures souches de graines deviennent fidèles à la couleur et les plantes sont des modèles de santé et de vigueur, et font des parterres resplendissants. Il est de la plus haute importance de se rappeler que la verveine nécessite très peu de la chaleur artificielle à laquelle elle est communément soumise, et qui rend pleinement compte de la fréquence des maladies parmi les plantes propagées à partir de boutures. Les graines peuvent être semées en caisses en janvier, février et mars, les semis les plus précoces nécessitant naturellement plus de chaleur que les derniers. Au fur et à mesure que les semis deviennent suffisamment grands, ils doivent être mis en pot et plantés en mai, lorsqu'ils fleuriront tout au long de l'été et loin en automne.

Les verbènes peuvent également être semées en mars ou avril dans des boîtes, placées dans un cadre et, si elles sont maintenues humides, de nombreuses plantes apparaîtront dans environ un mois. Lorsqu'elles sont suffisamment grandes, elles doivent être soigneusement soulevées et mises en pot. La verveine a besoin d'un sol riche, moelleux et très sucré. Bon nombre des échecs qui se produisent dans sa culture ne sont pas seulement attribuables au dorlotage de la plante sous verre, mais aussi à la manière imprudente dont elle est souvent plantée sur un sol pauvre et usé qui a été cultivé pendant des années sans fumier, ou même les effets sucrants d'un bon creusage. L'élevage de Verbenas à partir de graines a rétabli cette plante dans la liste des fleurs faciles à cultiver et parfaitement utiles pour le parterre.

La vivace vivace *V. venosa* est également parfaitement vraie et uniforme à partir de la graine.

ALTO

Pensée tuftée. Vivace rustique

Cette plante mérite bien sa popularité pour une utilisation dans les plates-bandes et les bordures. Il est parfaitement rustique, a bon port et continue de fleurir plusieurs mois dans l'année. Le traitement prescrit pour Pansy convient également pour Viola.

GIROFLÉE

Cheiranthus Cheiri. Biennale rustique

Les giroflées sont souvent semées trop tard. En conséquence, la croissance n'est pas complètement mûre et les plantes ne présentent qu'une faible floraison. Ils devraient en leur saison être de petits monticules de feu et d'or, exhalant un parfum que peu de fleurs peuvent égaler dans sa fraîcheur particulière. Semez la graine en mai ou juin, dans un endroit ensoleillé, sur un sol plutôt pauvre, mais doux et bien préparé, propice à un enracinement libre. Lorsque les plantes sont de deux pouces de haut, transplantez en rangées de six pouces à part, en laissant trois pouces de distance dans la rangée, et dès que les plantes se chevauchent, transplantez à nouveau, six ou neuf pouces de distance dans tous les sens, en aidant avec de l'eau lorsque cela est nécessaire pour les aider à nouvelle croissance. Ou soulevez une rangée sur deux et une plante sur deux, en laissant le reste intact pour fournir des fleurs à couper. Lorsque les plates-bandes sont débarrassées de leurs occupants d'été, elles peuvent être remplies des meilleures plantes de giroflée, pour offrir un feuillage vert joyeux tout au long de l'hiver et une grande floraison au printemps, car le gel ne nuira pas aux variétés individuelles; mais les doubles ne supporteront pas toujours les rigueurs d'un hiver rigoureux.

Variétés à floraison précoce. —Par la sélection et la fertilisation croisée, une race de giroflées à floraison précoce a été obtenue, et il il est désormais possible de profiter pendant plusieurs mois de l'année d'un parfum jusqu'alors associé exclusivement au printemps. À partir d'un semis effectué en mai ou juin, les plantes commencent à fleurir en automne et se poursuivent tout au long de l'hiver, à moins d'être contrôlées par le gel. Avec l'arrivée du temps printanier, cependant, ils éclatent en pleine floraison, faisant un délicieux étalage en avance sur les variétés ordinaires.

WIGANDIA

Vivace semi-rustique

Cette plante est cultivée pour son feuillage et est largement utilisée dans le jardinage subtropical. Les instructions données pour élever Ricinus en chaleur s'appliquent également à ce sujet; mais il n'est pas sage de compter sur un semis en plein air pour l'approvisionnement en Wigandias.

ZINNIA

Zinnia elegans. Annuelle semi-rustique

Les doubles variétés de Zinnia ont entièrement éclipsé la forme unique de cette fleur. Ils atteignent une taille immense et sont extrêmement précieux pour les plates-bandes et les bordures, les plantes restant en fleur pendant une période considérable. Les doubles zinnias sont si variés en couleurs et beaux en forme qu'ils méritent de prendre un rang élevé en tant que fleurs d'exposition.

Le Zinnia est délicat et ne doit pas être semé trop tôt. Mars est assez tôt pour commencer les opérations, et la première semaine d'avril ne sera pas trop tardive pour les semailles. Un compost qui convient à Asters répondra admirablement aux Zinnias. Semez dans des pots de 4-1 / 2 pouces, qui devraient avoir un drainage très libre, et recouvrez finement la graine de terre fine. Plongez les pots à la fois à une température d'environ 60 °, lorsque la graine germera rapidement, et les plantes atteignant un pouce de hauteur peuvent être mises en pot séparément. Placez-les dans un cadre rapproché, à l'abri du soleil, et une fois bien installés, donnez progressivement de l'air et durcissez. Il ne sera pas prudent de passer à l'air libre avant la première semaine de juin, à moins que la position ne soit exceptionnellement abritée et que le sol soit très sec. Une bordure d'arbustes est un endroit approprié, et plus la saison est brûlante, plus les fleurs seront fines. Il doit cependant y avoir un abri contre le vent, car les tiges des Zinnias sont creuses et facilement endommagées par une tempête.

Un affichage satisfaisant de cette fleur peut être obtenu sans l'aide de la chaleur en semant en pleine terre vers la mi-mai. Sélectionnez une bordure ou un lit en pente ensoleillé pour le semis, enrichissez le sol et faites-le bien. Appuyez dessus assez fermement, puis déposez trois ou quatre graines à des intervalles de quinze à dix-huit pouces entre chaque groupe, et couvrez-les légèrement. En temps voulu, réduisez à une usine à chaque station. S'ils prospèrent, les branches non seulement se rencontreront, mais se chevaucheront et produiront un grand spectacle. En cas de temps très sec au moment des semailles, le sol peut être arrosé avant la mise en place des graines, puis recouvert d'une terre fine et sèche.

Les zinnias ne se transplantent pas bien, sauf sous forme de petits plants. Lorsqu'il est nécessaire d'entreprendre la tâche, choisissez, si possible, un jour de pluie, et ombragez chaque plante avec un pot de fleurs inversé pendant quelques jours, mais enlevez les pots le soir.

Les zinnias destinés à être exposés doivent être traités de manière plus généreuse que les plantes cultivées pour la décoration des bordures ou dans le but de produire des fleurs coupées. La graine peut être élevée en chaleur comme déjà indiqué, mais la bordure devra être préparée avec un soin et une libéralité particuliers. Si le sol est lourd, il doit être réduit à un état friable en hiver. Avant que les plantes ne soient installées, élevez la terre en crêtes d'environ quatre ou cinq pouces de hauteur. Planter sur le sommet de la crête, puis une application de suie ou de chaux (pas trop près pour infliger des blessures) peut être utilisée par précaution contre les limaces. En saison humide, les plantes auront de meilleures chances que si elles étaient placées à plat, et si un été torride arrive, elles n'en seront pas pires. À l'approche de la floraison, paillez le sol avec du fumier bien décomposé.

Les plantes doivent être soigneusement jalonnées et attachées. Il n'est pas seulement nécessaire de fixer la tige principale, mais les branches doivent également être soutenues, ou lorsqu'elles sont lestées de fleurs, elles seront très susceptibles de céder sous un vent modéré. Les branches superflues peuvent être enlevées, mais pas trop sévèrement pour démarrer une nouvelle croissance au détriment des fleurs. L'ébourgeonnage devra également être pratiqué pour la classe de fleurs la plus élevée. Une seule floraison doit être autorisée à se développer sur chaque branche à la fois, et celle-ci doit être protégée du soleil et de la pluie une fois qu'elle est à moitié cultivée.

FLEURS DE PRINTEMPS À PARTIR DES GRAINES

Ce sont les fleurs printanières qui donnent peut-être le plus de charme et d'intérêt au jardin anglais. En commençant par les arbres en fleurs, l'amandier, la pêche double, le *Prunus Pissardi* et bien d'autres, nous avons bientôt les jonquilles, les giroflées et les pensées, rendant le sol brillant et gai après le long hiver morne. Il peut favoriser l'économie dans la production de ces étalages brillants et charmants si nous faisons quelques remarques sur l'emploi des plantes à floraison printanière qui peuvent facilement être cultivées à des fins à partir de graines. Il apparaîtra bien entendu au lecteur qu'une proportion considérable des annuelles qui sont habituellement semées à l'automne sont particulièrement adaptées pour produire des étalages riches et variés au printemps. Un type de cette classe se trouve dans le bien connu Erysimum, Orange Gem, l'une des plantes les moins chères, les plus rustiques et les plus resplendissantes du genre, assez bon marché pour que l'amateur le plus humble puisse les utiliser librement dans ses frontières et ses lits, et à la même temps si efficace dans sa coloration pour être adapté aux exemples les plus complexes et les plus finis de travail géométrique. Un autre sujet frappant est la *giroflée de* Sibérie (*Cheiranthus Allionii*), si proche de l'Erysimum, Orange Gem, les magnifiques fleurs orange ajoutant une couleur fraîche aux nombreuses nouvelles nuances que nous a données ces dernières années la vieille giroflée anglaise. Parmi les annuelles, il y a plusieurs fleurs printanières précieuses, telles que, par exemple, *Nemophila insignis* , bien connue pour ses belles fleurs bleues, et la variété blanche, *alba* , de la même; *Saponaria calabrica,* rose rose exquis; Silène, rose, rose naine et blanc nain; Virginian Stock, dont les variétés distinctes sont remarquablement bien adaptées pour former des bandes et des masses de rouge, blanc et jaune, et aussi pour faire une base délicieuse pour rehausser la splendeur des tulipes tardives; et des touffes d'Aubrietia, d'Alyssum jaune et d'autres des plantes les plus distinctives qui sont employées en haute coloration dans le jardinage géométrique de première classe. Une liste de ces plantes indiquera aussitôt qu'il existe un domaine d'activité pour le praticien du jardinage de fleurs de printemps; et tandis que des matériaux bon marché et efficaces sont ainsi mis en service, il n'y a aucune interférence avec la literie d'été tardive, car, si les annuelles sont bien gérées, elles donneront leur floraison abondante lorsque le jardin a le plus besoin de couleur, et peuvent être débarrassés à temps pour faire place aux plantes qui sont généralement employées dans les étalages estivaux et qui sont appelées «plantes à massifs» *par excellence* .

Dans la gestion des annuelles pour une floraison précoce, il est d'une grande importance de les semer au bon moment, afin qu'elles soient assez fortes pour effectuer ce qui est exigé d'elles, et pourtant pas si en avant (ou `` hiver fier ") comme à souffrir de la rigueur du temps. Au nord, la mi-août n'est pas trop tôt pour un semis général en planches, et au sud, la mi-septembre n'est pas trop tard. Dans quelques endroits abrités de l'extrême sud-ouest, les graines peuvent être introduites à la mi-octobre. En règle générale, cependant, les semis doivent être effectués aussi tard que ceux qui connaissent le sol et le climat du lieu peuvent le juger sûr, le principal étant d'avoir les plants dans un état articulé court, près du sol, dans lequel déclarent qu'ils sont les moins susceptibles d'être endommagés par les gelées. Nous préférons semer dans des semoirs sur un sol plutôt pauvre bien brisé à un bon état, et si le temps est sec, les semoirs doivent être arrosés librement avant que la graine ne soit semée, et il n'y aura plus d'arrosage nécessaire. La gestion postérieure est extrêmement simple: les plantes doivent être tenues à l'écart des mauvaises herbes et être légèrement éclaircies si elles sont très encombrées, car quelques spécimens robustes ont plus de valeur que n'importe quel nombre qui se sont affaiblis et raides à cause de la surpopulation.

Dans les jardins abrités, ayant des sols secs de craie ou de sable, la plus grande partie, ou peut-être tout le stock, pourrait être transplantée des plates-bandes vers les plates-bandes et les bordures dès qu'une croissance suffisante a été faite; mais sur les sols lourds et dans les endroits exposés, il conviendra de retarder l'enlèvement jusqu'en mars. Cette partie du travail doit être bien faite, les plantes étant soulevées en touffes et aucune tentative faite pour les isoler, et elles doivent être soigneusement pressées et aidées avec de l'eau, si nécessaire, pour favoriser une `` prise en main " rapide de leur nouveau quarts. Ceux plantés en octobre sur un sol sec ne fleuriront pas seulement tôt et gaiement, mais seront beaux dans leurs différentes teintes de vert tout au long de l'hiver.

Mais nous ne sommes pas limités aux annuelles dans la recherche de fleurs printanières à partir de graines. À de très rares exceptions près, *toutes* les plantes préférées du jardin printanier peuvent être cultivées à partir de graines à un coût presque infinitésimal par rapport à la culture de variétés nommées à partir de boutures et de divisions. Les marguerites, dont certaines sont maintenant presque aussi grandes que les asters, ne conviennent pas seulement à la bordure du ruban, mais font un spectacle étonnamment brillant lorsque le blanc, le rose et le cramoisi sont plantés en masse ou dans des lits séparés. Les semis fleurissent avec beaucoup plus de liberté et produisent des fleurs beaucoup plus grandes que les plantes divisées, et même après les premières semaines, lorsque les dernières fleurs deviennent plus petites et moins parfaites en forme, un affichage brillant est maintenu jusqu'à la fin de l'été si le les lits ne sont pas recherchés pour d'autres choses. Les pensées, qui sont encore inégalées pour les plates-bandes et les bordures, sont facilement cultivées à partir de graines. Qu'y a-t-il de plus intéressant qu'une longue rangée de plantes de Perfection Pansy à côté du chemin? chaque pas nous amène à une fleur au charme parfait, très différente en marquage ou en couleur des autres. Les nombreuses espèces et variétés d'Arabis, Alyssum, Aubrietia, Viola, Polyanthus, Iberis et Forget-me-not sont également tout à fait vraies à partir de graines. La précision du style et de la coloration qui résulte de leur élevage à partir de boutures est, bien entendu, admise; mais en formant des masses et des lignes de ruban, les caractères individuels minuscules ont moins de conséquences qu'un bon effet général, et cela peut être assuré en élevant les plantes à partir de graines d'une manière si bon marché et rapide que nous nous sentons assurés que la litière printanière serait plus souvent vue dans sa fraîcheur et sa plénitude convenables, le système que nous recommandons maintenant a été adopté à la place du fastidieux de multiplication par décalages et boutures.

Les giroflées ne peuvent être cultivées en trop grand nombre dans aucun jardin, ni pour leur parfum délicieux, ni pour leur charmant effet de couleur. Les étalages saisissants que l'on peut voir dans certains de nos parcs publics et sur les fronts de mer ont beaucoup contribué à populariser cette vieille fleur préférée. Depuis la publication de la première édition de ce livre, de nombreuses couleurs nouvelles et remarquables de Wallflowers ont été introduites, parmi les dernières, mais non des moindres, à savoir le Fire King et Orange Bedder. C'est par le mélange des couleurs que les effets les plus révélateurs peuvent être produits. Probablement Blood Red, un nom très inadéquat, et Cloth of Gold seront toujours la combinaison la plus préférée, et lorsqu'ils sont plantés ensemble, l'un déclenche l'autre à un degré auquel on ne pense guère lorsque ces variétés sont cultivées séparément. Le violet et les autres jaunes (Faerie Queene et Monarch) font également un lit agréable. Fire King et Orange Bedder doivent être cultivés en masse, séparément ou ensemble, et lorsqu'ils sont vus en fin d'après-midi ou en début de soirée, leur couleur vive et magnifique est presque inégalée par toute autre fleur. Les giroflées à floraison précoce fleuriront, en hivers doux, de janvier à avril, voire dès Noël.

Il ne faut pas oublier que ces plantes bisannuelles et pérennes nécessitent plus de temps pour se préparer à la floraison que les annuelles. S'ils sont semés en août, ils peuvent ne pas fleurir du tout la saison suivante, ou la floraison peut être tardive et insignifiante. Mais si elles sont semées en mai et juin, elles ont une longue saison de croissance avant l'arrivée de l'hiver, et au début du printemps, les plantes seront mûres et fortement prêtes à fleurir.

Le semis de plantes bisannuelles et pérennes pour une exposition printanière les fleurs doivent être soigneusement faites. Le sol doit être moyennement riche et assez moelleux en étant bien défoncé; en d'autres termes, un bon lit de semence doit être préparé. Si le temps est sec, les semoirs doivent être arrosés avant de semer la graine; et en cas de sécheresse, les jeunes plants doivent avoir l'aide d'eau pour les maintenir pendant l'été. La graine doit être semée finement et, dès que les plantes sont assez grandes, elles doivent être éclaircies si elles sont encombrées, et les éclaircies peuvent être plantées en rangées et ombragées pendant un certain temps. En règle générale, l'ensemble du travail consistera à semer, éclaircir et désherber. Pendant les saisons moyennes, ils ne nécessiteront pas d'arrosage, et dans ce seul cas, on verra l'avantage de la culture à partir de graines au lieu de boutures.

Des soins ordinaires, avec les plantes que nous avons nommées, assureront un splendide étalage de fleurs printanières; et ils méritent toute l'attention nécessaire pour promouvoir un développement complet et précoce. Il peut arriver que les plantes des semis précoces montrent quelques fleurs en automne si elles sont négligées. Ceci est facilement évité, au grand avantage des plantes, par le simple processus d '«arrêt» ou de pincement des pointes des pousses principales pour provoquer la production de pousses latérales. Si une croissance vigoureuse est ainsi assurée et que les plantes sont transférées sur les plates-bandes en octobre, le résultat justifiera le travail.

Les jardiniers praticiens n'auront pas besoin d'être informés que le système que nous proposons maintenant est capable de nombreuses applications et extensions; mais on peut suggérer aux amateurs qui déplorent l'aspect morne de leurs parterres et bordures au mois de mai et début juin, que les plantes que nous recommandons pour la formation de masses dans le jardin géométrique sont également bien adaptées pour former de belles touffes et des feuilles sur les bordures, les rives et les rocailles, ainsi que dans de nombreux cas pour servir de base aux jacinthes, aux tulipes, aux narcisses et à d'autres splendides fleurs printanières rustiques.

Les pois sucrés méritent d'être considérés séparément. Ces fleurs sont maintenant si variées et d'une beauté exquise qu'elles n'apparaissent jamais trop tôt dans le jardin. À partir des semis d'automne, non seulement les fleurs les plus avancées sont obtenues, mais pour la taille et l'intensité de la couleur, les fleurs sont inégalées par les manifestations ultérieures des semis de printemps.

LA CULTURE DES AMPOULES EN FLORAISON

Nos bulbes à fleurs populaires proviennent de nombreuses terres; ils ont un caractère extrêmement diversifié et fleurissent à différentes périodes de l'année. Chaque variété a une valeur qui lui est propre et répond à une exigence particulière à sa propre saison sous verre ou en pleine terre. Dans les jours d'hiver les plus sombres, nous apprécions la lueur des tulipes et des jacinthes pour égayer nos maisons. Et les jours sombres ne sont pas tous passés où les aconites et les perce-neige scintillent dans les lits et les bordures. Les anémones suivent en mars, et pendant les jours allongés du printemps, il y a de somptueux lits de jacinthes, de narcisses et de tulipes. Lorsque le plein été commence à décliner, nous avons des groupes majestueux de glaïeuls et de nombreux beaux lys dans les bordures d'arbustes.

Parmi les mérites des bulbes hollandais, il y a notamment la facilité avec laquelle ils peuvent être forcés à fleurir à une période de l'année où les fleurs lumineuses sont particulièrement précieuses, et ils sont également disponibles pour la plus grande véranda ou la plus humble fenêtre de chalet. Ils sont attrayants seuls dans des pots ou des vases, ou ils peuvent être disposés en splendides banques et groupes pour les plus hautes fins décoratives. Un autre avantage est que les bulbes subissent un traitement qui serait fatal à de nombreuses autres fleurs. Ils peuvent être cultivés dans de petits pots, ou être presque emballés ensemble dans des boîtes ou des bacs à graines; et quand ils sont proches de la perfection, ils peuvent être secoués et avoir les racines lavées pour les verres, les fougères et les petits aquariums; ou ils peuvent être replantés rapprochés dans le sable et recouverts de mousse verte. Leur la rusticité permet également de les cultiver et de les fleurir avec succès sans la moindre aide de la chaleur artificielle. Les petits parterres et les bordures peuvent être rendus brillants avec ces fleurs, et le nombre de bulbes qui peuvent être plantés dans un espace très limité est quelque peu étonnant pour un novice. Contrairement à de nombreux autres sujets, les bulbes peuvent être plutôt encombrés sans blesser les spécimens individuels.

Pour la décoration des fenêtres, aucune autre fleur ne peut se comparer aux bulbes hollandais en termes de variété et d'éclat de couleur. Certaines d'entre elles n'ont pas une durée de vie particulièrement longue, et cette nécessité n'est pas à regretter, car elle permet de changer constamment le caractère et la couleur de l'exposition miniature, qui peut facilement s'étendre sur plusieurs semaines. Et un très beau présentoir est à la portée de ceux qui n'ont pas un bout de jardin pour amener une plante ordinaire à la perfection. Les greniers et les appartements en plomb inutilisés peuvent, avec un peu de compétence et d'attention dans le cas des bulbes, être conçus pour répondre à l'objectif que les fosses et les serres servent à beaucoup de nos plantes voyantes. Certaines des plantes à fleurs les plus attrayantes ne peuvent pas être cultivées avec succès dans les grands centres de population, mais les bulbes produiront de belles fleurs même dans les villes enfumées.

Nous ne recommandons pas d'essayer de faire pousser des bulbes dans les jardinières réelles. Il est rarement entièrement satisfaisant. Ils doivent être traités de la manière conseillée sous les différentes variétés dans les pages suivantes, et juste au moment où les couleurs deviennent visibles, une sélection peut être faite à partir de pots ou de boîtes pour se serrer étroitement dans les arrangements ornementaux de la fenêtre. Lorsque les premiers occupants montrent des signes de décoloration, d'autres peuvent être amenés en avant pour occuper leurs places, et ce processus peut être répété jusqu'à ce que le stock soit épuisé. Les aconites d'hiver, les perce-neige, les squills et la gloire de la neige fournissent le premier affichage; ceux-ci seront suivis par les crocus, les tulipes, les jacinthes et les nombreuses formes de la grande famille Narciss, jusqu'à ce que le printemps soit bien avancé.

Le secret de leur nature accommodante réside dans le fait que dans la jacinthe ou la tulipe, chaque pétale de la fleur à venir est déjà stocké. Au cours des cinq ou six années de sa vie progressive, les capacités de l'ampoule ont été régulièrement conservées, et nous n'avons qu'à déployer sa beauté, visant à une croissance courte et robuste et à l'intensité de la couleur. Bien sûr, il y a une immense différence dans la qualité des ampoules, et elles varient nécessairement en fonction du caractère de la saison. Les cultivateurs les plus prospères ne peuvent assurer l'uniformité d'une variété d'une année à l'autre, car les saisons échappent au contrôle humain. Mais ceux qui visitent régulièrement les bulbes peut obtenir les meilleures racines de l'année, bien qu'il puisse être nécessaire de choisir parmi de nombreuses sources.

Des bulbes comme les lys, l'iris, le montbretia, le hyacinthus et l'alstroemeria ne subissent aucune détérioration après la floraison de la première année. En effet, ce sera la faute du cultivateur si elles n'augmentent pas en nombre et ne portent pas des épis plus fins les années suivantes. En tant que sujets de plein air, certains d'entre eux ne sont pas encore appréciés à leur pleine valeur. Magnifiques comme *Lilium auratum* et *L. lancifolium* doivent toujours être dans les conservatoires, ils présentent leurs proportions imposantes à un plus grand avantage, et leur richesse en parfum est beaucoup plus acceptable, lorsqu'ils sont cultivés parmi de beaux arbustes dans la frontière. Très peu d'attention est nécessaire pour les élever année après année dans une beauté toujours plus grande.

Cultiver des bulbes en fibre de mousse. - Une méthode la plus intéressante pour faire pousser des bulbes est de les placer dans des bols et des jardinières remplis de fibres de mousse préparées, et de bien meilleurs résultats pour la décoration de la maison peuvent être obtenus de cette manière qu'en utilisant du terreau ordinaire dans des vases, etc. Pour ce système de culture, aucun drainage n'est nécessaire, et les bols et vases spécialement conçus à cet effet ne sont pas percés des trous habituels pour l'évacuation de l'eau. Les récipients sont non poreux et peuvent être placés sur des tables et des colonnes, ou ils peuvent être utilisés dans les halls et les couloirs sans le moindre risque de blessure. La fibre est parfaitement propre à manipuler, inodore et reste douce pendant une durée indéterminée.

Des vases de toute nature peuvent être utilisés, à condition qu'ils ne soient pas poreux, mais les bulbes à y planter doivent être de taille appropriée. Pour les jardinières assez petites, des crocus blancs et violets, des scillas, des perce-neige et des jacinthes de raisin sont disponibles, ainsi que les plus petites variétés de narcisses. Des vases plus grands pourront accueillir des jacinthes, des narcisses, des tulipes, etc. Il est préférable de ne pas mélanger différents types de bulbes dans un même bol à moins que la floraison simultanée ne puisse être assurée. La fibre spécialement préparée doit seulement être humidifiée avant utilisation. Après avoir sélectionné les récipients appropriés pour les bulbes à cultiver, placez quelques morceaux de charbon de bois au fond de chaque bol. Ensuite, couvrez le charbon de bois avec un à trois pouces de fibre humidifiée en fonction de la profondeur du bol, en plaçant les ampoules dans des positions de sorte que leurs extrémités atteignent à moins d'un demi-pouce du bord. Les espaces entre et autour des bulbes doivent être remplis de fibres humidifiées, soigneusement raffermies à la main. Les ampoules ne nécessiteront pratiquement aucune attention pendant les premières semaines et peuvent être placées dans une position chaude et aérée, mais en aucun cas elles ne doivent être enfermées dans une armoire fermée. Si la fibre a été correctement humidifiée, il ne sera pas nécessaire de donner arrosez jusqu'à ce que les pousses aient environ un pouce de long, mais il ne faut pas laisser la fibre sécher, sinon les boutons floraux deviennent «aveugles». La surface de la fibre doit toujours avoir l'air humide, mais si trop d'eau a été donnée, le bol peut être tenu soigneusement sur le côté afin que le surplus d'eau puisse s'écouler. Au fur et à mesure que la croissance augmente, il faudra plus d'eau et toute la lumière possible doit être donnée pour assurer un feuillage robuste. Cette fibre répond également admirablement à la place de l'eau pour les jacinthes cultivées dans des verres, mais il faut prendre soin de remplir les verres le plus légèrement possible avec le compost; si elle est bien entassée, la croissance des racines est susceptible de soulever les bulbes hors de leur position.

ACHIMÈNE

Ampoules de poêle voyantes remarquables pour leur beauté. Avec une chaleur suffisante, la culture est de la nature la plus facile, car ils poussent rapidement et fleurissent librement, s'ils sont mis en pot dans de la tourbe sableuse, et conservés dans une serre chaude ou la partie la plus fraîche d'un poêle, dans une atmosphère un peu humide. Il suffit de la gestion la plus simple pour avoir ces plantes en fleurs à presque n'importe quelle saison de l'année, car les bulbes peuvent être maintenus en dormance pendant une durée considérable sans blessure, et peuvent commencer à croître au besoin pour maintenir une longue succession. de fleurs. Ils sont parfois bien cultivés dans des cadres communs sur des lits chauds. Pour les paniers suspendus, les Achimenes sont inestimables.

AGAPANTHUS

Dans les quartiers favorisés de la côte sud, cette plante noble réussit admirablement si elle est plantée entre septembre et mars dans un terreau riche, profond et humide, en plein soleil ou à mi-ombre. Lorsqu'elle est cultivée en pot, elle nécessite un sol limoneux solide, avec beaucoup de fumier, et tout au long de l'été, les pots doivent être laissés dans des casseroles d'eau. Comme l'Agapanthe est une plante qui se nourrit grossièrement, elle doit être remise en pot chaque année en automne et être hivernée dans une fosse ou un cadre frais. Lors du transfert dans de nouveaux pots, il faut prendre un peu de soin pour éviter de blesser la masse de racines charnues.

ALLIUM

L' *Allium neapolitanum* est la meilleure variété à fleurs blanches et est extrêmement précieuse pour les bouquets et la décoration de vases. Les grandes ombelles de fleurs sont du blanc le plus pur. C'est l'un des premiers bulbes à floraison printanière et, bien qu'assez rustique, il se développe rapidement et facilement dans une maison fraîche.

ALSTROEMERIA

Une plante élégante qui appartient au groupe presque rustique mentionné dans l'avis d'Ixia. En automne, il peut être planté en toute sécurité dans presque toutes les régions du Royaume-Uni, à condition qu'il soit planté à neuf pouces de profondeur et qu'il puisse avoir une position ensoleillée sur un sol sec, car l'humidité lui est plus nuisible que le gel. En tant que plante en pot, elle est relativement inutile, mais si on la laisse rester plusieurs années dans une bordure sèche, une grande touffe de l'une des variétés présente une apparence brillante lorsqu'elle est en fleur.

AMARYLLIS

Voir les remarques sous Lys

ANÉMONE

Anémone

Nos observations sur cette fleur se limiteront aux variétés tubéreuses; mais même avec cette restriction, la gamme de formes et de couleurs est extrêmement large. L'anémone est une plante accommodante, et peut être fleurie avec succès en pots ou en plates-bandes, au choix du cultivateur.

L'endroit le plus naturel pour lui est à proximité des promenades boisées ombragées, où il peut être vu avec le plus grand avantage. Mais c'est aussi un magnifique sujet pour les messes en bordure mixte, ou devant les buissons; et seul dans les lits, il fait un spectacle brillant et durable. Pour toutes les fins de décoration de jardin auxquelles le Crocus, la Jacinthe et la Tulipe sont appliqués, le Windflower est également bien adapté. Nous ne conseillons pas de planter à l'unité, mais l'Anémone répond admirablement en lignes, en groupes ou en plates-bandes, et les couleurs admettent d'innombrables harmonies et contrastes.

Les anémones roturières n'ont besoin que d'être plantées à environ trois pouces de profondeur, avec les yeux vers le haut, à tout moment entre septembre et mars, et elles nécessiteront peu ou pas d'attention par la suite. Sous les arbres, au lieu de planter selon un modèle formel, il vaut la peine de les placer avec une tentative de regroupement naturel, et pas trop près les uns des autres, disons de six pouces à un pied l'un de l'autre. Dans de telles positions, ils peuvent ne pas être dérangés pendant des années; et si le sol se trouve être un bon limon sableux, ils prospéreront et augmenteront. Dans les masses ou les lits du jardin, cependant, un effet plus riche est recherché et la distance entre les racines ne doit pas dépasser de quatre à six pouces.

Une collection de racines de choix mérite plus de soins, et les fleuristes ont l'habitude de préparer les lits pour leur réception avec une précision minutieuse. Le sol, s'il n'est pas jugé convenable, est prélevé sur une profondeur de deux pieds et remplacé par un compost riche et spécialement préparé. Bien que les fleurs individuelles produites par cette méthode soient généralement très fines et que l'effet total du lit soit extrêmement beau, il faut cependant avouer que pour le jardinage ordinaire, le système est extravagant et inutile. En tant que passe-temps, il est, bien sûr, suffisamment justifiable; mais les anémones de haute qualité peuvent être cultivées par un mode de procédure beaucoup plus simple. Il devrait certainement y avoir un creusement profond, et une couche de fumier au fond de chaque tranchée est un bon traitement, car elle fournit aux racines de la nourriture et un sous-sol frais. Les terres pauvres devraient également être enrichies en incorporant un pansement de fumier pourri au fur et à mesure que les travaux avancent. Par la suite, une ou deux fourches à surface légère aideront à rendre le lit moelleux. Un plan approximatif, montrant le nom et la position de chaque racine, sera un enregistrement plus sûr que l'étiquetage de la manière habituelle, et il empêche également la défiguration du lit. Il devrait y avoir une distance de six pouces entre les racines; et ils peuvent être mis en un seul au moyen de la truelle, ou dans des forets étirés trois pouces de profondeur. La première méthode est généralement adoptée pour les groupes; mais pour assurer la régularité de la floraison, la plantation doit être uniforme en profondeur. Pour les lits, les exercices sont plus fiables et ils sont réalisés rapidement.

Le moment de la plantation détermine dans une large mesure la date de la floraison; et, comme les racines peuvent être mises en place pendant l'automne, l'hiver et le début du printemps, il est facile d'obtenir une succession d'anémones de janvier à mai. Mais cette fleur a tellement plus de valeur au début de l'année qu'à une période ultérieure, lorsque de nombreux autres sujets égayent le jardin, qu'il ne vaut guère la peine de planter aussi tard qu'en mars.

L'anémone vaut la peine d'être cultivée en pot, tant pour son feuillage et des fleurs. Il ne ressent pas autant le forçage que le Renoncule; néanmoins, un traitement cool est presque indispensable pour lui rendre pleinement justice. Le rempotage doit être fait par lots pour assurer une succession de fleurs, et le premier lot peut être mis en place fin août ou début septembre. Ils devraient avoir l'avantage d'un sol vraiment bon; un mélange de moisissure foliaire et de terreau, avec l'ajout d'un peu de charbon de bois en poudre, leur conviendra parfaitement. Lors de la préparation des pots, placez une couche de fumier léger au-dessus des pots, ce qui facilitera le drainage et profitera aux plantes. Ensuite, remplissez de compost à moins de deux pouces du sommet et déposez dans les racines; ajoutez de la terre au niveau de la jante et appuyez légèrement vers le bas. Les racines les plus fortes doivent, bien sûr, être sélectionnées pour le rempotage, et il faudra plus qu'un coup d'œil hâtif pour les mettre en place avec les yeux vers le haut. Une ou plusieurs racines peuvent être plantées dans chaque pot, selon la taille de ce dernier.

Les premières plantations peuvent être placées dans n'importe quelle position chaude à l'extérieur, comme sous un mur sud; mais après la mi-octobre, placez-vous dans une fosse froide ou passez à l'étape de la serre. L'arrosage est toute l'attention dont ils auront besoin, et de cela, il ne doit y avoir aucun passage, surtout pendant la période de floraison. Une température élevée à n'importe quel stade est inutile, et s'ils sont simplement tenus hors de portée du gel, ils prendront grand soin d'eux-mêmes.

Les anémones sont adaptées à de nombreuses fins décoratives; ils font de grandes plantes de fenêtre, et leur feuillage bien coupé est très ornemental dans le salon ou sur la table du dîner.

BABIANA

Les babianas sont des plantes délicatement constituées, mais extrêmement élégantes lorsqu'elles sont bien cultivées. Bien que loin d'être voyants, ils font appel à l'œil instruit pour apprécier leurs fleurs oculées bleues et violettes. La culture est la même que pour l'Ixia, et nous inclinons fortement à la pratique de conserver les bulbes au moins deux saisons dans les mêmes pots.

BEGONIE, RACINE TUBEUSE

Peu de fleurs ont une plus grande prétention à l'attention des horticulteurs que le bégonia à racines tubéreuses, soit pour la facilité avec laquelle il peut être cultivé, soit pour les nombreuses fins utiles auxquelles la plante peut être appliqué. Il peut être fleuri à tout moment de février à octobre, et est disponible pour toutes sortes de décoration d'intérieur, ainsi que pour la culture en pleine terre pendant les mois d'été.

Au lieu de laisser sécher grossièrement les plantes, il vaut la peine de les réduire lentement à l'état dormant en retenant progressivement l'eau. Ils doivent encore être conservés dans des pots, qui peuvent être stockés sous une épaisse couche de cendres ou de tourbe sèche dans n'importe quelle cave, cadre ou hangar où le thermomètre se trouve assez uniformément à environ 50 °. Le magasin doit également être sec, car l'humidité est tout aussi nuisible à ces racines que le froid. D'une manière générale, on peut dire que tout magasin sans danger pour les dahlias conservera également les bégonias à racines tubéreuses.

Après le repos de l'hiver, les bulbes sont invariablement en forme de soucoupe, et dans le cas où ils sont arrosés avant le début de la croissance, il restera suffisamment d'eau dans le creux pour détruire le bulbe. Cette particularité rend dangereux le démarrage de l'usine avant que l'activité ne soit évidente. En janvier ou février, lorsque les bulbes montrent des signes de vie, mettez-les en pot presque à la surface d'un sol limoneux riche et utilisez les plus petits pots possibles. Nourrissez-les avec un peu de soin dans un endroit chaud pendant une dizaine de jours, et ils devraient ensuite être durcis très progressivement. Un système régulier de mise en pot sera nécessaire jusqu'à ce que la taille finale soit atteinte; et à chaque opération, les plantes doivent être insérées plus profondément qu'avant. Si le rempotage est différé trop longtemps, le feuillage jaunira - un signe certain que la plante meurt de faim. Aucune fleur ne doit être autorisée dans les premiers stades de croissance, et cette règle est impérative si de beaux spécimens sont recherchés; mais lorsque les plantes sont transférées comme les pots sont pleins de racines, il y aura peu de disposition à fleurir prématurément. Pendant sa croissance, le bégonia tubéreux se délecte d'une atmosphère humide, mais cela doit être évité après le début de la floraison. Lorsque des bâtons sont insérés pour attacher les fleurs, les bulbes ne doivent pas être blessés.

Les variétés à croissance érigée sont précieuses pour les étages inférieurs des conservatoires, et elles forment de splendides groupes dans les coins des salons. Les types tombants sont vus à l'avantage sur les supports, les étagères et dans les paniers suspendus; et les plantes à articulation courte de la classe tombante sont spécialement adaptées pour les rocailles et les lits. Ils ne doivent pas être mis à l'air libre tant que le danger d'un vent d'est paralysant n'est pas passé. Le début de juin est généralement le bon moment.

En automne, il est habituel de soulever et de mettre en pot les plantes, bien que dans les régions douces et dans un sol léger, elles peuvent être laissées de côté tout l'hiver en toute sécurité à l'abri d'un tas de cendres ou de fumier pourri. Dans les lits, ce plan ne vaut guère l'adoption, car il laisse le sol nu pendant plusieurs mois; mais lorsque les bégonias sont cultivés dans la limite de la réserve pour fournir une réserve de fleurs à couper, il peut être un avantage considérable de les laisser jusqu'à l'année suivante.

Un mot est nécessaire quant au sol. Le bégonia est un grossier engraisseur, et pour développer ses belles qualités, il doit y avoir un emploi libéral du fumier. En fait, il n'est guère possible de rendre le sol trop riche pour cette fleur.

CHIONODOXA

Gloire de la neige

Les teintes bleues variées du Chionodoxa, ses fleurs plus ouvertes et sa taille plus grande, distinguent cette fleur de sa rivale plus ancienne et à juste titre, la Scilla. En effet, le Chionodoxa est d'une beauté exquise et d'une grande valeur pour la culture en pot, les plates-bandes ou les bordures. Cinq bulbes peuvent être cultivés dans un pot de 48 dimensions, et à la frontière pas moins d'une demi-douzaine doivent être plantés en groupe. Utilisé en ligne simple ou double, il produit également un peu de coloration frappante. Les bulbes doivent être plantés à l'automne de quatre pouces de profondeur, la distance entre eux ne dépassant pas trois pouces. Toute terre de jardin ordinaire fera pousser cette fleur, et il est conseillé de laisser les bulbes au repos pendant plusieurs années, car l'effet sera d'autant plus grand à chaque printemps suivant.

CROCUS

Ce brillant signe avant-coureur du printemps prospérera dans n'importe quel sol ou situation, mais pour être amené à la perfection la plus élevée possible, il doit être cultivé dans un lit ouvert ou une bordure de limon sableux profond, riche et sec. Les bulbes doivent être plantés en septembre, octobre et novembre. Si elles sont conservées hors du sol après la fin de l'année, elles seront gravement endommagées et, même soigneusement plantées, ne fleuriront pas de manière satisfaisante. Plantez trois pouces de profondeur en lignes, en touffes ou en masses, selon le goût, en écartant les bulbes de deux pouces. Si cela vous convient, laissez-les reposer pendant deux ou trois ans, puis reprenez-les et plantez à nouveau dans un sol bien préparé et généreusement fertilisé. Un lit de crocus mélangés a une apparence agréable, mais lors de la sélection d'ampoules pour le jardin géométrique, il est plus efficace d'utiliser des couleurs distinctes, en réservant le jaune aux parties extérieures du dessin pour définir ses limites, et en utilisant le bleu et le blanc. en masses et en bandes à l'intérieur. Dans les quartiers où les moineaux attaquent les fleurs, ils peuvent être dissuadés de faire du mal en étirant sur les lits quelques brins de fil noir, qui n'interféreront pas avec la beauté de l'affichage, et terrifieront les moineaux pendant une période suffisante pour sauver le fleurs.

Les variétés nommées sont inestimables pour la culture en pot et sur châssis, et pour forcer à des fins décoratives; car, bien que les fleurs individuelles aient une courte durée de vie, les bulbes les plus fins donnent une longue succession de fleurs, et par leur caractère les crocus sont tout à fait distincts de toutes les autres fleurs de la même saison précoce. Lorsqu'ils sont cultivés dans des pots et des paniers, les bulbes doivent être placés rapprochés pour produire un effet saisissant. Un sol léger et riche est souhaitable, mais ils peuvent être fleuris dans un mélange de charbon de bois et de mousse, ou dans des fibres, ou de la mousse seule. Lorsqu'il est nécessaire en quantité pour les paniers ornementaux et récipients similaires, il est sage de les planter dans des boîtes peu profondes remplies de fumier pourri et de moisissure des feuilles, de les soulever séparément et de les emballer lorsqu'elles sont en fleurs dans les paniers ornementaux. Une présentation parfaite de fleurs exactement au même stade de développement peut ainsi être assurée, et des présentations successives peuvent suivre tant que les fournitures restent dans les boîtes.

COURONNE IMPÉRIALE

Fritillaria imperialis

Une plante noble qui a besoin d'un sol profond, riche et humide, et d'une situation ouverte, pour assurer le plein degré de majesté, mais elle fera une très bonne figure dans n'importe quelle frontière où elle pourra profiter d'une lueur de soleil. Il existe plusieurs variétés distinctes, dont les fleurs varient en couleur du jaune le plus pâle à la nuance la plus profonde de chamois orange et rougeâtre, et il y en a d'autres qui ont des feuilles panachées. Ils doivent être plantés en automne à dix-huit pouces l'un de l'autre, permettant de quatre à six pouces de sol au-dessus des couronnes.

CYCLAMEN

Bien qu'il soit conseillé d'élever des cyclamens à partir de graines chaque année, des occasions se présentent où il est nécessaire de stocker les bulbes pour une deuxième saison, et la meilleure méthode de les traiter pendant la période de repos doit être considérée. La production de graines fragilisant les bulbes, il faut privilégier ceux qui n'ont pas été soumis à cette taxe sur leurs énergies.

À la fin de la saison de floraison, les bulbes doivent être progressivement réduits à un état de repos en retenant l'humidité. Lorsque le feuillage jaunit, les pots peuvent être posés sur leurs côtés dans un cadre froid, si disponible, ou dans tout autre endroit commode où ils ne seront pas oubliés, jusqu'à la mi-juillet environ. Ils doivent ensuite être placés à la verticale et disposer d'un approvisionnement en eau. Une fois que la croissance fraîche a bien commencé, secouez les bulbes des pots, retirez la majeure partie de l'ancien sol et remettez en pot dans un compost composé de terreau moelleux et de moisissure des feuilles, avec un mélange suffisant de sable argenté pour assurer le drainage. Le bulbe doit être placé dans le pot de manière à amener la couronne au niveau de la jante, et tout doit être pris pour éviter de blesser les jeunes racines. Placez les pots dans un cadre fermé pendant quelques jours, après quoi une ventilation suffisante doit être donnée pour maintenir un état robuste. Les lumières peuvent rester constamment ouvertes jusqu'à ce qu'il y ait un danger de gelées d'automne. Les spécimens qui présentent un grand nombre de boutons floraux doivent être assistés occasionnellement avec de l'eau de fumier faible.

C. Coum et *C. europœum* sont rarement bien cultivés, car bien qu'assez rustique, le climat de ce pays ne leur convient pas dans leur saison de floraison, qui est le début du printemps. La serre fraîche est l'endroit le plus sûr pour eux, sauf dans les endroits abrités, où ils peuvent être plantés sur une bordure de tourbe, ou parmi les fougères dans une rocaille. Lorsqu'ils sont cultivés en pot, le terreau léger et la tourbe en quantités égales, avec une quatrième partie de fumier de vache et un ajout généreux de sable, formeront un excellent compost pour eux. Les pots ne doivent jamais être exposés à l'action desséchante du soleil ou du vent, mais doivent être plongés jusqu'au bord dans les cendres de charbon. Le meilleur moment pour les rempoter ou les planter est septembre ou octobre.

DAFFODIL - voir NARCISSUS ,

VIOLETTE DENT DE CHIEN

Les variétés rouges et blanches sont aussi rustiques que n'importe quelle plante de nos jardins, et par leur port soigné et leurs feuilles et fleurs élégantes, elles sont admirablement adaptées pour planter en quantité à l'avant d'une rocaille, dans la tourbe ou le limon sableux et la moisissure des feuilles. . Ils conviennent également à la bordure de petits lits dans les jardins où les fleurs printanières sont cultivé systématiquement; en fait, ce sont de véritables «litières printanières». L'automne est le bon moment pour planter les bulbes. Mais les violettes à dents de chien valent également la peine d'être cultivées en pots, en particulier là où une `` maison alpine " non chauffée est réservée aux plantes de cette classe. Plusieurs ampoules peuvent être mises dans un pot de taille 48.

FERRARIA - voir TIGRIDIA ,

FREESIA

La forme singulièrement gracieuse, la large gamme de belles couleurs et le délicieux parfum de cette fleur en ont fait un immense favori; et heureusement, il n'y a pas d'ampoule Cape qui puisse être cultivée plus facilement dans le cadre ou dans une serre fraîche. Une caractéristique est très marquée, c'est la disproportion entre le petit bulbe et les fines fleurs qui en résultent.

Procurez-vous les bulbes le plus tôt possible à l'automne et ne perdez pas de temps à les rempoter. Tout sol riche en lumière répondra, mais celui qui leur convient le mieux est composé de deux parties de terreau, une de moisissure des feuilles et une de tourbe, avec suffisamment de sable ou de gravier ajouté pour assurer le drainage. Commencez par des pots de la bonne taille, car les racines sont extrêmement cassantes et il ne doit y avoir aucun risque de les blesser en les rempotant. La taille 48 pourra accueillir plusieurs ampoules. Placer sous un mur sud et couvrir de moisissure jusqu'à ce que la croissance supérieure commence, puis retirer le revêtement.

À la fin de septembre, transférez les pots dans un cadre froid et, lorsque les plantes atteignent une hauteur de quatre pouces, soutenez-les avec des bâtons nets, qui ne doivent pas être insérés trop près des bulbes. L'arrosage demandera du jugement, car trop d'humidité rend le feuillage jaune. Lorsque les pots sont pleins de racines, du fumier liquide deux fois par semaine sera utile.

Une fois la saison de floraison passée, encouragez le feuillage à se faner en retenant l'eau. Les racines peuvent être stockées dans leurs propres pots jusqu'au mois d'août suivant.

FRITILLARIA

Les fritillarias produisent des fleurs en forme de cloche, de couleur variable, mais généralement d'une teinte violacée, et joliment tachetées. Ils prospèrent dans un bon terreau profond, mais peut être cultivé dans presque tous les sols, et bien faire à l'ombre des arbres. Ils sont assez robustes et, comme la plupart des autres bulbes, doivent être plantés en automne. Les fritillarias sont parfois cultivées dans des pots conservés dans un cadre froid, mais elles ne supporteront pas le moindre forçage et la bordure mixte est la meilleure position pour elles. Ces fleurs font un ornement charmant lorsqu'elles sont cultivées dans des bols remplis de fibre de mousse.

GLAÏEUL

Le glaïeul est adapté à de nombreuses utilisations importantes et s'associe admirablement aux dahlias, roses trémières, pyrèthres et phlox dans l'ameublement de touffes sur la pelouse et dans la bordure mixte. Il est parfaitement en harmonie avec l'environnement lorsqu'il est planté dans des massifs américains ou dans les arbustes. Pour fournir des fleurs coupées, il est inestimable, car elles conservent leur fraîcheur dans un vase pendant plusieurs jours, et une quantité abondante doit être cultivée dans des endroits réservés expressément à cet effet.

Culture en pots. —Les variétés à floraison précoce sont d'une valeur particulière pour la décoration des serres et des jardins d'hiver au printemps et au début de l'été. Les bulbes de ces glaïeuls sont petits, et un pot de 32 dimensions peut en accueillir plusieurs. Le sol doit être résolument riche et il doit être poreux, car l'eau doit être donnée librement lorsque les plantes sont en pleine croissance. Mettez les bulbes en pot en automne et couvrez-les de moisissure jusqu'à ce que les racines se développent, lorsque des lots successifs peuvent être avancés et forcés doucement pour un approvisionnement continu en fleurs élégantes en avril et mai. Une température douce d'environ 55 ° leur suffit amplement.

Culture en pleine terre. —Les glaïeuls à floraison automnale sont cultivés en pleine terre et les préparations doivent commencer bien avant la plantation. Presque tous les sols peuvent être amenés à répondre, mais ce qui leur convient le mieux est un bon moyen, un terreau friable avec un sous-sol riche et frais, et chaque cultivateur doit décider pour lui-même dans quelle mesure il est à portée de main naturellement, ou peut être assuré par des ressources à commander. Ainsi, un sol léger peut être rendu approprié en plaçant une couche épaisse de fumier de vache pourri un pied sous la surface, et un terreau lourd et rétentif peut être réduit à l'état approprié par le mélange d'un matériau plus léger. À la surface, étalez une quantité généreuse de fumier et creusez-le, laissant le sol dans un état rugueux pour être désintégré par les gelées. Avant la plantation le temps arrive, cela vaut la peine de libérer le sol des vers fil-de-fer, sinon ils feront des ravages avec la croissance telle qu'elle apparaît au-dessus du sol. Les pommes de terre servent admirablement de pièges à ces ravageurs.

Les glaïeuls sont particulièrement susceptibles d'être blessés par le vent, de sorte qu'une position abritée, mais pas ombragée, devrait, si possible, être choisie pour eux. Le moment de la plantation dépend en partie du district, en partie de la saison; mais le sol doit être en bon état et il faut du beau temps. De la mi-mars à la mi-avril devrait offrir une opportunité appropriée pour obtenir les bulbes de manière satisfaisante. Donnez à la terre une légère fourche, pas assez profonde pour faire remonter le fumier, et nivelez la surface. Les rangées peuvent être espacées de douze ou dix-huit pouces; nous préférons la plus grande distance, à cause de la commodité qu'elle offre pour s'occuper des plantes lors de la croissance; neuf pouces est un espace suffisant dans les rangées.

Il existe deux méthodes de mise en bulbes, chacune ayant des avocats parmi les cultivateurs expérimentés. La première consiste à retirer le sol avec une truelle à une profondeur de six ou sept pouces pour chaque bulbe, puis à insérer environ deux pouces de sable mélangé et de charbon de bois en poudre ou de cendres de bois; posez-y la racine et recouvrez soigneusement de terre fine. Si ce processus est jugé trop fastidieux, dessinez une perceuse profonde avec une houe et, en bas, placez le mélange léger déjà nommé; placez-y les racines à des distances régulières et retournez légèrement la terre végétale. L'opération doit être effectuée de manière à laisser la couronne du bulbe à quatre pouces sous la surface. Lorsque la plantation est terminée, donnez au lit une touche finale avec le râteau.

Un producteur éminent enlève la couche extérieure ou la peau de chaque bulbe avant de planter pour s'assurer qu'il n'y a pas de maladie; et cela ne peut être découvert autrement. Il ne fait aucun doute que la procédure empêche le lit de montrer des blancs, mais cet objet peut être atteint de manière plus sûre en cultivant une réserve dans des pots. Il existe cependant une autre pratique qui possède des avantages très prononcés, et c'est de casser la peau au sommet du bulbe pour permettre au feuillage de sortir librement. La peau est si dure qu'elle est souvent le moyen de déformer la plante dans sa tentative de forcer une ouverture.

Le lit pendant un certain temps nécessite peu d'attention, sauf pour le garder exempt de mauvaises herbes, et il est préférable de le faire à la main. Lorsque les pousses atteignent environ un pied de haut, il faut vraiment recourir à la ligature. Le plan le plus efficace, bien sûr, est de mettre un piquet séparé à chaque plante, et pour les spécimens d'exposition, cela est certainement conseillé. Mais les rangées peuvent être sécurisées par un piquet à chaque extrémité, avec deux ou trois brins de matériau solide transportés à travers, auxquels chaque fleur doit être attachée. Peu importe méthode est adoptée, il faut veiller à éviter de couper la plante, tout en la gardant à l'abri des dommages causés par un vent fort. Que le matériau qui est placé autour de la tige fleurie soit doux et large, comme la liste, qui répond admirablement.

L'eau doit être distribuée librement et régulièrement par temps sec, soit le matin, soit le soir; et un paillis de vieux fumier répandu sur le lit empêchera l'évaporation et empêchera le sol de s'agglutiner.

L'ombrage est une autre question importante. À des fins ordinaires, ce n'est pas essentiel; mais comme elle allonge beaucoup la durée de la fleur, elle mérite l'attention sur ce seul motif, et pour l'exposition, elle est indispensable. Que l'ombrage soit fourni par des protecteurs séparés fabriqués expressément à cet effet, ou par des artifices faits maison en toile ou en bois, le point dont il faut être tout à fait certain est la sécurité, ou un accident peut anéantir des espoirs bien fondés.

Le levage et le stockage des bulbes affectent tellement la qualité des fleurs de l'année suivante qu'il est important d'accomplir le levage au moment le plus approprié et le stockage de la meilleure manière. Vers le milieu ou la fin d'octobre, un beau jour, reprenez les racines, même si le feuillage est encore vert; attachez une étiquette à chaque variété et accrochez-les dans un endroit aéré jusqu'à ce qu'elles puissent être débarrassées de la terre et des feuilles. Retirez chaque tige avec un couteau bien aiguisé et étalez les bulbes à sécher pendant une quinzaine de jours. Ils peuvent ensuite être stockés dans des sacs en papier ou dans des boîtes sur n'importe quelle étagère sèche à l'abri de la vermine et du gel.

Un article sur la culture du glaïeul à partir de graines se trouve à la page 267.

GLOXINIE

Les gloxinies peuvent fleurir presque toute l'année grâce à une gestion judicieuse. Lorsqu'elles sont nécessaires pour une floraison précoce, celles qui commencent en premier doivent être sélectionnées et soigneusement déplacées dans d'autres pots, et conservées près du verre, car elles dépendent beaucoup de la lumière pour une croissance rapide et luxuriante. Une atmosphère humide, avec une température d'environ 60 ° à 65 °, facilite grandement la croissance des Gloxinias, mais elles peuvent bien pousser dans des serres ou dans des fosses chauffées à l'eau chaude. Le sol le plus approprié est un limon fibreux léger, associé à un peu de tourbe et de sable argenté. L'eau du fumier pendant la période de croissance deux fois par semaine est utile, mais elle doit être interrompue lorsque les fleurs sont colorées. Les plantes aiment l'ombre et ne doivent à aucun moment souffrir de la sécheresse. Stocker les Gloxinias pour leur saison de repos, *c'est* -à- *dire* l'hiver, doit être soigneusement pris en charge, car des pertes surviennent fréquemment au cours de cette étape. Il est également important que les plantes ne soient pas «séchées» trop rapidement; placez-les dans une position légère et aérée, et par une réduction progressive de l'humidité, les feuilles tomberont naturellement. Les bulbes peuvent ensuite être stockés sur une étagère, à une température uniforme d'environ 50 °, chaque bulbe étant étroitement entouré de fibre de cacao et de tourbe à parts égales pour éviter une sécheresse excessive, qui, comme trop d'humidité, provoque souvent la perte de l'ampoule.

En plus de cultiver les mêmes plantes d'année en année, il est toujours souhaitable d'avoir un nouveau stock, car les vieux bulbes peuvent se détériorer après deux ou trois ans. Ceci peut être facilement géré par des semis successifs de graines, comme indiqué à la page 268.

HEMEROCALLIS - voir sous LYS ,

JACINTHE

L'une des caractéristiques les plus précieuses de la jacinthe est la facilité avec laquelle elle peut fleurir de différentes manières grâce à des modes de traitement très simples. Elle peut être utilisée comme plante résistante aux intempéries pour la bordure du jardin, ou comme grande exposition et fleur de véranda. Les bulbes peuvent être plantés à tout moment de septembre à mi-décembre, avec la certitude de bien fleurir, s'ils sont correctement entretenus; mais le cultivateur prudent les plantera le plus tôt possible à l'automne, et les gérera ensuite de manière à assurer la plus longue période de croissance avant leur floraison. Elles peuvent être forcées de fleurir à Noël, mais plus les fleurs se développent lentement, plus elles seront fines à la fin. Obtenir de bons bulbes est une question de la plus haute importance, et il peut être utile de remarquer ici que la seule taille d'un bulbe de jacinthe n'est pas un critère de sa valeur - ni, en fait, sa netteté de forme ou son éclat d'apparence. Les deux qualités les plus importantes sont la solidité et la densité. Si les bulbes sont durs et lourds en proportion de leur taille, on peut compter sur eux pour produire de bonnes fleurs de leur espèce. Les ampoules de certaines sortes ne sont jamais grandes ou belles, tandis que, d'un autre côté, beaucoup d'autres partagent ces deux qualités à un degré marqué.

Une autre question en général relative au traitement des jacinthes doit être évoquée. Le mal a souvent été causé par la pratique de masser les fleurs, que ce soit en groupes de pots ou en plates-bandes, sans tenir compte des harmonies de couleurs. Pourtant aucun autre bulbeux flower offre un choix aussi large de couleurs délicieuses, ou est si éminemment adaptée au mélange artistique, comme la jacinthe. En évitant les bleus ternes et les nuances alliées et en associant des tons exquis de mauve, rose, abricot, saumon, jaune pâle, lilas riche, rouge vif, etc., il est facile de démontrer qu'il y a des possibilités dans les jacinthes qui ne peuvent jamais ont été suspectés auparavant. Voici quelques-uns des mélanges charmants qui peuvent être faits, et plairont particulièrement à ceux qui cultivent des jacinthes à l'intérieur: (i) abricot, crème et bleu pâle; (2) crème, rose pâle et rose-rose; (3) rose vif et bleu pâle; (4) rouge vif, bleu riche et blanc pur; (5) rose-rose et bleu riche; (6) jaune pâle et bleu riche; (7) mauve foncé et mauve pâle; (8) crème et bleu pâle; (9) les nuances bleu vif (les teintes bleues, violettes et violettes ternes, délavées et indescriptibles doivent être évitées); (10) rose fard à joues et rose-rose; (11) abricot et crème; (12) lavande pâle, crème et abricot. Ces exemples montreront que des effets charmants peuvent être obtenus avec deux ou trois variétés. Le groupage des couleurs peut également être effectué dans le jardin, mais dans ce cas, il faut faire très attention pour obtenir des variétés de teintes claires et lumineuses qui fleurissent en même temps, comme les jacinthes à literie inimitables. Le goût moderne dicte en outre que le sol nu doit être caché, et cette fin est mieux servie en fournissant une base de plantes naines, telles que les marguerites, les myosotis, les doubles Arabis blancs et les Aubrietia mauves. Un autre cours consiste à mélanger les jacinthes avec les jonquilles de la section Calice ou Star; il n'y a pas de meilleure variété que Sir Watkin, mais d'autres peuvent être utilisées.

Culture en pots. - Il n'est pas nécessaire d'utiliser de grands pots ou des pots de forme particulière pour les jacinthes. Il n'y a rien de mieux que des pots de fleurs communs, et dans ceux de 60 bulbes simples peuvent être fleuris de la manière la plus satisfaisante. Les pots habituellement utilisés sont les tailles 48 et 32, le dernier nom n'étant requis que pour les bulbes sélectionnés cultivés pour l'exposition. Nous conseillons l'utilisation de petits pots où les jacinthes sont cultivées dans des fosses et des cadres à des fins décoratives, car elles peuvent être commodément placées dans des supports ornementaux, ou emballées rapprochées dans des paniers de mousse, lorsque cela est nécessaire pour l'embellissement du salon. Comme l'utilisation de nouveaux pots pour les jacinthes est souvent la cause d'un échec, ils ne devraient pas être utilisés si de vieux pots bien nettoyés sont disponibles. Les racines tendres des bulbes deviennent souvent trop sèches en raison de la nature absorbante des nouveaux pots. Un sol riche et léger est indispensable, et il devrait être constitué principalement de terreau gazonné, avec moisissure des feuilles et une allocation généreuse de sable pointu. Le mélange doit être dans un état modérément humide lorsqu'il est prêt à l'emploi. Dans les petits pots, un pot creux doit suffire, mais les pots de 48 et 32 peuvent être préparés de la manière habituelle, avec un grand pot creux et un petit tas de petits tessons ou de nodules de charbon de bois dessus. Remplissez les pots complètement de terre, puis pressez l'ampoule dedans, et pressez la terre autour de l'ampoule pour terminer l'opération. S'ils sont mis en pot de manière lâche, ils ne prospéreront pas; s'ils sont mis en pot trop fermement, ils se soulèveront dès que les racines commenceront à pousser et seront unilatéraux. Dans les grands pots, les bulbes doivent être presque recouverts de terre, mais dans les petits pots, ils ne doivent être couverts qu'à moitié, afin de leur donner le plus grand espace possible pour les racines. Lorsqu'ils sont mis en pot, un endroit frais doit être trouvé pour eux, et à moins qu'ils ne sèchent absolument, ils ne devraient pas avoir une goutte d'eau jusqu'à ce qu'ils commencent à pousser librement et à profiter de la lumière du jour. Les pots peuvent être stockés dans une fosse sombre et fraîche, ou dans tout endroit éloigné où ni le soleil, ni le gel, ni les fortes pluies ne les affecteront; mais il convient de les plonger dans les cendres de charbon et aussi de les recouvrir de quelques centimètres de cendres. Quant à leur enlèvement, ils doivent être retirés comme voulu pour forcer, et certainement avant de pousser leurs épis de fleurs, comme ils le feront s'ils restent trop longtemps dans le lit. Le cultivateur sera guidé en ce qui concerne leur retrait du lit par les circonstances; mais quand ils sont enlevés, une routine distincte de traitement doit être observée, ou la floraison sera insatisfaisante. Pendant une courte période, ils doivent être placés à la lumière du jour tamisée, afin que la croissance blanchie acquière lentement une teinte verte saine; et ils doivent être gardés au frais afin qu'ils poussent très peu jusqu'à ce qu'une couleur saine soit acquise. Le sol d'une serre fraîche est un bon endroit pour eux lorsqu'ils sont sortis du lit pour la première fois et nettoyés pour forcer. Une autre question de grande importance est de les placer près du verre dès que leur couleur verte est établie, et de les faire pousser aussi lentement que les exigences du boîtier le permettent. Si vous devez être forcé tôt, prévoyez suffisamment de temps pour les entraîner à supporter une grande chaleur, en passant du lit à la fosse, et de la fosse à la maison fraîche, et en reportant au dernier moment possible en les plaçant dans la chaleur dans laquelle ils doivent fleurir. . Ceux à fleurir à Noël doivent être mis en pot en septembre, ceux à venir peuvent être mis en pot un mois plus tard. Si une longue succession est nécessaire, un nombre suffisant doit être mis en pot toutes les deux ou trois semaines jusqu'à la fin de l'année. Ces derniers en pot fleuriront bien sûr dans des cadres sans l'aide de la chaleur. Dans tous les cas, la température la plus élevée de la fosse de forçage doit être de 70 °; aller au-delà ce point provoquera une croissance atténuée et une pauvreté de couleur. Si du fumier liquide est utilisé, il doit être utilisé constamment et extrêmement faible jusqu'à ce que les fleurs commencent à se développer, puis de l'eau douce pure uniquement. Quelle que soit la constitution particulière du lisier, il doit être faible, sinon il fera plus de mal que de bien. Les pointes doivent être soutenues par des fils ou des bâtons nets en un temps suffisant, et une surveillance constante doit être assurée pour voir que les tiges ne sont pas coupées ou pliées, car elles se développent rapidement au-delà de la portée que leur permet leurs supports.

La culture dans les verres . - Il importe peu que la pluie, l'eau des rivières ou de la source soit employée dans ce mode de culture, mais elle doit être pure, et dans les verres, elle doit presque mais pas tout à fait toucher les bulbes. Conserver immédiatement dans un endroit sombre et frais, pour encourager les bulbes à envoyer leurs racines dans l'eau avant que les feuilles ne commencent à pousser. Lorsque les racines sont développées, amenez les verres de l'obscurité à la lumière, afin que les feuilles et les fleurs soient en parfaite santé. Laissez-les avoir le plus de lumière possible, à température égale, et fournissez des supports en temps voulu. Les jacinthes sont souvent blessées en étant conservées dans des pièces parfois extrêmement froides et parfois chauffées à l'excès. Ceux qui souhaitent faire pousser les ampoules à la perfection dans des verres doivent les retirer de temps en temps selon les circonstances, pour éviter les blessures qui doivent autrement résulter d'alternations rapides et extrêmes de température. Il n'est pas souhaitable d'introduire dans l'eau une substance stimulante, mais les verres doivent être maintenus presque pleins d'eau en se remplissant au fur et à mesure qu'elle disparaît. Si les feuilles deviennent poussiéreuses, elles peuvent être nettoyées avec une brosse douce ou une éponge trempée dans l'eau, mais il faut faire particulièrement attention à ne pas les blesser au cours du processus.

Culture en fibre de mousse . — Bien que les jacinthes, qui diffèrent des jonquilles et des tulipes, sont peut-être relativement mieux dans des pots de terre que dans des bols de fibre de mousse, ils peuvent encore être cultivés avec succès dans des bols à condition qu'un réceptacle assez profond soit pris pour éviter de rendre la fibre dure. Avec un bol peu profond et des fibres très fermes, on peut constater que les racines poussent vers le haut et que la plante n'obtient pas cet apport abondant d'humidité qui est essentiel à son bien-être. Pour cette méthode de culture, la préférence devrait être donnée aux jacinthes romaines, italiennes géantes, roses de Noël, miniatures et de raisin, qui ont l'air particulièrement charmantes dans des bols et des artifices similaires. Des instructions détaillées sont données à la page 319.

Culture en lits . - La jacinthe poussera bien dans n'importe quel sol de jardin ordinaire, mais ce qui lui convient le mieux est un terreau léger et riche. Le lit doit être drainé efficacement, car si la plante aime l'humidité, elle ne peut pas prospérer dans une tourbière pendant l'hiver. Il est conseillé de planter tôt et de planter en profondeur. Si un effet riche est requis, en particulier dans les lits près des fenêtres d'une résidence, les ampoules doivent être espacées de six pouces, mais à une plus grande distance, un bon effet peut être produit en plantant neuf pouces l'une de l'autre. Le moment de la floraison peut être dans une certaine mesure influencé par le moment et le mode de plantation, mais aucune règle stricte ne peut être donnée pour convenir à des cas particuliers. La plantation tardive et la plantation profonde ont toutes deux tendance à différer le moment de la floraison, bien qu'il n'y ait pas de grande différence dans tous les cas, et en règle générale, la floraison tardive doit être préférée, car moins susceptible de subir des dommages dus au gel. La plantation la moins profonde devrait assurer une profondeur de trois pouces de terre au-dessus de la couronne du bulbe, mais elles fleuriront mieux, et seulement quelques jours plus tard, si elles sont recouvertes de six pouces de terre au-dessus des couronnes. La jacinthe est si résistante qu'il n'est pas nécessaire de penser à une protection, sauf dans des cas particuliers d'exposition inhabituelle, ou en cas de température excessivement basse lorsqu'elles poussent librement. Dans tous les cas, il n'y a pas de protection aussi efficace que la litière sèche, mais une fine couche de fumier à moitié pourri étalée sur le lit est à privilégier en cas d'appréhension d'un danger à tout moment avant que la croissance ne soit assez poussée.

Les bulbes peuvent être repris dès que les feuilles acquièrent une couleur jaune, de sorte que le brillant étalage du printemps peut être immédiatement suivi d'un autre, tout aussi brillant peut-être, mais de caractère tout à fait différent. Lorsqu'elles sont cultivées en lits, les jacinthes ne nécessitent ni eau ni bâtonnets; tout ce dont ils ont besoin, c'est d'être plantés correctement, et ils prendront soin d'eux-mêmes.

Jacinthes miniatures. —Ces charmantes petites pierres précieuses scintillantes sont inestimables pour les paniers, bols et autres artifices qui sont adaptés aux fins décoratives les plus choisies. En qualité ils sont excellents, les pointes sont symétriques, les fleurs bien formées et les couleurs brillantes. Mais ce sont de véritables miniatures, de plus en plus de la moitié de la taille des autres espèces et nécessitant moins de terre pour s'enraciner. Elles fleuriront bien si elles sont plantées dans un mélange de fibre de mousse et de charbon de bois, maintenues constamment humides et couvertes de la mousse la plus verte. , pour donner à l'ornement qui les contient un aspect fini.

Les jacinthes à plumes et à raisins pousseront dans n'importe quel bon sol de jardin et sont admirablement adaptées aux bordures ombragées par les arbres. Ils doivent être plantés en grandes touffes et être autorisés à rester plusieurs années sans être dérangés. Les deux classes sont belles - la jacinthe de plumes avec insistance; en effet, aussi nombreuses que soient les belles fleurs, ceci, pour la délicatesse de la structure, a des prétentions particulières à notre admiration, en présentant ses plumes plumeuses d'un pied ou plus de longueur, toutes coupées en fils enroulés de la plus élégante ténacité. Les jacinthes de raisin font un ornement charmant pour le salon lorsqu'elles sont cultivées dans des bols de fibre de mousse.

Jacinthe romaine. —Cette fleur est particulièrement bienvenue dans les jours courts et sombres de novembre, décembre et janvier. A placer dans des verres pour décorer le salon ou la table à manger, les épis de fleurs sont largement cultivés; et les fleurs séparées, montées sur du fil de fer, forment une caractéristique importante dans les bouquets d'hiver, à cette fin leur parfum délicieux les rend particulièrement précieux.

Les bulbes peuvent être cultivés avec la plus grande facilité. Mettez-les immédiatement en pot, ils peuvent être obtenus en août ou en septembre, et placez-les dans un coin libre en pleine terre, où ils peuvent être recouverts de quelques centimètres de moisissure. Cela encouragera les racines à démarrer avant qu'il n'y ait une croissance maximale. En octobre, retirez le revêtement et transférez les pots dans une fosse ou un cadre, ou ils peuvent être placés sous la serre pendant un certain temps, à condition qu'ils ne gênent pas l'eau qui goutte. Un peu plus tard, il faut leur trouver de la place sur la scène, sinon le feuillage risque de se dessiner. Lorsque les bourgeons sont visibles, plongez les pots dans une chaleur de fond de 65 ° ou 70 °, et dans une semaine les fleurs seront prêtes à l'emploi. Comme son prototype plus imposant, la jacinthe romaine peut avoir ses racines doucement débarrassées du sol pour être emballées dans des bols ou des vases remplis de mousse humide ou de sable; mais ils ne doivent pas être soumis à un changement violent de température. Si on les veut dans des verres, ils peuvent être cultivés dans l'eau de la manière habituelle, mais la fleur n'est guère adaptée à ce mode de traitement. Cependant, ils pousseront bien dans des bols remplis de fibres de mousse.

Jacinthe italienne. —Bien que sa floraison soit un peu plus tardive que la variété romaine, la jacinthe italienne mérite d'être cultivée comme plante en pot, surtout pour sa qualité plus durable. Les fleurs gracieuses sont portées sur de longues tiges robustes qui sont les plus efficaces pour la décoration des vases. Les bulbes sont parfaitement rustiques et peuvent être plantés en touffes dans la bordure ouverte, où ils fleuriront en avril et offriront des pulvérisations abondantes pour la coupe. L'habit est moins formel que celui de la jacinthe hollandaise et les fleurs exhalent un doux parfum délicat. Comme indiqué précédemment, la jacinthe italienne est particulièrement adaptée à la culture en fibre de mousse.

CANDICANS HYACINTHUS

Un excellent compagnon des Delphiniums, des Salvias et des Lobelias vivaces dans la frontière mixte. Les épis majestueux de cette fleur s'associent également bien aux arbustes, et aident à animer un lit de Rhododendrons à une période de l'année où ce dernier est inintéressant. Les racines peuvent être plantées dans n'importe quel sol de novembre à mars; et, comme ils sont parfaitement rustiques, ils peuvent être laissés en pleine terre toute l'année sans la moindre inquiétude quant à leur sécurité. Une racine forte produira une succession d'épis de fleurs, et cette tendance sera facilitée en coupant chaque épi dès qu'il a cessé d'être attrayant.

IRIS

Les variétés communes d'Iris sont des favoris bien connus de la frontière, et toute la famille a des revendications sur l'attention des amateurs, en raison de leur excellente faculté à prendre soin d'eux-mêmes si elles sont correctement plantées en premier lieu. Les espèces à racines tubéreuses ou bulbeuses ne nécessitent pas un sol riche; un limon sableux leur convient et ils prospèrent dans la tourbe. Des espèces aussi belles que Reticulata, la Chalcédoine et le paon valent la peine d'être cultivées dans des pots placés dans des cadres ou dans une serre fraîche. Les variétés anglaises, hollandaises et espagnoles doivent être plantées en touffes devant une bordure d'arbustes, où elles peuvent être vues à l'avantage. La couronne de l'ampoule ne doit pas être à plus de trois pouces sous la surface. De septembre à décembre répondra pour la plantation, et les racines peuvent être prises lorsque la période de floraison est terminée, ou si l'espace n'est pas voulu, elles peuvent être autorisées à rester pour la saison suivante. Les bulbes de la classe anglaise ne devraient jamais être conservés hors du sol plus longtemps qu'on ne peut les aider, mais ils ne devraient pas être cultivés au même endroit pendant plus de trois ans; après ce temps, les touffes doivent être divisées et une nouvelle position doit être trouvée pour eux.

IXIA et SPARAXIS

Ces bulbes attrayants du Cap sont rustiques dans les quartiers favorisés et peuvent être laissés de côté pendant des années dans une frontière abritée. Dans les endroits où aucune mais les plantes les plus résistantes ne passent l'hiver en toute sécurité, elles doivent être cultivées dans la serre ou le cadre, et tout bon sol sableux conviendra eux, que ce soit de la tourbe ou du limon. Ils doivent être mis en pot au début de l'automne et avoir beaucoup d'air en tout temps lorsque le temps est favorable, surtout lorsqu'ils poussent librement au printemps. S'ils sont soigneusement gérés, ils peuvent rester deux saisons dans les mêmes pots. Utilisez la taille 48 et plantez quatre ou cinq bulbes dans chacun. Une bordure sèche, profonde et sablonneuse sous un mur dans l'un des districts les plus chauds de l'ouest et du sud pourrait être meublée de plantes telles que Ixias, Sparaxis, Alstroemerias, Oxalis, Tritonias, Babianas et les plus petits types d'iris. Il constituerait un jardin des espèces exotiques les plus intéressantes.

JONQUILLE

Pour son parfum délicieux et sa beauté exquise, le Jonquil a longtemps été considéré comme l'un des plus précieux de la famille Narciss pour la culture en pot, et c'est aussi une fleur de bordure et de forêt de premier ordre. Lorsqu'il est forcé, le traitement doit correspondre autant que possible à celui prescrit pour le Narcisse. Quatre ou cinq bulbes peuvent être plantés dans un pot.

LACHENALIE

Une plante élégante qui n'est pas assez rustique pour être fiable en pleine terre; mais c'est la chose la plus simple possible de bien la cultiver en serre. Les bulbes doivent être mis en pot dès qu'ils commencent à pousser à l'automne, et plusieurs bulbes peuvent être mis dans chaque pot. Il ne peut y avoir de meilleur sol que le terreau gazonné, sans fumier ni sable. Il est de la plus haute importance que les plantes aient une abondance d'eau, lorsqu'elles produiront des feuilles de deux pouces de diamètre, et des épis de fleurs doubler complètement la taille de ceux que l'on rencontre couramment. Une utilisation admirable de ces bulbes est de les insérer partout à l'extérieur des paniers suspendus, qu'ils couvriront de la plus gracieuse démonstration de végétation aérienne imaginable, les épis de fleurs tournent vers le haut et les feuilles pendent vers le bas.

LEUCOJUM

Le flocon de neige printanier (*L. vernum*) fleurit dès février ou mars et le flocon de neige d'été (*L. æstivum*) fleurit en mai et juin. Ils ressemblent beaucoup au perce-neige, mais sont beaucoup plus gros que ce favori du printemps bien connu. Les bulbes sont parfaitement résistants et pousseront dans n'importe quel sol de jardin. Plantez en touffes de trois pouces de profondeur, à tout moment de la fin septembre à la mi-novembre.

FLEURS DE LYS

Les lis de bordure rustiques sont parmi les plantes de jardin les plus utiles connues. Ils sont particulièrement robustes et robustes, ne nécessitant aucun support de bâtons ou de liens; plusieurs d'entre eux restent verts tout l'hiver et sont capables de résister à toute quantité de gel. S'ils sont laissés seuls, ils augmentent rapidement et gagnent en valeur chaque année. Nous ne dirons rien de leur beauté, car c'est proverbial; mais il peut être utile d'observer que beaucoup des plus beaux lys, généralement considérés comme ne convenant qu'à la serre, et cultivés avec beaucoup de soin sous verre, sont vraiment aussi robustes que le vieux lis blanc commun , et peuvent être cultivés avec lui dans la même frontière. Pour bien faire pousser les lis, il faut un terreau profond, humide et riche. Une argile tenace peut être améliorée pour eux en creusant profondément et en incorporant à l'agrafe beaucoup de fumier pourri et de moisissure foliaire. Ils prospèrent tous dans la tourbe ou le gazon pourri, ou, en fait, dans tout sol contenant une abondance de matière végétale en décomposition. L'automne est le moment propice pour planter des lys, mais ils peuvent être plantés à n'importe quelle saison, s'ils peuvent être obtenus à l'état dormant ou en pot. Ils doivent être plantés profondément pour leur taille, disons, jamais moins de six pouces. Après quelques années, il est nécessaire de soulever et de séparer les touffes, lorsque les bordures doivent être profondément creusées et généreusement fumées avant de replanter. Si les tiges des lis deviennent sans feuilles et disgracieuses avant que les fleurs ne soient passées, c'est le signe que les racines sont trop sèches ou que le sol est appauvri; et par conséquent, dès que les tiges meurent, elles doivent être soulevées et peut-être transférées à un endroit plus favorable.

Amaryllis. - Ces plantes magnifiques n'ont pas besoin de la température élevée dans laquelle elles sont habituellement cultivées, et ne devraient pas non plus être autorisées à rester longtemps sèches à la poussière, comme nous les trouvons parfois. Il est important de se rappeler qu'ils ont des saisons d'activité et de repos distinctes, mais ne doivent pas être forcés dans l'un ou l'autre de ces conditions par des mesures aussi drastiques auxquelles on a parfois recours. Le sol qui leur convient est un terreau gazonné, enrichi de fumier pourri et rendu modérément poreux par un mélange de sable. Le sol léger dans lequel poussent de nombreuses plantes ne leur conviendra pas; le sol doit être ferme et de texture quelque peu rugueuse. Lors de la première mise en pot, donnez-leur très peu d'eau et favorisez la croissance grâce à une chaleur de fond de 65 °. Augmentez l'approvisionnement en eau au fur et à mesure que les plantes progressent et transférez-les dans des pots de 6 pouces pour la floraison. Pendant qu'ils sont en fleurs, ils peuvent être placés dans la véranda, ou partout où ils peuvent être nécessaires à des fins décoratives. Lorsque les fleurs sont fanées, amenez-les à la serre pour terminer leur croissance, après quoi les sécher lentement, mais en sachant clairement qu'elles ne doivent jamais être desséchées. Ils peuvent être hivernés dans la serre, et doivent certainement être placés là où ils seront toujours légèrement humides, même si quelques feuilles restent vertes tout au long de l'hiver. La perturbation fréquente des racines doit être particulièrement évitée dans la culture d'Amaryllis, et il est donc souhaitable de les laisser rester dans les mêmes pots pendant deux ou trois ans; ou s'ils sont déplacés, cela devrait être fait de telle manière que les racines soient à peine visibles dans le processus. La vinaigrette et le fumier liquide les aideront quand ils auront passé un certain temps dans les mêmes pots.

Lilium auratum. - Ce magnifique lys s'est avéré aussi rustique que la variété de jardin blanc, et est maintenant librement planté dans les bordures et les arbustes où les nobles têtes de fleurs suscitent toujours l'admiration. Mais la splendeur de la fleur continuera à lui assurer un haut degré de faveur en tant que sujet décoratif pour la véranda. Lorsqu'elle est cultivée en pot, le meilleur sol est la tourbe sableuse, mais elle fleurira finement dans un mélange riche et léger, comme les fuchsias l'exigent. Il est conseillé de commencer par le plus petit pot dans lequel le bulbe peut être placé, puis de passer à des tailles de plus en plus grandes au fur et à mesure que la plante progresse, en prenant soin d'avoir le bulbe à deux pouces sous le sol lorsqu'il est dans leurs pots de fleurs, car les racines sont jetées de la tige juste au-dessus du bulbe, et ces racines doivent être soigneusement nourries, car elles sont le support principal des fleurs qui apparaissent plus tard. Lorsque les boutons floraux sont visibles, il ne devrait bien sûr plus y avoir de déplacement. En ce qui concerne la température, c'est une Lily accommodante; mais en règle générale, une maison fraîche est meilleure pour la plante qu'une maison qui est maintenue à une température élevée. L'approvisionnement en eau doit être abondant pendant la période de croissance et de floraison, mais par la suite, il peut être réduit.

Lilium Harrisii (*The Bermuda, ou Easter Lily*) est du type *longiflorum* , mais les fleurs sont plus grandes et sont produites avec une plus grande liberté que par le *L. longiflorum* ordinaire . De plus, le lis des Bermudes fleurit presque continuellement. Avant qu'une tige n'ait fini de fleurir, une autre pousse. Cette habitude vivace donne c'est une valeur particulière pour la serre et rend le forçage possible à presque toutes les saisons.

Immédiatement les bulbes sont reçus, ils doivent être mis dans un terreau fibreux riche - le plus fibreux sera le mieux - et être placés dans un cadre froid. Ils ont besoin de peu d'eau jusqu'à ce que la croissance ait assez commencé, après quoi plus d'humidité sera nécessaire. En ce qui concerne la sécurité, ils ne nécessitent qu'une protection contre le gel; mais pour un début de floraison, la chaleur artificielle est impérative. La température doit cependant être très modérée au début et monter lentement. Lorsque les bourgeons apparaissent, une couche supérieure de terreau frais et de fumier pourri sera utile, et pour permettre cela, le sol doit être à deux pouces du sommet des pots lorsque les bulbes sont mis en pot pour la première fois. Après avoir produit deux ou trois tiges fleuries, il sera sage de placer les pots à l'extérieur et de donner moins d'eau, sinon les bulbes seront épuisés. Mais ils ne doivent jamais être autorisés à devenir tout à fait secs, et après un repos partiel de six semaines ou deux mois, ils peuvent être remis en pot dans un sol frais et commencé pour une autre exposition de floraison.

Nous ne recommandons pas la plantation de ce lis en bordures ouvertes pendant l'automne, car la croissance commencera immédiatement et un gel sévère le coupera; mais s'il est planté au printemps, il réussit admirablement et produira une longue succession de ses belles fleurs en forme de trompette. Pour l'hiver suivant, il peut être soit protégé, soit soulevé pour être rangé dans un cadre.

Lilium lancifolium. - Un lys gracieux et très parfumé, qui est parfaitement rustique, et poussera dans un bon terreau, bien que la tourbe soit à privilégier pour la culture en pot. Pour produire de beaux spécimens, la même routine doit être suivie comme indiqué pour la culture de *L. auratum* . Il est à peine besoin d'ajouter qu'au lieu de cultiver les bulbes séparément dans des pots, plusieurs peuvent être cultivés dans un grand pot pour produire un effet plus riche. Mais il n'est pas conseillé de placer les ampoules dans une grande masse de terre dans un premier temps. Il est préférable qu'ils commencent leur croissance dans de petits pots et soient déplacés car ils ont besoin de plus d'espace. Aphis est extrêmement friand de ces lis, en particulier s'ils sont mal cultivés et autorisés à souffrir faute d'eau. Le moyen le plus simple d'éliminer le ravageur est de plonger les plantes dans de l'eau pure, en prenant bien sûr soin de les empêcher de tomber des pots pendant l'opération.

Muguet. —Le nom populaire de cette plante indigène est un abus de langage. Botaniquement, il est connu sous le nom de *Convallaria majalis* , et structurellement les racines diffèrent de celles qui sont caractéristiques de toute la tribu des Liliums. Cependant, nous n'avons aucune dispute avec un nom charmant pour une fleur la plus délicate aux proportions féeriques. Les sprays de cloches pendantes d'un blanc pur ont captivé la fantaisie populaire, et ils sont demandés par le public à partir du moment où les fleuristes sont en mesure de les mettre sur le marché.

Que ce soit pour le forçage au début ou à la fin du printemps, ou pour la plantation en pleine terre, la souche la plus vigoureuse doit être choisie, et il y en a une qui est incomparablement supérieure à toutes les autres, produisant des épis plus fins et des fleurs individuelles plus grandes. En règle générale, ces racines peuvent être obtenues en novembre, mais, si nécessaire, il est de loin préférable d'attendre une semaine ou deux plutôt que d'essayer de forcer celles qui ont été levées prématurément.

Les couronnes peuvent être en pot, et là où peu sont cultivées, c'est le cours habituel. Les grands producteurs les emballent dans des boîtes, avec un peu de terre fine, et couvrent les sommets d'environ quatre pouces de fibre de cacao. Pour l'approvisionnement le plus précoce, une température de 90 ° est nécessaire, accompagnée d'une bonne humidité. Après l'apparition des pics de floraison, réduisez légèrement la température et retirez la fibre pour permettre aux feuilles de mûrir. Lorsqu'elles sont suffisamment avancées, transférer les plantes dans des pots pour la véranda ou la décoration des fenêtres. Des approvisionnements successifs peuvent être avancés avec moins de chaleur.

À l'air libre, Lily of the Valley a besoin d'une position partiellement ombragée. Le sol doit être fertilisé librement et une bonne proportion de moisissure des feuilles doit être travaillée. Plantez des couronnes simples à une distance de six pouces les unes des autres et fournissez-leur du fumier liquide pendant la période de croissance. Après quatre ans, ou au plus cinq ans, ils deviendront trop encombrés, quand ils devront être soulevés, et les couronnes les plus grandes et les plus fines seront sélectionnées pour la formation d'un lit frais.

Lis du jour japonais (*Hemerocallis Kwanso fl. Pl.*) . - Admirablement adapté pour la culture en pot pour décorer la véranda, la riche panachure de ses gracieuses feuilles frisées offrant un élégant étalage de couleur dans les premiers mois de l'année, et ses fines fleurs doubles étant extrêmement voyante pendant leur courte saison de floraison. Comme cette variété est assez rustique, elle peut être plantée dans la bordure sélectionnée avec une sécurité parfaite et, comme les autres lis du jour, elle supporte remarquablement bien l'ombre des arbres. C'est certainement l'une des plus belles plantes rustiques en culture.

MONTBRETIA

De ce bulbe à floraison automnale utile, il existe plusieurs variétés, *M. crocosmiflora* étant probablement la plus populaire. Au chaud et jardins abrités du Sud et dans un sol léger et bien drainé les racines passent l'hiver en toute sécurité. Mais là où le gel prévaut, une certaine protection, comme un petit monticule de détritus, doit être fournie; le revêtement à enlever immédiatement, le risque de gel est passé. Le moment le plus propice pour la plantation est l'automne, mais par temps ouvert, les racines peuvent être mises en place jusqu'à la fin du mois de mars. Il est habituel de planter en touffes à une profondeur d'environ trois pouces, permettant une distance de six pouces entre les bulbes. Comme ils peuvent rester intacts pendant plusieurs années, l'espacement leur permettra de se répandre et de produire des masses de leurs fleurs gracieuses.

NARCISSE

Les narcisses et les jonquilles diffèrent des jacinthes, des tulipes et de certains autres bulbes sur un point important, car ils fournissent la clé de la gestion de ces fleurs. Les radicelles ne périssent pas pendant la saison de repos, et ce fait indique clairement que les bulbes ne doivent pas rester hors du sol pendant une journée de plus que nécessaire.

Culture en pots. —Toutes la classe Polyanthus, et presque toutes les variétés Garden, se développent dans des pots et peuvent être forcées avec une extrême facilité. Mettez-les tôt dans un compost riche et poreux et mettez-les dans le sol un peu plus profond que d'habitude pour les jacinthes. Pendant quelques semaines, gardez-les dans un endroit frais en pleine terre sous une épaisse couche de cendres pour favoriser la croissance des racines sans démarrer prématurément les sommets. Avec toutes les ampoules, c'est un point important, surtout pour celles qui sont destinées à être amenées en chaleur. Lorsque les pots sont pleins de racines, la croissance des feuilles commence et le revêtement doit être enlevé. Une fosse fraîche est alors le meilleur endroit pour eux. Le post-traitement dépendra entièrement de la date à laquelle les fleurs sont désirées. Une température basse, prolongée pendant longtemps, signifie une floraison tardive, de sorte que, dans des limites raisonnables, le producteur peut contrôler le moment de leur apparition. Pour le premier affichage, sélectionnez le Roman et le Paper White, qui sont naturellement des variétés à floraison précoce. Après quelques jours dans une fosse fraîche, transférez-les dans la serre, et environ une semaine ou dix jours avant qu'ils ne soient nécessaires en fleur, plongez-les dans une chaleur de fond vive et donnez beaucoup d'eau à la température appropriée. Le forçage ne doit pas commencer tant que les plantes ne sont pas suffisamment avancées, sinon il endommagera les fleurs à la fois en taille et en couleur. Une eau de fumier faible sera parfois bénéfique, mais lorsque les fleurs commencer à ouvrir cela doit être interrompu, et en même temps la chaleur doit être diminuée.

Une succession de Narcisses pour la décoration intérieure peut être sécurisée en démarrant des lots à des intervalles de deux ou trois semaines; et en modérant le traitement au fur et à mesure que la saison avance, le dernier lot fleurira naturellement sans stimulus artificiel. Les gros bulbes doivent être mis en pot séparément, mais plusieurs racines des plus petites sortes peuvent être mises dans un même pot. Les grosses têtes de fleurs auront besoin de soutien, et il n'y a rien de plus net que les fils qui sont fabriqués expressément à cet effet.

Culture en fibre de mousse. - Le charme lumineux des narcisses et des jonquilles n'est jamais vu à un plus grand avantage que lorsque ceux-ci sont cultivés dans des bols de fibre pour la décoration des chambres. Les bols bien remplis de jonquilles sont aussi délicieux à l'intérieur que les touffes robustes qui penchent sur l'herbe ou les Polyanthus en plein air. La routine culturelle est propre, agréable et pleine d'intérêt. Les bols sont choisis avec soin, la fibre est bien saturée par retournement et humidification répétés (c'est essentiel au succès), suffisamment de coquille d'huître broyée est incorporée pour faire briller le compost de part en part, le mélange est pressé dans le bol jusqu'à ce qu'il est ferme sans être dur, les ampoules sont à moitié enfoncées, quelques morceaux de charbon sont enfoncés ici et là, les bols sont mis dans un endroit sombre pendant six semaines environ, et le reste est simplement pour voir que la fibre ne devient jamais sécher.

Culture dans l'eau. - Pour la culture dans des verres, aucune autre fleur bulbeuse n'est égale au Narcisse. L'obscurité au départ ne lui est pas essentielle, et donc le développement progressif des racines peut être observé dès le début; et le contact avec l'eau n'endommagera pas l'ampoule. Les verres doivent cependant être conservés à une température basse et assez uniforme, afin de décourager la croissance du feuillage jusqu'à ce que les bulbes aient complètement formé leurs racines. L'eau de pluie pure est souhaitable, mais ce n'est pas réellement nécessaire; et pour les apparences, ainsi que pour la santé, il faut le changer immédiatement, il cesse d'être tout à fait transparent. Ceux qui ne se soucient pas d'observer la croissance dans les verres, mais aiment avoir les plantes dans l'eau pendant la période de floraison, peuvent faire pousser les bulbes dans des pots de la manière habituelle et laver le sol lorsqu'ils le souhaitent. Dans ce cas, les racines ne seront pas aussi régulières que celles qui ont été entièrement cultivées dans l'eau. Peut-être avons-nous à peine besoin de dire qu'il est possible d'utiliser cette fleur de bien d'autres manières, comme par exemple pour décorer des épergnes, des globes en verre et des vases de fantaisie. Ils peuvent aussi être fait flotter sur une petite fontaine ou un aquarium; en effet, il est surprenant à quelles fins variées et efficaces un peu d'ingéniosité les adaptera.

Culture en pleine terre. - Dans ce but, le Narcisse attirera toujours l'attention pour son apparence gracieuse; et cette observation s'applique avec autant de force à la section Polyanthus, lorsqu'elle est ainsi utilisée, qu'aux variétés qui sont spécialement reconnues comme Garden Narcissus. Cette dernière classe comprend de nombreux anciens favoris, parmi lesquels l'oeil de faisan, l'une des fleurs les plus exquises cultivées dans nos jardins.

Le Narcisse est souvent utilisé pour la literie avec un superbe effet. L'habit gracieux, qui est l'un de ses principaux charmes, est très frappant dans les grandes masses, et son aspect élégant dans les positions pour lesquelles il est naturellement adapté ne peut manquer d'attirer l'attention. Sous les arbres, à côté d'une promenade ombragée, devant les buissons, ou dans la frontière mixte, le Narcisse est tout à fait chez lui.

Si possible, choisissez une position où les bulbes ne doivent pas être dérangés pendant plusieurs années et plantez-les tôt. Lorsque la place qu'ils doivent occuper est pleine, mettez les ampoules en pot jusqu'à ce que le sol soit vacant et éteignez-les en temps voulu. Un aspect sud ou ouest est souhaitable, mais la nature du sol est relativement peu importante, à condition qu'il soit sec lorsque les bulbes sont dans leur état de repos. Dans les terres acides ou dans les eaux stagnantes, ils pourriront certainement, mais une touche d'embruns ne les blessera pas. Si le sol a besoin d'être enrichi, il n'y a pas de meilleur matériau que le fumier de vache pourri, qui peut être incorporé au fur et à mesure du travail, ou il peut être appliqué comme top-dressing. Ceux qui sont manifestement faibles peuvent être aidés avec quelques doses d'eau de fumier, pas trop fortes.

Dans les groupes de plantation, placez les plus petits bulbes de quatre ou cinq pouces et les plus grands de six à neuf pouces l'un de l'autre; profondeur, de six à neuf pouces, selon la taille. Lorsqu'elles sont exposées à un vent fort, il peut être nécessaire de donner aux fleurs une sorte de soutien pour les éviter de se blesser.

Les jonquilles doubles et simples sont désormais très appréciées du public et leurs couleurs vives les rendent extrêmement utiles pour les lits et les bordures. Pour la plantation sous et parmi les arbres, ils sont inestimables, et un nombre suffisant doit toujours être mis en place pour produire un effet immédiat. Ils prospèrent dans des endroits humides et ombragés, et tous les trois ou quatre ans, il sera nécessaire de les diviser et de les replanter.

Le lys sacré chinois (*Narcissus Tazetta*). - Le nom populaire de cette fleur est trompeur. Ce n'est pas un lys, mais un narcisse du type Polyanthus, et, comme d'autres de la même classe, les bulbes peuvent être cultivés avec succès dans le sol ou dans l'eau. Mais *Narcissus Tazetta* s'est avéré singulièrement beau dans l'eau, et sa gestion n'entraîne que très peu de problèmes. Un large bol de motif japonais convient à cet effet, et pour obtenir le meilleur effet, le bol doit être partiellement rempli d'un certain nombre de pierres simples ou ornementales, avec quelques morceaux de charbon de bois pour garder l'eau douce. Sur le dessus, et pour qu'elles soient retenues par les pierres, placez une ou plusieurs ampoules: versez de l'eau jusqu'à ce qu'elle recouvre la base des ampoules. Conserver dans une cave sombre et fraîche jusqu'à ce que les racines aient commencé et que les feuilles commencent à apparaître; puis retirez-le dans la pièce où l'ornement est voulu. Parfois, l'eau doit être reconstituée. Le développement des capitules est étonnamment rapide et un gros bulbe produit généralement plusieurs grappes de fleurs parfumées. Mais si les bulbes sont forcés trop rapidement, les fleurs sont parfois paralysées.

ORNITHOGALE

l'Étoile de Béthlehem

Au cours du mois de juin, *O. arabicum* produit des têtes de fleurs parfumées d'un blanc pur, chacune ayant un centre vert. Les racines sont grandes et charnues et doivent être plantées à l'automne de six pouces de profondeur. Une position abritée, par exemple sous un mur sud, est souhaitable pour eux, et une certaine protection sous forme de litière sèche ou d'un tas de fumier léger sera nécessaire pour transporter les racines en toute sécurité par temps hivernal rigoureux. Les ampoules sont fréquemment mises en pot pour la décoration intérieure. Une autre variété, *O. umbellatum* , aux fleurs étoilées d'un blanc pur, fait un spectacle attrayant en mai et est précieuse pour se naturaliser en touffes ou en masses dans la bordure.

OXALIS

Ces plantes à ossature conviennent pour la serre fraîche ou pour le forçage, et elles sont également adaptées pour la bordure ouverte dans des quartiers particulièrement favorables. Elles sont particulièrement soignées et gaies, fleurissent abondamment et ne nécessitent que le traitement le plus ordinaire des plantes à charpente. En hiver, ils doivent être gardés au sec. Le pot de taille 48 convient, et environ cinq bulbes peuvent être plantés dans chacun, en utilisant un sol léger mélangé librement avec du sable.

RANONCULE

Maintenir une collection de renoncules nommées demande de l'habileté et de la patience, mais quelques-unes des variétés les plus brillantes, colorées, tachetées et rayées peuvent être facilement cultivées, si un sol frais, profond, riche et humide peut leur être fourni. Le meilleur sol pour le Renoncule est un limon ou une argile dans lequel le champignon commun pousse librement et abondamment. La situation doit être ouverte, le lit bien pulvérisé et le sol bien drainé, à la fois pour favoriser une croissance vigoureuse et, dans la mesure du possible, pour protéger les plantes des dommages causés par les vers fil-de-fer, les vestes en cuir et autres vermines du sol. Des modes de fumure élaborés, tels que le mélange de plusieurs sortes de fumier dans des proportions mystiques, sont tout à fait inutiles, mais un bon pansement de fumier pourri et de moisissure des feuilles doit être creusé avant la plantation, et si le sol est particulièrement lourd, du sable pointu doit être ajouté. Les racines peuvent être plantées en novembre et décembre dans des jardins où la végétation ne souffre généralement pas d'humidité en hiver; mais là où il y a une raison d'appréhender le danger de l'humidité, la plantation devrait être reportée à février, et devrait être achevée dans les vingt premiers jours de ce mois, si le temps le permet. Préparez une surface fine sur laquelle planter et dessinez des forets distants de six pouces et de deux pouces de profondeur, et placez les tubercules, les griffes vers le bas, dans les forets, à quatre pouces de distance, en les recouvrant de sol tamisé avant de ramener la terre à la perceuse. Ratissez le lit en douceur et la plantation est terminée. Se protéger des mauvaises herbes et fournir de l'eau en abondance par temps sec sont les deux principales caractéristiques de la culture d'été. Lorsque les fleurs sont passées et que les feuilles commencent à se faner, prenez les racines, séchez-les dans un endroit frais et stockez-les dans de la tourbe ou de la fibre de cacao.

Turban Ranunculus. —Cette classe est remarquablement belle, de constitution plus résistante et de croissance plus libre que les variétés tranchantes et tachetées. Pour la production de masses de couleur et pour former des touffes voyantes dans les bordures, les variétés Turban sont de la plus haute valeur. Ils nécessitent un bon terreau, bien fertilisé, et le traitement général conseillé pour les variétés nommées; mais comme ils ne sont pas si délicats, ils prospéreront dans des conditions moins agréables.

SCILLA

Le Squill bleu peut être cultivé exactement de la même manière que la jacinthe romaine pour la décoration intérieure, et il fait un charmant compagnon de cette fleur. Il est parfaitement rustique, et pour son bleu profond et charmant, il devrait être largement cultivé dans la bordure ouverte, où il semble particulièrement avantageux en conjonction avec Snowdrops. Il est également utile pour le remplissage de petits lits et pour créer des lignes marginales dans le jardin géométrique.

La *Scilla prœcox* , ou *sibirica* , prospère dans les montagnes du nord de l'Italie, où l'on peut en voir des masses poussant près de la neige, et dans ce pays, elle résiste au vent et à la pluie qui seraient la ruine de bien d'autres fleurs. Nous aimons toujours le voir dans une bordure abritée, où il a de bonnes chances d'afficher sa beauté sans trop de risque de blessure. Dans une telle position, il fleurira en février, et dans le quartier le plus sombre, il ouvrira en mars. Ce n'est pas du tout fastidieux quant au sol, mais une fois planté, cela ne posera plus de problèmes jusqu'à ce que le feuillage se fane, et il est temps de soulever les bulbes pour laisser la place à d'autres occupants. Si cela vous convient, les racines peuvent rester pendant des années au même endroit.

La *Scilla campanulata* mérite plus d'attention qu'elle n'en a reçu jusqu'à présent. Une fois que presque tous les autres bulbes à floraison printanière sont terminés, cela fait un bel affichage, qui dure jusqu'à presque la fin du mois de mai. Il ressemble un peu à la cloche bleue sauvage, mais est beaucoup plus grande que cette fleur des bois.

SNOWDROP

Les perce-neige sont parmi les fleurs les plus résistantes connues de nos jardins et sont inestimables pour leurs cloches blanches comme neige bienvenues dans les premiers jours du printemps d'ouverture. Ils doivent être plantés en touffes et laissés seuls pendant des années. La variété à double floraison est d'une beauté exquise: on pourrait en effet en parler comme un petit bijou floral. Les fleurs sont en forme de cloche, étroitement garnies de pétales, comme autant de jupons microscopiques disposés pour la «fatigue» d'une fée: elles sont blanches comme neige et parfois délicatement terminées de vert clair. Cette variété est aussi rustique que la seule et la meilleure pour la culture dans des paniers et des pots. Lorsqu'elle est employée en lignes, la plantation doit être très rapprochée, et la ligne doit être composée de plusieurs rangées, ce qui fait, en fait, une large bande. Un tel ruban avec *Scilla sibirica* est très beau. La meilleure façon d'afficher le perce-neige seul est de former de grands groupes densément entassés. L'effet est beaucoup plus révélateur que lorsque le même nombre d'ampoules est réparti sur une plus grande surface. Mettez les racines dans des forets, de deux pouces de profondeur, et si possible dans un endroit où elles ne doivent pas être dérangées pendant deux ou trois ans. Les perce-neige peuvent être cultivés dans des pots et être doucement forcés pour Noël. Mais à moins d'être voulu très tôt, il répondra de soulever les touffes de la frontière en novembre et de les mettre en pot.

SPARAXIS

Voir les instructions sous Ixia

TIGRIDIA, ou FERRARIA

Les fleurs de courte durée de la fleur du tigre sont les plus magnifiquement peintes et diffèrent de tout le reste de la grande famille des irides à laquelle elles appartiennent. Des fleurs beaucoup plus fines sont produites en bordure que lorsqu'elles sont cultivées en pot, et elles présentent une grande variété, à peine deux parmi des centaines montrant des fleurs exactement identiques. La période habituelle de plantation à l'extérieur est mars ou avril, à une profondeur de trois ou quatre pouces, et les fleurs apparaissent en juin. Les sols sableux et tourbeux conviennent particulièrement. Bien que les Tigridias ne soient pas tout à fait rustiques, ils passeront l'hiver en toute sécurité sur une bordure sèche sous une protection de litière. Mais là où le sol est humide, il est plus sûr de les soulever en octobre et de les stocker de la même manière que les glaïeuls. Un lit de Tigridias fait un agréable ornement devant la fenêtre d'une salle de petit-déjeuner, car les fleurs sont dans un état brillant aux premières heures de la journée.

TRITELEIA UNIFLORA

Ce petit bijou appartient au jardin printanier et devrait être le compagnon de la violette à dents de chien, du crocus et du perce-neige. Il poussera dans n'importe quel sol et produira une abondance de ses fleurs blanches teintées de violet, qui, lorsqu'elles sont manipulées, dégagent une légère odeur d'ail. En tant que plante en pot pour la maison alpine, elle est de premier ordre. À l'air libre, plantez en octobre deux pouces de profondeur.

TRITONIE

Les tritonias sont plus voyants que les Ixia ou Sparaxis, mais appartiennent au même groupe d'iridés sud-africains et nécessitent le même traitement. Ils peuvent être plantés en avril, s'ils sont préparés pour ce mode de culture en les mettant en petits pots en novembre ou décembre. Il n'est pas conseillé de les attacher à des bâtons, car ils sont plus élégants lorsqu'ils sont autorisés à tomber par-dessus le bord des pots et suggèrent la «négligence de la nature».

TROPÆOLUM

T. tuberosum. - Quelques-uns des Tropæolums à racines tubéreuses sont rustiques, mais il n'est pas sage de les laisser dans le sol, car l'humidité peut les détruire, s'ils sont à l'épreuve du gel. Ce sont toutes des plantes gracieuses, adaptées pour recouvrir des treillis métalliques, et peuvent être fleuries à n'importe quelle saison si nécessaire, bien que leur saison naturelle soit l'été. Le compost dans lequel ils se développent le mieux est un terreau léger et riche, contenant une grande proportion de sable. Les tiges sont généralement formées sur des fils, mais elles peuvent être autorisées à tomber d'un pot ou d'un panier avec un excellent effet, pour former un entrelacs de feuillages des plus attrayants parsemés de fleurs éblouissantes. La partie la plus ensoleillée de la serre doit être consacrée aux tropæolums, et des précautions particulières doivent être prises pour les rempoter pour assurer un drainage suffisant.

T. speciosum. —Cette variété voyante est assez rustique et est largement cultivée en Ecosse où elle peut fréquemment être vue sur les murs des chalets. Les racines peuvent être plantées au printemps ou en automne, et une position humide et quelque peu ombragée convient le mieux à la plante.

TUBÉREUSE

Polianthes tuberosa

Ce bulbe est largement cultivé dans le sud de la France pour le délicieux parfum que l'on peut obtenir à partir de ses nombreuses fleurs d'un blanc pur. Dans ce pays, il est largement connu, mais compte tenu de la beauté et du parfum excessif des fleurs, il est étonnant qu'un plus grand nombre ne soit pas planté à chaque saison. Peut-être que le fait que les ampoules sont sans valeur après la première année peut dans une certaine mesure expliquer la culture relativement limitée. Ils fleurissent facilement comme plantes en pot dans un mélange de terreau et de moisissure foliaire, plongés dans une chaleur de fond comprise entre 60 ° et 70 °. La croissance est plutôt haute et, à moins d'être conservées près du verre, les tiges deviennent disgracieuses en longueur.

TULIPE

Culture en pots. - Lorsqu'elles sont cultivées en pot, les tulipes sont traitées exactement de la même manière que la jacinthe, mais plusieurs bulbes, en fonction de leur taille et de l'usage auquel ils sont destinés, sont placés dans un pot. Lorsqu'il est nécessaire de remplir des épergnes et des paniers, et d'autres récipients élégants, il est bon de les cultiver dans des boîtes peu profondes, comme recommandé pour les crocus, et de les transférer lorsqu'ils sont en fleur dans les vases et les paniers. Ce mode de procédure assure l'exactitude de la hauteur et de la coloration, tandis que, lorsque les bulbes sont cultivés à partir du premier dans les récipients ornementaux, ils peuvent ne pas fleurir avec une uniformité suffisante pour produire un affichage satisfaisant. Comme la jacinthe et le crocus, les tulipes peuvent être retirées du sol dans lequel elles ont été cultivées et, après avoir nettoyé les racines, elles peuvent être insérées dans des verres pour décorer un appartement. Les premières tulipes sont souvent utilisées de cette manière pour éclairer les rassemblements festifs à Noël et les premiers mois de l'année. Mais la culture en pot des tulipes ne doit pas être limitée aux variétés précoces. Les classes de floraison de Darwin et de mai sont également admirables lorsqu'elles sont cultivées de cette manière, mais il est important qu'elles ne soient pas précipitées en fleur. Si elles sont placées dans une chaleur modérée et laissées suffisamment de temps pour se développer, de belles fleurs à longues tiges peuvent être obtenues en mars, ce qui fera une décoration charmante pour le salon ou la table à manger.

Culture en fibre de mousse. —Aucune ampoule n'excède la Tulipe en adaptabilité à la culture en bol, étant donné le traitement suggéré pour les narcisses et les jonquilles à la page 345, et en particulier en ce qui concerne l'humidité.

Culture en pleine terre. - Pour une utilité générale, les tulipes primitives sont les plus précieuses de toutes, en raison de leur nature particulièrement accommodante, de leurs nombreuses et brillantes couleurs et de leur aptitude à la formation de riches masses dans le jardin de fleurs. Tout bon sol leur conviendra, et ils peuvent être plantés en quantité sous les arbres si la position bénéficie d'un certain ensoleillement, car ils auront terminé leur croissance avant que le feuillage des arbres ne les nuise. S'il est nécessaire de préparer ou d'améliorer le sol pour eux, l'objectif doit être de le rendre riche et sableux, et suffisamment drainé pour éviter un caractère marécageux en hiver. Plantez en octobre ou novembre, à quatre ou cinq pouces de profondeur et à six pouces de distance. Les racines ne nécessitent ni eau ni supports, et peuvent toutes être prises et stockées à temps pour l'affichage estival habituel de plantes à massifs. Pour la plantation géométrique, il est important de sélectionner les variétés avec soin, mais une bordure plus intéressante peut être faite en plantant des touffes de toutes les meilleures sortes des différentes classes. Le résultat sera une exposition longue et splendide, commençant par les 'Van Thols' (qui sont aussi rustiques que n'importe quel autre), suivi par la classe précoce dans une variété presque infinie, et se terminant par les nobles sections à floraison de Darwin et de mai. Les derniers nommés incluent un très grand nombre de fleurs extrêmement belles, et leur beauté durable est d'une valeur particulière à une saison de l'année où les fleurs printanières sont terminées et les plantes d'été ont à peine commencé à faire un spectacle.

En tant que fleurs coupées, les tulipes méritent une attention particulière. Avec très peu de soins, non seulement ils conservent toute leur beauté dans des vases pendant une quinzaine de jours, mais certains d'entre eux augmentent en fait la brillance de la coloration. Les classes à floraison de mai sont peut-être les plus appréciées pour la coupe, en raison de leur grande longueur de tige et du caractère durable des fleurs. Ils sont extrêmement beaux dans de grands vases.

VALLOTA PURPUREA

Cette plante brillante est presque rustique dans les comtés du sud, et une plante de serre fraîche où elle ne peut pas être cultivée dans la frontière ouverte. Pour produire de beaux spécimens, un sol limoneux ferme est nécessaire, avec une abondance d'eau tout l'été et des approvisionnements modérés tout l'hiver. Les bulbes fleurissent plus librement lorsqu'ils sont un peu liés au pot. Par conséquent, ils ne doivent pas être remis en pot trop souvent. Dans ces conditions, une alimentation avec du fumier liquide clair est nécessaire une fois par semaine à partir du moment où les boutons floraux apparaissent jusqu'à ce qu'ils commencent à s'ouvrir. Sécher l'ampoule peut l'affaiblir ou la tuer. Ceux qui ne peuvent pas cultiver l'Amaryllis trouveront le Vallota un excellent substitut.

VIOLET, DENT DE CHIEN -

ACONITE D'HIVER

Le Winter Aconit est le tout premier de l'année, car il fleurit avant le perce-neige, recouvrant le sol de paillettes dorées dans les jours les plus sombres de février. N'importe quel sol ou situation lui conviendra, et il devrait être planté dans de grandes parcelles où une promenade d'hiver dans le le jardin donne du plaisir. Il devrait également être cultivé en quantité à la vue des fenêtres, au profit de ceux qui, pendant la saison morne, ne peuvent pas sortir. Les bulbes peuvent être laissés dans le sol pendant plusieurs années, ou ils peuvent être repris et stockés après que les feuilles ont péri.

ZEPHYRANTHES CANDIDA

Fleur du vent d'ouest

Une fleur naine blanche ressemblant à un Crocus, avec un feuillage ressemblant à la ruée vers la commune à petite échelle. Plantez en touffes de novembre à mars dans les bordures, et il commencera à fleurir vers la fin de juillet, et continuera en fleur jusqu'à ce que le gel l'abatte. N'importe quel sol conviendra à cette plante et elle prospère pendant plusieurs années si elle n'est pas perturbée.

FLEURS TOUTE L'ANNÉE À PARTIR DE GRAINES ET DE RACINES

Avant de passer aux tâches qui nécessitent une attention au cours des mois successifs de l'année, il peut être utile de considérer certains des points qui constituent l'alphabet de la floriculture. Faire pousser une plante en pot est un procédé artificiel, et les conditions de sa subsistance et de sa santé doivent être réunies. Parmi ces conditions figurent la température et le logement. Il est inutile d'essayer de faire pousser des fleurs qui nécessitent de la chaleur à moins que cette nécessité ne puisse être satisfaite. Et il est également inutile de mettre en pot plus de plantes que l'espace ne peut en accueillir lorsqu'elles atteignent leur pleine taille. Un nombre limité, bien cultivé, produira une plus grande richesse de fleurs, de meilleure qualité, qu'un plus grand nombre qui deviendra faible par manque d'espace pour le développement. Néanmoins, il existe de nombreuses variétés élevées en chaleur dans les premiers mois de l'année qui peuvent être cultivées et fleuries de la manière la plus satisfaisante, sans aucune aide artificielle, à partir de semis effectués en pleine terre en avril ou mai. La floraison sera un peu plus tardive que celle des plantes amenées sous verre; mais comme ils ne reçoivent aucun chèque dès le début, ils ne seront pas très en retard sur leurs parents nourris; et ils peuvent même les exceller dans la beauté robuste, s'ils sont traités intelligemment et avec une main généreuse.

Un bon sol pour les plantes en pot n'est pas toujours disponible à un coût raisonnable, et parfois les matériaux à portée de main doivent être fabriqués pour répondre à cet objectif. Néanmoins, il est vrai que proportionnellement à l'habileté et à l'expérience du cultivateur sera son désir de s'assurer un approvisionnement en limon, tourbe et moisissure des feuilles. Ceux qui sont capables de tirer le meilleur parti des sols pauvres sont précisément les hommes qui seront le plus soucieux d'obtenir les matériaux connus pour favoriser la croissance luxuriante des plantes en pot.

La broche supérieure d'un ancien pâturage constitue un terreau capital. S'il est prélevé sur un terrain léger, il ne doit être empilé que pendant un an avant d'être utilisé. Un terreau épais doit être conservé pendant au moins deux saisons et, dans tous les cas, le tas doit être retourné et refait plusieurs fois. Un léger saupoudrage de suie entre les couches de sol sera bénéfique et contribuera à le rendre désagréable pour les vers blancs, les vers fil-de-fer et autres vermines. Le retournement fréquent du tas ne sera pas un travail perdu, car il égalise la qualité et tend à adoucir le tout en exposant de nouvelles surfaces à l'atmosphère; et c'est une aide précieuse à une croissance saine.

De nombreuses plantes poussent dans la tourbe ou dans un sol dont la tourbe est un constituant, et certaines fleurs ne peuvent pas être cultivées sans elle. La tourbe peut devoir être achetée à distance, mais il n'y a aucune difficulté à l'obtenir.

Un approvisionnement constant de moisissure des feuilles pourries peut éventuellement être organisé sur place en balayant les feuilles et en faisant un nouveau tas à chaque automne. En temps voulu, ces feuilles se décomposeront et constitueront un terreau utile. Si cela est hors de question, la quantité requise doit être achetée.

La préparation du sol pour les plantes en pot est souvent reportée au jour où elle est réellement requise. Ceci est une mauvaise pratique, et se traduit trop souvent par l'utilisation d'une proportion inadéquate des matériaux, et peut-être par leur mélange défectueux. En cela, comme dans toutes les autres opérations liées à l'horticulture, les hommes qui prendront toutes les dispositions nécessaires à l'avance obtiendront les meilleurs résultats. Dans aucune poursuite de la vie, il n'est plus nécessaire de prévoir les besoins à venir que dans la culture des fleurs. Nous supposerons que dans trois ou quatre semaines, de nombreux pots doivent être remplis de Primulas. L'homme qui cultive cette fleur avec un certain enthousiasme ne différera pas la préparation du sol jusqu'au jour venu pour le rempotage des plantes. Il déterminera à l'avance les proportions de limon, de moisissure des feuilles et de sable, fera incorporer le tout à fond et éventuellement tamiser pour enlever les pierres. Avec ceux-ci peuvent sortir des fibres non décomposées, qui constituent un excellent matériau pour la pose sur les pots au fond de chaque pot. Une telle prévoyance est certaine d'une grande récompense.

Le terreau doit également être dans le bon état d'humidité. Ce n'est pas facile à décrire, mais il doit être manipulé librement, et pourtant il ne devrait pas être nécessaire d'appliquer immédiatement de l'eau après avoir semé des graines ou avoir planté des bulbes. En cas de compost étant trop sec, laissez-le tremper et laissez-le reposer un ou plusieurs jours, selon la période de l'année et l'état de l'atmosphère.

Les pots, neufs ou anciens , doivent être trempés dans l'eau avant utilisation. Ils sont très poreux et, en absorbant l'humidité du sol, ils peuvent aussitôt le rendre trop sec, bien que dans les bonnes conditions avant d'être placés dans les pots. Et les vieux pots ne doivent jamais être utilisés tant qu'ils n'ont pas été bien nettoyés. Celles-ci peuvent sembler insignifiantes, indignes d'attention. Ils ont cependant une influence sur la santé des plantes, et les cultivateurs expérimentés savent que quelques bagatelles apparentes font toute la différence entre le succès et l'échec. Les pots sales ou recouverts de mousse verte empêchent l'accès de l'air et ont tendance à provoquer une croissance maladive. La propreté en horticulture est précieuse pour elle-même et pour la routine ordonnée qu'elle nécessite de la part du cultivateur.

Les pots sont connus à la fois par leur nombre et par leur taille. Ils sont vendus par le «casting», et un casting se compose toujours du numéro distinctif. Voici les nombres et les tailles: -

Nombre dans la distribution			Pouces
	72 Diamètre interieur en haut		2-1 / 2
Petit	60 "	"	2-3 / 4
Milieu.	60 "	"	3
Grande	60 "	"	3-1 / 2
Petit	54 "	"	4
Grande	54 "	"	4-1 / 4
Petit	48 "	"	4-3 / 4
Grande	48 "	"	5
	40 "	"	5-1 / 2
	32 "	"	6-1 / 4
	28 "	"	7
	24 "	"	7-1 / 2
	16 "	"	8-1 / 2
	12 "	"	9-1 / 2
	8 "	"	11

6 "	"	12-1 / 2
4 "	"	14
2 "	"	15-1 / 2
1 "	"	18

L'arrosage est parfois effectué sur le principe que l'heure habituelle est arrivée et que les plantes doivent donc avoir de l'eau. Mais en ont-ils besoin? Appuyez fermement les doigts sur la surface; si particules de sol adhèrent, il est trop sec. Ou tapotez intelligemment les pots avec les phalanges ou avec un bâton, lorsqu'une réponse claire et sans équivoque sera obtenue. Les plantes diffèrent considérablement dans leur demande en eau. Certains ont très soif, d'autres nécessitent une attention moins fréquente. Il faut également tenir compte de la saison de l'année et de l'état de l'atmosphère, ainsi que du fait qu'un sol lourd retient mieux l'humidité qu'un compost plus léger. Un œil vigilant et une main consentante se tromperont rarement sur ce point. L'eau doit toujours être à la même température que la maison, sinon les plantes seront constamment contrôlées. Un réservoir dans la serre répond à cette exigence. En son absence, les arrosoirs doivent être maintenus pleins sous la scène, et ils seront prêts quand on le voudra.

En pleine terre, il vaut mieux arroser abondamment quelques parcelles pendant deux ou trois soirées successives, puis avoir un intervalle, plutôt que d'humidifier la surface quotidiennement. L'application constante de petites quantités d'eau a pour effet de favoriser la croissance superficielle des racines. Ensuite, si le soleil brille violemment sur le sol, le premier jour de négligence entraîne d'immenses méfaits.

Le drainage est facilement géré. Dans chaque pot, mettez un pot presque de la taille du fond, avec le côté convexe vers le haut. Il n'y a pas besoin de tracasser pour supprimer les angles vifs ou pour rendre le fragment galbé. Couvrez-le avec des pots plus petits, et ceux-ci avec de la mousse, ou dans certains cas avec de petits morceaux de charbon de bois. Si le compost contient un mélange approprié de sable ou de gravier tranchant, un drainage gratuit sera assuré, et pourtant le sol ne peut pas être lavé à travers le pot. Le sable argenté est souvent utilisé, et il n'y a rien de mieux à cet effet. Mais les balayages des allées de gravier, finement tamisés, peuvent être remplacés. Le sable de la route est souvent infesté de graines de mauvaises herbes.

La ventilation est importante, car une maison pleine de plantes ne peut pas rester longtemps fermée en toute impunité. Les feux devraient être ouverts chaque fois que l'état du temps le permet, et en faisant cela du côté opposé au quartier d'où le vent souffle, il est souvent sûr de donner de l'air quand il peut être dangereux à partir d'autres points cardinaux; et cela devrait être fait tôt dans la journée, avant que le soleil ne devienne chaud. Souvent, les lumières restent fermées un matin ensoleillé jusqu'à ce que l'atmosphère devienne étouffante; et alors peut-être que les plantes qui ont été rendues sensibles par l'excès de chaleur sont soumises à un courant d'air meurtrier.

Dans la gestion de la température , il ne devrait y avoir aucune alternance violente de chaleur et de froid, car celles-ci apportent un désastre rapide; et, il n'est pas sage d'employer plus de chaleur que ce qui est réellement nécessaire. Les écarts de cette règle sont généralement attribuables à la négligence. Si la saison appropriée pour semer les graines d'une fleur importante a été laissée passer, une tentative est faite pour compenser le temps perdu en accélérant la croissance à une température forcée . Chaque degré inutile de chaleur sera nocif et entraînera une croissance atténuée, une pauvreté de couleur ou l'attaque d'un fléau d'insectes que la plante faiblement invite rarement en vain. Il est sage de toujours utiliser la température la plus basse à laquelle les plantes fleuriront. Cela nécessite le moment approprié pour leur plein développement et se traduira par une croissance robuste capable de produire une abondante floraison. Parfois, il est nécessaire de forcer certains sujets spéciaux, tels que les ampoules pour les fêtes de Noël. Même dans ce cas, il convient d'augmenter la température très progressivement et de reporter l'emploi de sa puissance la plus élevée au dernier moment possible.

Les plantes sont souvent emmenées directement de la fosse de forçage dans une chambre froide, jusqu'à leur ruine totale. Un instant de réflexion montrera la folie d'un tel procédé. Ils doivent être préparés au changement par transfert progressif à des températures plus basses; et si seulement quelques heures sont occupées dans le processus, cela les aidera à passer l'épreuve avec moins de blessures.

Il devrait être une coutume bien établie d'examiner les bacs à graines au moins une fois par jour, et le matin est le meilleur moment pour la tâche. Si du travail doit être fait, il y a toute la journée pour organiser son accomplissement. Alors que si la visite n'est effectuée que le soir, la lumière du jour peut ne pas rester suffisante pour faire ce qui est nécessaire. Tout comme les semis commencent, quelques heures de négligence les rendront faibles et aux longues jambes.

Lors du transfert de plantes à partir de bacs à graines, il est habituel de les placer autour des bords des pots. Ce n'est pas un simple caprice, mais est fondé sur le fait bien établi que les semis établissent leurs racines avec une plus grande promptitude près du bord du pot que loin de celui-ci.

Dans les notes mensuelles suivantes, notre objectif principal est de proposer une série de rappels qui assureront le semis de diverses graines de fleurs et la plantation de bulbes à leurs périodes appropriées, et éviteront ainsi la déception de perdre un étalage important pendant toute une saison. Ceux qui maîtrisent de grandes ressources semeront certaines graines un mois plus tôt que ce que nous recommandons, et leurs connaissances intimes et leurs abondantes installations justifient leur pratique. Mais nous avons surtout en vue les possibilités pour un amateur et des jardins de taille moyenne, où les appareils ne sont peut-être pas des plus parfaits.

Lorsque les graines sont semées une fois ou que les bulbes sont mis en pot, le travail est devant le cultivateur, et appelle silencieusement à l'attention. Par conséquent, notre objectif n'est pas de donner des instructions détaillées et continues mois par mois pour chaque fleur. Nos remarques se limitent à des indications au moment du semis ou de la plantation, et à quelques points qui peuvent par la suite sembler exiger un avis.

Pour plus de commodité, les sujets sont présentés par ordre alphabétique sous chaque mois.

JANVIER .

En pleine terre, il y a peu ou pas d'intérêt pour les fleurs, mais les serres et les fosses sont pleines de promesses. Une surveillance constante doit être maintenue sur le baromètre, et les matériaux pour repousser le gel ou les vents mornes doivent être parfaitement maîtrisés, de sorte qu'il puisse y avoir suffisamment de dispositions pour sauver les plantes des intempéries.

Les Achimenes sont des ampoules de cuisinière et ne peuvent pas être cultivées sans une quantité suffisante de chaleur. Une serre chaude répondra pour eux, et certains jardiniers produisent des spécimens justes dans des cadres sur des lits chauds. Les bulbes resteront dormants pendant un temps considérable, de sorte qu'il est facile d'avoir une succession de fleurs. Quelques-uns devraient être lancés en janvier, en utilisant du limon sableux pour les pots. Faites un suivi avec les autres à intervalles réguliers.

L'amaryllis peut être semée à n'importe quel mois de l'année, mais la période la plus satisfaisante est immédiatement après la maturation de la graine, et il est conseillé de ne mettre qu'une graine dans chaque petit pot. La germination lente et irrégulière des nouvelles graines les plus fines rend le système séparé presque une nécessité. Un compost riche, des pots bien drainés et une température d'environ 65 ° conviennent à ces plantes.

Anémone . - Voir les remarques sous octobre.

Les antirrhinums élevés en chaleur fleuriront désormais à partir de juillet. Piquez les plants et durcissez progressivement pour les semis en mai. Il existe des variétés naines, moyennes et hautes, de nombreuses belles couleurs.

Bégonia à racines tubéreuses . - La grâce et la beauté de cette plante l'ont placée au premier rang des favoris populaires. Pour le feuillage seul, cela vaut la peine d'être cultivé, et les fleurs sont uniques en forme et en couleur. Élever des plantes à partir de graines n'est pas seulement le processus le moins coûteux, mais il possède tout le charme découlant de l'espoir d'une nouveauté qui éclipsera les variétés précédemment connues. En fait, de nouvelles attractions, soit en couleur, soit en habit, sont introduites presque chaque année. A partir d'un semis fait maintenant, les plantes devraient fleurir en juillet et août.

La graine est petite et nécessite une manipulation soigneuse. Il est également lent et capricieux à germer, et de nombreux producteurs ont leurs propres méthodes pour le démarrer. De bons résultats sont obtenus en assurant un drainage libre et en remplissant partiellement les pots avec un compost fibreux assez rugueux, recouvert d'une couche de limon sableux fin fait même pour un lit de semence. Ceci est arrosé avec de l'eau et la graine est semée très finement. Certains cultivateurs expérimentés font une surface plutôt meuble, y pressent doucement la graine et ne finissent pas par une couverture de terre. La majorité, cependant, trouvera plus sûr de donner un léger tamisage de terre fine sur la graine. Puis vient une épreuve de patience, et comme les semis apparaissent à intervalles, la sagesse des semis maigres sera évidente, car chacun peut être soulevé et mis en pot au fur et à mesure qu'il est prêt, sans gaspiller le reste. Une température uniforme d'environ 65 ° est indispensable lors de la germination.

Les bulbes de bégonia qui ont été stockés pendant l'hiver devront être surveillés attentivement. Ce n'est qu'après leur démarrage naturel qu'il devrait y avoir une tentative d'induction de la croissance, ou selon toute probabilité, cela entraînera la destruction de l'ampoule. Les signes de vie doivent être mis en pot dans une bonne terre, en commençant par de petits pots, et en passant à des tailles plus grandes à mesure que les pots deviennent pleins de racines. Jusqu'à ce que la taille finale soit atteinte, retirez toutes les fleurs. Une atmosphère chaude et humide leur est favorable pendant la croissance, mais lorsque la floraison commence, l'humidité sera nuisible.

Le bégonia, à racines fibreuses , peut également être semé à la fin de ce mois ou en février, et à nouveau au début de mars. Sous un traitement similaire à celui conseillé pour les bégonias à racines tubéreuses, les plantes seront prêtes en juin pour être transférées sur des plates-bandes ou comme bordure aux bordures.

Canna . - Du nom populaire d'Indian Shot, il sera naturellement déduit que la graine est extrêmement dure et sphérique. Il doit être trempé dans l'eau pendant environ vingt-quatre heures avant le semis. Même alors, il faudra probablement un temps considérable pour germer, et il y aura également des intervalles variables entre l'apparition des plants. Une température élevée est nécessaire pour assurer un démarrage; mais après que les jeunes plantes aient été transférées dans des pots individuels, elles devraient être maintenues régulièrement dans une chaleur plus modérée jusqu'à ce qu'elles soient prêtes pour la frontière ou le jardin subtropical en juin. Pendant ce temps, ils auront besoin de rempoter deux ou trois fois et devraient avoir un compost riche et plutôt rigide.

Oeillet . - Les graines de la classe à floraison précoce doivent être semées en chaleur pendant ce mois et à nouveau en février. Avec très peu de problèmes, les plantes peuvent être amenées et transférées en pleine terre, où elles donneront un splendide spectacle dans environ six mois à compter de la date du semis.

Les chrysanthèmes du type pérenne à grande floraison peuvent facilement être cultivés à partir de graines. Si semées pendant ce mois ou en février dans une chaleur modérée, les plantes fleuriront la première saison. Mettez les plants en pot dès qu'ils sont prêts, puis durcissez-les et mettez-les à l'extérieur le plus tôt possible. Ce traitement les gardera nains et robustes. Les semis ne doivent pas être arrêtés, mais doivent pouvoir pousser tout à fait naturellement.

Les cinéraires devraient avoir de l'air chaque fois que cela est possible. Choisissez le milieu de la journée pour l'arrosage et ne laissez pas tomber l'eau par négligence, sinon de la moisissure pourrait en résulter. Dans les maisons qui ne sont pas éclairées tout autour, les plantes doivent être retournées régulièrement pour éviter qu'elles ne soient orientées dans un sens. De tels spécimens sont sans valeur pour la table du dîner, et seront diminués en valeur pour la décoration du salon.

Les cyclamens sont toujours à la hauteur de leur beauté. Les pots sont devenus si pleins de racines que l'arrosage ordinaire échoue en partie à son objectif. Une immersion occasionnelle des pots pendant environ une demi-heure se traduira par un bénéfice marqué pour les plantes. Les fleurs, une fois prises du bulbe, doivent être soulevées par une traction intelligente. Si elles sont coupées, les tiges saignent et épuisent la racine.

Lorsqu'une succession de cette fleur est valorisée, un semis doit être effectué ce mois-ci. Dibblez les graines, à un pouce d'intervalle et à un quart de pouce de profondeur, dans des casseroles ou des casseroles fermement remplies de sol riche et poreux; et placer dans une chaleur d'au moins 56 ° et d'au plus 70 °; moins la température varie, mieux c'est. La graine de cyclamen est à la fois lente et irrégulière à germer, et s'avère parfois une épreuve douloureuse même pour ceux qui ont la patience. Au fur et à mesure que les semis sont prêts, transférez-les dans de petits pots et poursuivez en fonction de la croissance, en gardant toujours la couronne du bulbe libre de terre. La puissance croissante du soleil rendra l'ombrage indispensable; pourtant, une position près du verre est la plus avantageuse pour les plantes.

Freesia . - Cette fleur élégante et délicatement parfumée est élevée chaque année en grand nombre à partir de graines. De ce mois à mars, les semis peuvent être faits à chaud, et comme les racines sont extrêmement cassantes, le rempotage est une opération délicate.

Gesnera . - Ceux qui ont cultivé autrefois cette belle plante conservatoire ne consentiront pas à s'en passer. Le un feuillage richement marqué contraste admirablement avec les fleurs. Semez de la manière conseillée pour Gloxinia, et les deux plantes peuvent être cultivées dans la même maison.

Gloxinia . — A partir de deux ou trois semis, et par un peu de gestion, il est facile d'avoir un approvisionnement de cette magnifique fleur chaque mois de l'année. Semez finement dans de nouveaux pots remplis d'un compost légèrement poreux, et voyez que le drainage est exceptionnellement bon. Donnez aux pots une position chaude et humide et un léger arrosage quotidien aidera à la germination. Les premiers plants prêts doivent être soulevés et piqués sans déranger le reste du sol. Suivez le processus jusqu'à ce que tous soient transférés. Bien que les feuilles puissent reposer à la surface, les cœurs ne doivent jamais être couverts. Mettez-les un à un quand ils sont assez grands et allumez jusqu'à ce que la taille 48 soit atteinte. Pour les plantes ordinaires, c'est assez grand, mais les spécimens extra-fins ont besoin de plus d'espace en pot, et tant que l'espace est accru, la floraison sera différée. Entre les plantes, il doit y avoir un espace libre ou les feuilles se décomposent par contact. En grandissant, une atmosphère humide, avec une température de 60 ° ou 65 °, leur conviendra; mais aussitôt la floraison commence, l'humidité est une source de malice. Les plantes les plus avancées des semis de ce mois, si elles sont bien traitées, commenceront à fleurir en juin.

Grevillea robusta . - Les graines de cet arbuste extrêmement beau peuvent être semées à tout moment de l'année, et les pots qui le contiennent doivent être maintenus humides jusqu'à ce que les semis apparaissent. Combien de temps cela prendra-t-il avant qu'ils ne deviennent visibles, nous ne pouvons le dire. La germination peut ne pas se produire tant que l'espoir n'est pas mort, et les pots ont été relégués avec mépris dans un coin obscur. Mais une fois que les jeunes plants auront été piqués, ils ne poseront aucun problème, si ce n'est de les remettre en pot deux ou trois fois, et de veiller à ce qu'ils ne périssent pas faute d'eau.

Rose trémière . - Cette majestueuse fleur de bordure est parfois cultivée et fleurie comme une annuelle, et certains jardiniers réussissent à produire des plantes satisfaisantes, portant de fines fleurs doubles, de couleur superbe et de proportions nobles. Lorsque cette méthode est possible, il est nécessaire de semer le premier mois de l'année et d'utiliser des pots ou des bacs à graines bien égouttés. Couvrir la graine avec une pincée de terre fine et placer à une température de 65 ° ou 700. Dans environ une quinzaine de jours, les plants seront prêts à être piqués sur les bords de pots de 4 1/2 pouces. Mais en règle générale, les meilleurs épis sont obtenus à partir d'un semis en juillet ou en août.

Pétunia . - Vers la troisième semaine de ce mois, un semis devrait être fait pour produire des plantes destinées à la décoration intérieure. Fin février ou au début de mars sera assez tôt pour se préparer à la literie. Semez finement dans un bon sol poreux, et donnez aux casseroles ou poêles une température d'environ 60 °. Ils devraient avoir un peu plus d'attention au moment où la graine germe, car c'est un moment critique avec les pétunias. L'uniformité de la température et de l'humidité, avec de l'ombre si nécessaire et beaucoup d'espace en pot, sont les secrets du succès dans la culture de ces plantes.

Statice . - Les lavandes de mer font de jolis sujets de bordure, mais les gerbes de fleurs sont probablement encore plus appréciées pour la coupe et, une fois séchées, pour la décoration hivernale des vases en association avec les Everlastings. Les graines des variétés semi-rustiques peuvent être semées de janvier à mars sous une chaleur douce, en transférant les plantes à l'air libre en temps voulu.

Verveine . - Cette fleur doit être cultivée avec le moins d'aide artificielle possible. En fait, plus elle sera traitée comme une plante rustique, plus la floraison sera vigoureuse et libre. Une température de 60 ° suffit pour élever la graine à cette période de l'année; et une fois que les plantes sont installées dans des pots, la chaleur peut être progressivement évitée. Semez dans des casseroles ou des boîtes remplies de terre riche, moelleuse et très sucrée. Transférer dans des pots à pouces lorsqu'ils sont assez grands et donner un autre quart de travail au fur et à mesure que la croissance l'exige, jusqu'à ce que les plantes soient prêtes à être repiquées en mai. Il existe un choix de couleurs distinctes, qui se réalisent à partir de la graine. La mouche verte est très friande de la verveine, surtout lorsqu'elle est en pot; il doit être abaissé, sinon les semis ne feront aucun progrès.

FÉVRIER

Un nombre considérable de fleurs importantes devrait être semé au cours de ce mois. Les dates précises dépendent du quartier, du caractère de la saison et des ressources du cultivateur. Si le mois s'ouvre avec du gel ou avec un temps rude et pluvieux, il sera sage de faire preuve d'un peu de patience. Là où les moyens sont insuffisants pour lutter contre les variations brusques de température, choisissez la fin plutôt que le début du mois pour débuter les sujets tendres. Dirigez le travail par une observation intelligente, au lieu de suivre des règles strictes et rapides. Mais en aucun cas la peur des intempéries ne doit servir de prétexte au report des travaux nécessaires.

Annuelles et biennales, Hardy . — C'est l'un des mérites des annuelles et biennales rustiques semées à la fin de l'été pour fleurir en le printemps suivant, ils ont besoin de très peu d'attention. Pourtant, ils ne doivent pas être entièrement négligés. Ils doivent être scrupuleusement exempts de mauvaises herbes, et il peut être évident qu'un paillis de fumier pourri est nécessaire pour les protéger et les renforcer pour une riche palette de couleurs au printemps. Les variétés qui doivent être transplantées doivent être surveillées et la première opportunité appropriée saisie pour les transférer en position de floraison.

L'Abutilon est un arbuste de serre à fleurs qui répond bien au traitement d'une annuelle. Il n'a besoin d'une température forcée à aucun stade, et la plante n'est pas non plus exigeante quant au sol. La graine, à la fois lente et irrégulière à germer, peut être semée en pot. Au fur et à mesure que les jeunes plantes sont prêtes, elles doivent être piquées et continuer à croître régulièrement. Lorsque les feuilles tombent, cela indique une mauvaise gestion, peut-être la famine. Un spécimen bien cultivé, quand les bourgeons se montreront, mesurera deux pieds de haut et sera soumis à un examen tout autour.

Anémone . - Contre la pratique de planter les racines de cette fleur élégante, nous n'avons pas un mot à dire. Au contraire, il y a beaucoup à faire en sa faveur. Des arrangements de couleur peuvent être garantis qui sont impossibles à obtenir à partir des semis. Pourtant, il ne fait aucun doute que la nécessité supposée de dépendre uniquement des bulbes s'est avérée un obstacle à la croissance des anémones dans de nombreux jardins, et à grande échelle. La culture à partir de la graine est du caractère le plus simple, aucun appareil autre que ceux à la commande du chalet étant nécessaire. La première condition requise est un sol riche et humide. Là où cela n'existe pas naturellement, un pansement généreux de fumier de vache moelleux et, par temps sec, un emploi diligent de la canette d'eau, rendront possible la culture de superbes fleurs de couleur brillante. La meilleure façon de faire le lit de semence est d'ouvrir une tranchée, de mettre une couche de fumier pourri au fond et de mélanger une autre quantité avec le sol quand il est retourné. L'ajout d'un peu de compost léger ou de sable à la surface peut être nécessaire ou non pour le préparer pour la semence. Nous préférons semer en rangées et gratter légèrement la graine. Certains cultivateurs ne tamisent qu'un peu de sable et la pratique répond bien. Les mauvaises herbes doivent être enlevées avec soin jusqu'à ce que les semis apparaissent, et ceux-ci sont longs à venir. S'éclaircir à six pouces de distance et garder le lit propre et humide constituent le reste du travail de croissance des anémones.

Aquilegia semé ce mois-ci dans un cadre produira des plantes qui pourront fleurir plus tard dans l'année, à condition que la saison soit favorable; mais ils paieront certainement pour ce semis précoce au printemps suivant. La plante est assez rustique, donc les graines peuvent être semées plus tard à l'air libre pour une exposition l'année suivante.

Asperges (*variétés à feuillage de serre*) .— Les sprays finement plumeux d' *A. Plumosus* sont devenus indispensables pour les bouquets, les boutonnières et les décorations générales. *A. decumbens* et *A. Sprengeri* sont les plantes les plus gracieuses dans les paniers suspendus. Les graines des trois variétés doivent être semées à chaud en février ou en mars.

Auricula . - Le Show Auricula est l'une des beautés régnantes du monde floral et, comme la Rose, a ses propres expositions spéciales. Si la fleur mérite toute l'admiration qu'elle reçoit, il faut pourtant avouer que certains amateurs se livrent à beaucoup de câlins inutiles dans le travail de l'élevage. Il doit y avoir une qualité chez le cultivateur, c'est la patience; car la graine sauvée d'une seule plante à une saison donnée, et semée en une seule fois, germera de la manière la plus irrégulière. Des mois peuvent s'écouler entre l'apparition de la première et de la dernière plante. La leçon à semer finement est évidente, de sorte que les plants peuvent être soulevés au fur et à mesure qu'ils sont prêts, sans perturber le sol environnant. Les variétés Show et Alpine doivent être semées dans des casseroles remplies d'un mélange de limon sableux doux et de moisissure des feuilles. Ils peuvent être démarrés à feu doux, mais cela est tout à fait facultatif. L'Auricula est parfaitement résistante au froid et le verre n'est utilisé que comme protection contre le vent, les fortes pluies et les dépôts atmosphériques.

Bégonia, à racines tubéreuses. —La semence peut encore être semée pour un affichage d'été. Transplantez les plants qui sont prêts, puis mettez-les en pot séparément.

Calceolaria, Shrubby . - Les graines semées dans des casseroles placées dans un cadre ou une serre à température modérée assureront les plantes pour la décoration d'été en plein air. Transférez les plants dans des pots assez tôt.

Campanule . - En semant des graines dans une chaleur douce en février, de nombreuses Campanules fleuriront à la même saison. Ces plantes robustes ne nécessitent que peu de chaleur et doivent recevoir autant de lumière et d'air que possible. Ils peuvent être cultivés en pot pour la décoration des pièces ou de la véranda, ou plantés sur un bon terrain en bordure ouverte. La variété semi-rustique de fuite, *C. fragilis* , est spécialement adaptée pour les paniers suspendus ou les grands vases. Les graines sont généralement semées en février ou mars; une fois prêts, les plants sont transférés dans des pots.

Celosia plumosa . - Les graines peuvent être semées maintenant ou en mars, et la routine recommandée pour les Cockscombs développera de splendides panaches. Re-pot à temps pour empêcher les racines de pousser à travers le fond des pots.

Cockscomb . - La Cockscomb idéale est une plante naine, bien fournie, avec de grands rayons symétriques et intensément colorés. La graine d'une souche de première classe produira une bonne proportion de ces plantes entre les mains d'un homme qui comprend leur traitement. Semez dans des bacs à graines remplis de terreau riche, sucré et friable, et placez-les à une température vive. Transférer les plants très tôt dans de petits pots et continuer jusqu'à ce que la taille dans laquelle ils fleurissent soit atteint. Directement, ils deviennent liés à la racine, les rayons se forment.

Cosmea . — Pour éviter la déception que ressentent parfois les cultivateurs de cette jolie annuelle semi-rustique, il est essentiel de semer une souche fiable à floraison précoce. Commencez la graine sur un lit chaud doux en février et plantez les semis en mai ou juin lorsque le danger de gel est passé.

Dahlia . - Les classes doubles et simples peuvent être cultivées et fleuries à partir de graines comme des annuelles semi-rustiques. Un semis ce mois-ci fournira les plantes suffisamment en avance pour fleurir à l'heure habituelle. Certains producteurs commencent en janvier, et à condition qu'ils aient de la place et que les travaux puissent être suivis sans risquer un contrôle à aucun stade, aucune objection ne peut être soulevée contre la pratique. Pour la plupart des jardins, cependant, février est plus sûr et mars ne sera pas trop tard. Semez finement dans des pots ou des casseroles remplis de terre légère et riche et terminez avec une très fine couche de moisissure fine. Lorsque les plants ont environ un pouce de haut, mettez-les en pot séparément, en prenant particulièrement soin des spécimens faiblement, car ceux-ci en point de couleur peuvent s'avérer être les joyaux de la collection. Après la transplantation, un peu d'attention supplémentaire les aidera à prendre un nouveau départ.

Dianthus . — À partir des semis effectués ce mois-ci ou en janvier, toutes les variétés peuvent être élevées à environ 55 ° ou 60 ° de chaleur, mais immédiatement la graine a germé, il est important de mettre les pots à une température plus basse, sinon les plants seront devenir doux. Ils doivent également être transférés dans des bacs à graines lorsqu'ils sont suffisamment grands pour être manipulés.

Fuchsia . - Il est maintenant largement connu que les fuchsias peuvent être fleuries de manière satisfaisante à partir de graines en six ou sept mois, et à partir d'une bonne souche, il y aura des semis qui valent la peine d'être cultivés. Semez finement sur un sol riche et ferme, et donnez aux pots une température d'environ 70 °. Bien que tout petit transfert les plantes sur les bords de pots bien drainés, et plus tard les mettre en pot séparément dans un compost composé principalement de moisissure des feuilles jusqu'à ce que la taille de la floraison soit atteinte, lorsqu'une proportion de du fumier de vache pourri doit être ajouté. Le Fuchsia est un grossier nourricier, et doit avoir une abondance de nourriture et d'eau. Les pucerons et les thrips sont des ennemis persistants de cette plante et nécessiteront une attention constante.

Les graines de géranium peuvent être semées à tout moment de l'année, mais il y a de bonnes raisons pour lesquelles les mois de février et août devraient être choisis. Les semis cultivés maintenant feront de belles plantes d'ici la fin juin et commenceront à fleurir en août. Ils ont une habitude robuste et, à partir d'une souche fiable, il y aura une proportion considérable de beaux spécimens. Semez dans des casseroles remplies de terre de texture un peu rugueuse et la surface n'a pas besoin d'être très lisse. Couvrez légèrement la graine de terreau fin. Pour avoir des plantes prêtes à fleurir en été, il sera nécessaire de donner aux bacs à graines une température de 60 ° ou 70 ° et de suivre la pratique habituelle de piquer et de rempoter les plants.

Glaïeul . - Il n'est pas courant de faire pousser cette noble fleur à partir de graines, mais la tâche est simple, et des graines assez bonnes pour valoir l'expérience peuvent être obtenues. Dans de grands pots, bien égouttés et remplis de terreau fibreux et de moisissure des feuilles, trempez les graines séparément à un pouce d'intervalle et un demi-pouce de profondeur. Une température de 65 ° ou 70 ° les fera monter, et quand ils atteignent un pouce de haut, la chaleur doit être progressivement réduite. Les semis n'ont pas besoin d'être transplantés, mais peuvent rester dans les mêmes pots jusqu'à ce que l'herbe meurt et les bulbes sont tamisés en septembre ou octobre.

Gloxinia . — Les instructions du mois de janvier sont applicables, mais il sera nécessaire de fournir de l'ombre aux semis lorsque le soleil devient chaud, surtout après qu'ils ont été rempotés.

Kochia trichophylla . - Bel arbuste annuel ornemental semi-rustique, de forme symétrique. À partir de graines semées pendant ce mois ou en mars, les plantes peuvent facilement être cultivées pour la décoration intérieure ou pour fournir un approvisionnement pour les plates-bandes et les bordures. Lorsqu'il est bien cultivé et qu'il laisse beaucoup d'espace dès le début, chaque spécimen forme une masse dense de feuillage vert vif qui vire au rouge pourpre en automne.

Les Lobelias occupent une place de choix pour la literie et sont suffisamment diversifiés pour répondre à de nombreuses exigences. En effet, il n'y a pas d'autre fleur bleue qui puisse contester sa position. La classe compacte est spécialement adaptée pour les bordures; les variétés étalées répondent admirablement dans les frontières où une ligne de couleur nettement définie n'est pas indispensable; la souche *gracilis* a un effet charmant dans les paniers suspendus, les jardinières et les travaux rustiques; et la section *ramosa* pousse de neuf à douze pouces de haut, produisant de grandes fleurs. Tout ceux-ci peuvent être semés maintenant en tant qu'annuelles, pour produire des plantes destinées à être repiquées en mai. Mettez la graine dans un sol sableux et mettez les casseroles à feu doux.

Le mimulus, s'il est semé maintenant et traité comme une serre annuelle, fleurira la première année. C'est l'une des plantes les plus assoiffées de ce pays et doit être alimentée en eau sans interruption.

Nicotiana. - Là où le jardinage subtropical est pratiqué, le plant de tabac est indispensable. Pour développer ses belles proportions, il doit y avoir la plus grande libéralité de traitement dès le début. Soit ce mois-ci, soit au début de mars, semez dans un sol riche et placez les casseroles dans une maison ou une fosse chaude. Mettez les plants tôt dans de petits pots et favorisez une croissance rapide mais robuste, jusqu'à ce que le temps soit assez chaud pour eux en pleine terre. La Nicotiana est également une plante en pot admirable pour la véranda ou la serre, où elle est particulièrement appréciée pour son parfum délicieux.

Pensée. —Bien que la pensée pousse presque partout, un sol humide et riche, partiellement ombragé du soleil d'été, est nécessaire pour rendre la plante pleinement justice. De nombreuses couleurs distinctes sont enregistrées séparément et la qualité des plants est si bonne que la propagation par boutures diminue progressivement. Semez finement dans des pots ou des poêles, et lorsque les jeunes plants ont été piqués, placez-les dans un coin frais et sûr jusqu'à ce qu'ils soient assez grands pour la litière. Le sol doit être abondamment habillé de fumier de vache pourri.

Pelargonium. —En élevant des pélargoniums de semis, il est bon de garder à l'esprit qu'une graine sans valeur prend autant de temps et d'attention qu'une souche de première classe. La culture en serre la plus simple suffira pour amener les plantes à la perfection. Un limon sableux léger leur convient, et les pots n'ont pas besoin d'aller au-delà de la taille 48 ou tout au plus 32. La floraison sera différée jusqu'à ce que le rempotage cesse.

Pétunia. - Vers la fin du mois, les plants élevés en janvier pour la culture en pot seront prêts à être transférés dans des bacs à graines. Il sera également temps de semer pour les plantes à massifs, même si le début du mois de mars n'est pas trop tard.

Phlox Drummondii. - L'attention portée à cette fleur en a fait l'une des annuelles semi-rustiques les plus variées et les plus brillantes que nous possédions. La section *grandiflora* comprend de nombreux sujets de literie splendides qui fleurissent librement et continuent à fleurir pendant une longue période. Celles-ci et d'autres sont également précieuses comme plantes en pot, et même dans la serre ou la véranda, elles se distinguent par leurs couleurs riches. Toutes les variétés peuvent être semées maintenant dans des casseroles bien drainées ou des boîtes peu profondes. Presser les graines dans un bon sol environ à un pouce de distance, et en règle générale, cela évitera le repiquage; mais si le repiquage devient nécessaire, retirez les plantes de remplacement et mettez-les dans d'autres casseroles, ou mettez-les en pot séparément. Le reste aura alors de la place pour se développer jusqu'à ce que le moment de la litière arrive.

Polyanthus. - Soit maintenant, soit en mars, semez dans des casseroles remplies de tout terreau assez bon, et ne soyez pas impatient de la germination de la graine. De nombreux semis de bonnes graines ont été jetés car on ne savait pas que le Polyanthus participe aux caractéristiques lentes et irrégulières de cette classe de plantes. Au fur et à mesure que les plants sont prêts, soulevez-les soigneusement et transplantez-les dans des casseroles ou des boîtes, à partir desquelles un peu plus tard, ils peuvent être déplacés vers n'importe quel coin isolé de la bordure, jusqu'à ce qu'en septembre, ils soient placés dans des quartiers fleuris. Pendant qu'ils sont dans les bacs à graines, ils doivent être maintenus humides, bien qu'un arrosage excessif soit à éviter. Si l'été est sec, ils auront également besoin d'eau lorsqu'ils sont en pleine terre.

Les primevères de bonnes couleurs sont admirablement adaptées à la décoration intérieure, et il n'y a aucune occasion de les cultiver dans des pots à cet effet. Soulevez le nombre requis de la frontière de la réserve sans exposer les racines; les mettre en pot et les placer dans un cadre frais jusqu'à ce qu'ils soient bien établis. Beaucoup d'espace, pas plus d'eau que ce qui est absolument essentiel et une ventilation progressive, comprennent tous les détails nécessaires à la culture. Les graines semées ce mois-ci ou en mars, dans des casseroles ou des boîtes, produiront de belles plantes à fleurir l'année suivante.

Primula . - Les élégantes variétés mi-rustiques *P. obconica grandiflora* et *P. malacoides* peuvent être semées à tout moment de février à juillet, la plus précoce d'entre elles commençant à fleurir à l'automne et à l'hiver suivants. L'objectif doit être de garder les plantes aussi résistantes que possible, en leur donnant de l'air lorsque les conditions sont favorables.

Renoncule. —Bien qu'il ne soit pas habituel de cultiver cette fleur à partir de graines, c'est à la fois facile et intéressant de le faire. Semez dans des boîtes contenant de quatre à six pouces de terre, et comme il n'y a pas besoin de repiquer, chaque graine doit être placée séparément, à environ un pouce et demi d'intervalle. Une serre ou un cadre frais fournira les conditions nécessaires à la croissance des semis. Lorsque le feuillage est mort, tamisez les racines et stockez-les dans de la tourbe sèche ou de la fibre de cacao pour l'hiver.

Pour garantir une exposition immédiate des renoncules, il est nécessaire de planter des racines matures. Le sol dans lequel ils se développent particulièrement est un limon adhésif ou de l'argile. Cela se trouve être défavorable à leur sécurité en hiver, et il est donc sage de reporter la plantation dans de tels sols jusqu'à ce mois-ci. Une procédure très simple suffira à produisent de belles fleurs richement colorées. Si possible, choisissez pour le lit un sol lourd en situation ouverte et habillez-le généreusement avec du fumier pourri. Creusez profondément la terre et étendez-la rugueuse, afin qu'elle profite des gelées. En janvier et février, bifurquez-le légèrement plusieurs fois, dans le double but de le rendre moelleux et de permettre aux oiseaux de le débarrasser de la vermine. Des pièges faits de pommes de terre évidées aideront également ce dernier objet. Au plus tard la troisième semaine de février, les racines doivent être plantées dans des semoirs espacés de six pouces et de deux pouces de profondeur. Mettez-les à des intervalles de quatre pouces dans les rangées, avec les griffes vers le bas, et couvrez-les de terre fine. Gardez le lit exempt de mauvaises herbes et donnez de l'eau en abondance par temps sec. Lorsque le feuillage est mort, soulevez les racines et rangez-les pour la saison suivante.

Le Turban Ranunculus est moins délicat que les variétés nommées, et il faut moins hésiter à planter en automne.

Ricinus. —La plante à huile de ricin est largement cultivée pour son feuillage ornemental saisissant, et sous un traitement généreux, elle atteindra de quatre à six pieds de hauteur. C'est une annuelle semi-rustique et doit être cultivée de la même manière que Nicotiana.

Salpiglossis mérite sa popularité croissante. Un semis à la fin de ce mois ou au début du mois de mars assurera les plantes en condition pour la pleine terre en mai. Un lit chaud modéré est nécessaire maintenant, mais en avril, la graine peut être semée sur des bordures préparées pour une exposition estivale des fleurs veinées et crayonnées.

Solanum . - Les variétés cultivées pour la décoration hivernale sont très prisées lorsqu'elles sont chargées de leurs baies aux couleurs vives. Semez les différents types à chaud et transférez les plants directement dans des pots individuels remplis de terre très riche.

Stock, Intermédiaire . — Pour former une succession aux variétés à floraison d'été ou à dix semaines en juillet et août, les graines des stocks intermédiaires doivent être semées à feu doux en février ou mars. Le traitement accordé aux stocks de dix semaines, décrit à la page 379, conviendra également aux variétés intermédiaires.

Les pois de senteur sont devenus ces dernières années un ornement si important pour le jardin et les fleurs sont si prisées pour un usage domestique qu'aucun effort n'est épargné pour assurer une exposition prolongée. Dans ce but, les graines sont semées dans des pots et les plants repiqués, dès que le temps le permet, sur le sol spécialement préparé à l'automne précédent. Ceux qui n'ont pas semé en septembre devraient le faire à la fin du mois de janvier ou en février. Une température forcée est préjudiciable et les plantes se développent mieux lorsqu'elles sont traitées pratiquement de manière robuste.

Vallota purpurea. —Cette belle plante bulbeuse n'est pas tout à fait rustique, mais dans plusieurs comtés du sud, elle peut être cultivée en pleine terre, avec seulement l'abri d'une litière sèche ou d'un tapis. Dans des pots, les bulbes ne doivent pas sécher pendant l'hiver; et quand la croissance commence au printemps, l'eau doit être donnée gratuitement. Un bon terreau convient au Vallota, et il est souhaitable d'éviter le rempotage tant que la période de floraison n'est pas passée: lorsqu'un transfert devient nécessaire, déranger le moins possible les racines.

La verveine, si elle n'a pas été semée le mois dernier, doit être introduite rapidement, car il est important de ne pas précipiter la croissance de cette plante par une chaleur excessive.

Wigandia est une plante vivace semi-rustique, cultivée exclusivement pour son noble feuillage tropical. S'il est commencé maintenant, il atteindra une grande taille annuelle. Il est impossible de trop bien cultiver cette plante. Un emploi somptueux de fumier et d'eau garantira des spécimens majestueux. Les instructions données pour Ricinus s'appliquent également au Wigandia.

MARS

Le premier devoir est de s'assurer qu'il n'y a pas d'arriérés à réparer ou de manquements à remplacer. Si un semis a mal tourné, ne perdez pas de temps à vous repentir dessus, mais semez à nouveau. Cultiver des fleurs dans des conditions artificielles est une lutte prolongée avec la nature, dans laquelle le jardinier le plus expérimenté et le plus habile n'a pas besoin d'avoir honte d'un échec occasionnel. Mais la cause de l'échec devrait, si possible, être déterminée pour des orientations futures. Nous disons si possible, car le secret ne peut pas toujours être découvert. Il peut y avoir eu toutes les conditions apparentes de succès, et pourtant, pour une raison inexplicable, il y a eu une déception. En règle générale, cependant, la cause sera trouvée par l'homme qui est déterminé à faire de chaque échec le tremplin vers le succès futur.

L'allongement des jours et la puissance croissante du soleil exigent une vigilance et une activité accrues. Le risque de gel persiste et, pire encore, l'influence flétrissante du vent du nord-est, qui brûle les semis délicats comme avec un souffle de feu.

Les annuelles, Hardy, peuvent être semées en plein air de février à mai. Peut-être qu'une liste des principales fleurs comprises sous cette dénomination peut aider à la mémoire. Plusieurs des éléments suivants ne sont pas strictement rustiques, mais à des fins pratiques, ils peuvent être considérés ainsi.

FLEURS TOUTE L'ANNÉE À PARTIR DE GRAINES ET DE RACINES

Abronia
Acroclinium
* Alysse
* Asperula
Bartonia
* Cacalia
Calandrinia
Calendula
Candytuft
Centranthus
Chrysanthème,
annuel
Clarkia
Collinsia
Collomia
Convolvulus mineures
coréopsis
Bleuet
Dimorphotheca
Erysimum
eschscholtzia
Eutoca
Gilia
Godetia
* Gypsophila
Épervière
Helichrysum
Hibiscus
Jacobea
Kaulfussia
* Larkspur
* lavatère
Layia
* Leptosiphon

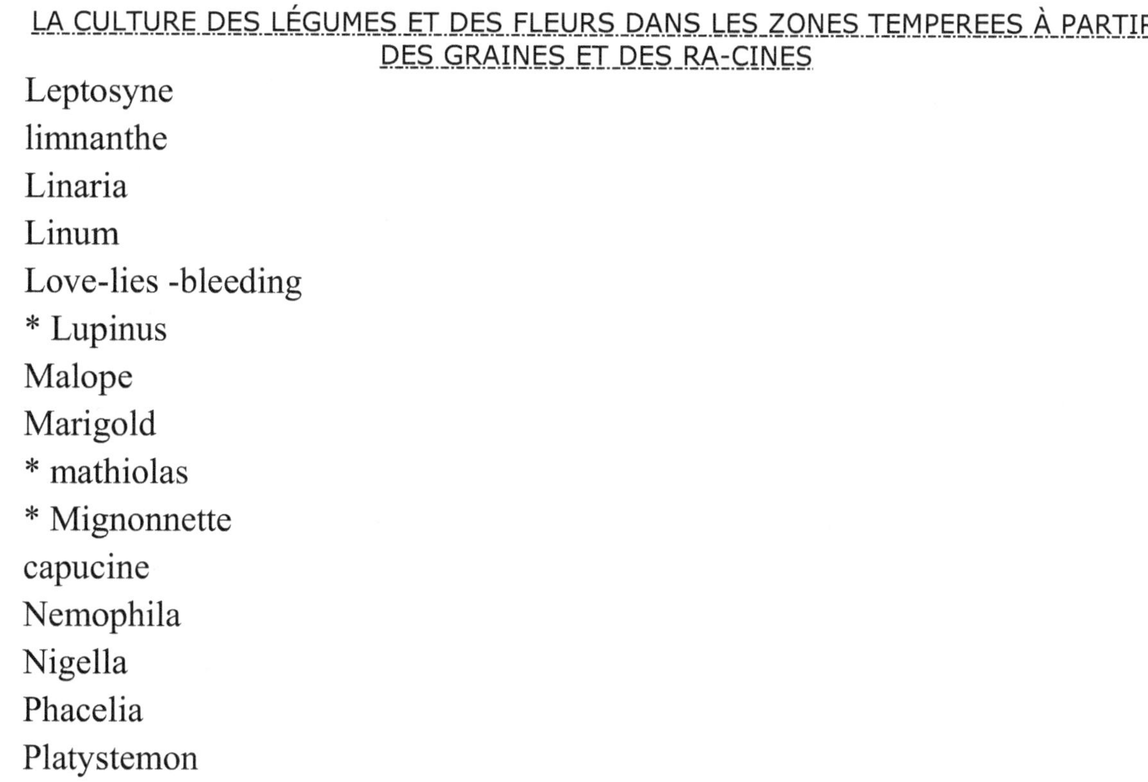

Leptosyne
limnanthe
Linaria
Linum
Love-lies -bleeding
* Lupinus
Malope
Marigold
* mathiolas
* Mignonnette
capucine
Nemophila
Nigella
Phacelia
Platystemon
* Poppy
plume du prince
Rudbeckia
Salpiglossis
Sanvitalia
Saponaria
Silene de
tournesol
Swan River Daisy
Sweet Pea
doux Sultan
Vénus glace
Vénus Navel-moût
* Virginian Stock
Viscaria
Whitlavia
Xeranthemum

Les annuelles rustiques méritent un meilleur traitement qu'elles n'en reçoivent parfois. Elles peuvent être semées immédiatement là où elles sont destinées à fleurir, et pour les variétés précédées d'un astérisque cette méthode est une nécessité, car elles supportent mal le repiquage. Dans tous les cas, semez finement, puis mince hardiment, car beaucoup des fleurs nommées occuperont un diamètre d'un ou même deux pieds si le sol est en état de leur rendre justice. Creuser le sol en profondeur et incorporer beaucoup de fumier, sauf là où la capucine doit être semée. Un sol assez pauvre est nécessaire pour cette annuelle, sinon les fleurs seront cachées par un feuillage excessif.

Abutilon. —Il est encore temps d'élever des plantes pour la floraison de l'année en cours. Les plants doivent être mis en pot régulièrement pour les rendre robustes et à floraison libre.

Aster. - Seuls ceux qui connaissent de près le développement moderne de cette belle fleur peuvent avoir une idée de ses formes et couleurs variées. Il y a nain, moyen et grand variétés dans une diversité presque infinie, et presque toutes feront honneur à n'importe quel jardin si elles sont bien cultivées. Trop souvent, cependant, on voit des fleurs qui ne sont qu'une caricature de ce que les Asters peuvent devenir entre les mains d'hommes qui comprennent leurs exigences. Pour les cultiver à la perfection, le sol doit être creusé à l'automne précédent, là où le sol est suffisamment profond pour justifier l'opération. Sinon, le creusement doit être profond, et beaucoup de fumier pourri doit être travaillé. Laisser le sol à peu près exposé aux effets désintégrants des gelées hivernales; et au printemps, il devrait être légèrement fourchu une ou deux fois pour produire un état friable, dans lequel les racines se ramifieront librement et descendront vers le fumier enterré pour stimuler la nourriture. Si par de tels moyens la terre raide peut être adoucie, elle produira des asters de taille et de couleur magnifiques.

En semant, il n'est pas sage de compter sur un seul effort. Nous conseillons au moins deux semis; et trois sont meilleurs, même si seules quelques plantes sont recherchées. Cela diminue le risque d'échec et prolonge la saison de floraison. Préparez un compost de moisissure foliaire et de terreau, mélangé à du sable tranchant pour assurer le drainage. Vers la fin du mois, semez dans des pots ou dans des bacs à graines sur une surface plane; et nous insistons sur un semis fin, pour éviter le risque de fonte des semis. Couvrez à peine la graine de terre finement tamisée et placez des feuilles de verre sur les casseroles ou les pots pour vérifier l'évaporation rapide. Si de l'eau doit être donnée, plongez les pots pendant un temps suffisant, au lieu d'utiliser le bidon d'eau. Une serre fraîche, un vignoble ou un foyer à moitié épuisé est une bonne position pour les casseroles, et une plage de température de 55 ° à 65 ° doit être considérée comme les limites extérieures de variation.

Auricule. —La semence peut encore être semée; en effet, avril ne sera pas trop tard. Le fait de submerger partiellement les casseroles lorsque l'eau est nécessaire permet d'éviter que de nombreuses graines ne soient lavées et gaspillées.

Baume. —- Bien que cette fleur provienne d'un climat tropical, elle n'est pas très tendre; un lit chaud doux suffit amplement pour faire remonter la graine. Deux ou trois semis sont conseillés pour assurer une succession de floraisons, et pour le premier d'entre eux, le milieu de ce mois est le bon moment. Il est important que le sol de cette plante soit léger, riche et très sucré. Lorsque les plants montrent leurs premières feuilles rugueuses, ne perdez pas de temps à les piquer, et ils devraient ensuite être mis en pot suffisamment tôt pour favoriser une habitude naine.

Calcéolaire. —- Les plantes des semis de l'année dernière commenceront à bouger et devraient être déplacées dans leurs derniers pots avant l'apparition des bourgeons. La taille de huit pouces doit contenir des spécimens très fins. Le compost pour eux doit être préparé avec soin plusieurs jours avant utilisation. Mettre les plantes fermement et placez-les dans une serre légère et aérée. Dès que les pots sont remplis de racines, une dose occasionnelle d'eau de fumier sera bénéfique jusqu'à ce que les fleurs commencent à montrer de la couleur, alors que seule de l'eau douce pure sera nécessaire. Attachez les plantes quelque temps avant que les bourgeons atteignent leur pleine taille.

Clerodendron fallax. —Une charmante plante de poêle, produisant de grandes têtes de fleurs écarlates brillantes adaptées à la décoration de serre. À partir des graines semées en mars ou avril, il devrait y avoir une floraison en août ou en septembre suivant.

Coleus est strictement une plante vivace. Mais nos courtes journées d'hiver ne conservent pas une couleur riche, et elle donnera dans presque tous les cas plus de satisfaction si elle est traitée comme une annuelle, appréciant le feuillage magnifique et varié pendant l'été et l'automne, et consignant les plantes à la poubelle comme hiver les jours approchent. Nous ne conseillons pas de semer les graines avant mars, car une quantité considérable de lumière du jour est nécessaire au développement de teintes riches et de marques diversifiées dans le feuillage. Les éléments essentiels pour faire pousser des plantes à partir de graines sont un bon drainage, une température qui ne descend pas en dessous de 65 °, l'utilisation prudente de l'eau et le transfert précoce des plants. Les plantes vertes peuvent être jetées aussitôt qu'elles révèlent leur caractère, mais celles qui présentent des teintes délicates dans les petites feuilles compenseront abondamment tous les soins qui leur sont apportés.

Dianthus. —Mettez les plants dans des pots individuels et durcissez pour être prêts à être transplantés à l'air libre en mai ou juin.

Dimorphotheca. —Cette plante annuelle semi-rustique précieuse, originaire d'Afrique du Sud, connue également sous le nom d'étoile du Veldt, peut fleurir dans les six semaines suivant le semis. Les plantes peuvent être cultivées en commençant par semis ce mois-ci ou en avril, dans des casseroles de sol léger étant donné la protection d'un cadre. Transplanter en mai, dans un sol bien drainé, en choisissant un endroit chaud et ensoleillé. En plein air, les graines peuvent être semées en toute sécurité en mai ou juin. Les plantes mises en pot dès le début des semis feront un spectacle plus attrayant dans la véranda, ou les graines peuvent être semées dans des pots et les semis éclaircis à trois ou quatre dans chacun.

Gaillardia. —Pour assurer un approvisionnement en plantes pour la pleine terre en mai, les graines de toutes les variétés peuvent être semées au cours de ce mois. Piquez tôt et gardez-les nains.

Geum. - À partir des graines semées ce mois-ci ou en avril, la variété double populaire, Mme Bradshaw, peut être mise en fleur la première année. Les semis doivent être piqués dans des boîtes et progressivement durcis pour être éteints en mai ou juin.

Glaïeul . - C'est l'une des fleurs les plus majestueuses et les plus belles de nos jardins. Certaines variétés sont remarquablement brillantes; d'autres sont d'une teinte extrêmement délicate et raffinée dans leurs marques. La culture peut être du type le plus primitif ou devenir l'un des beaux-arts de l'horticulture. Simplement enfouis dans le sol et livrés à leur propre bataille, les bulbes produisent parfois de splendides épis de fleurs, même s'ils ne sont pas aussi imposants qu'une meilleure culture aurait pu les rendre. Sous des soins habiles, les fleurs sont magnifiques en taille et en couleur.

Le travail principal de préparation du terrain devrait être effectué à l'automne. Maintenant, il suffit de donner au sol deux ou trois fourches légères, et celles qui ne sont pas assez profondes pour ramener le fumier enfoui à la surface. Cette agitation fréquente est bénéfique en soi, et elle favorise la destruction des ennemis qui s'attaquent aux racines de glaïeuls. Les petites pommes de terre, grossièrement évidées, ou des morceaux de carotte, peuvent être utilisés comme pièges pour les vers fil-de-fer et autres vermines. La plantation se fait parfois à la fin de ce mois, mais en règle générale, il vaut mieux attendre début avril.

Gloxinia . - Il est encore temps de garantir une brillante exposition estivale à partir de graines. Les bulbes qui ont été stockés pendant l'hiver ont besoin d'attention. Là où ces fleurs sont recherchées tôt et où il y a beaucoup de place, on commencera probablement en février; mais dans le plus grand nombre de jardins, mars est assez tôt. En supposant que les bulbes soient sains, ils doivent être mis en pot dans un mélange de terreau, de tourbe et de sable. Ceux qui démarrent en premier doivent être re-mis en pot pour une alimentation à terme. Pendant la croissance, l'eau de fumier deux fois par semaine aidera à produire des fleurs fines, de couleur intense; mais quand les fleurs s'ouvrent, le fumier liquide doit être abandonné, et de l'eau douce pure doit être donnée aussi souvent que nécessaire, car les Gloxinias ne peuvent pas supporter la sécheresse. L'ombrage est une question importante dès le début, et en particulier pendant la période de floraison.

Les plants de roses trémières seront prêts à être placés dans des pots à pouces. Directement, ils sont établis, commencez à les préparer pour la plantation en mai.

Impatiens . — Certains cultivateurs ont un peu de mal à faire pousser cette élégante fleur à partir de graines. Cela vient probablement d'un semis trop tôt. Là où il y a une commande de chaleur suffisante, aucun problème ne devrait être rencontré en mars, et il est essentiel de semer très finement pour deux raisons. Les semis surpeuplés sont susceptibles de se dissiper, en particulier par temps terne et humide, et ils sont si fragiles qu'il est bien proche impossible de les transférer des pots de graines jusqu'à ce qu'ils atteignent environ un pouce de haut.

Lavatera . — Comme les mauves ne se transplantent pas bien, il est souhaitable de semer dans les positions de floraison. Un bon sol est nécessaire pour assurer de beaux spécimens, et un espace suffisant doit être laissé pour que les plantes se développent. La graine peut être semée de mars à mai.

Lobelia . - Les variétés vivaces font de splendides plantes de bordure et se cultivent facilement à partir de graines. Semez en février ou mars, par chaleur modérée, et en temps voulu, transférez dans un terreau riche et profond. Leur feuillage métallique foncé et leurs fleurs brillantes sont les plus visibles et les conviennent admirablement pour la rangée arrière d'une bordure de ruban, ou pour les groupes dans la bordure mixte.

Lupinus . - Les graines des variétés annuelles peuvent être semées de mars à mai, et il est nécessaire de semer là où cela est nécessaire pour la floraison, car le repiquage n'est pas satisfaisant. Les lupins vivaces peuvent également être fleuris comme annuelles en semant des graines en mars ou avril.

Souci . - Les variétés africaines et françaises sont importantes à la fin de la saison, car elles continuent à fleurir jusqu'à ce qu'elles soient coupées par le gel. Le premier atteint la hauteur de dix-huit à trente pouces, et la couleur est limitée au jaune dans plusieurs nuances, du citron pâle à l'orange foncé. Ce dernier est plus varié en habit et en couleur, et les Miniatures font d'excellentes plantes à massifs. Pendant les saisons chaudes et sèches, les soucis éclipsent entièrement les Calceolarias, car ils peuvent bien supporter la sécheresse et une pénurie de nourriture; tandis que le Shrubby Calceolaria ne se développe pas dans de telles conditions. Toutes les variétés de Tagetes peuvent être semées maintenant sur une chaleur modérée, et elles devraient être piquées dans des casseroles ou des boîtes pour être prêtes à être transférées en pleine terre en mai.

Merveille du Pérou . - Le traitement prescrit pour Balsam conviendra à cette plante. Au cours de la première année, il atteindra une taille considérable, mais n'atteindra généralement pas ses pleines dimensions avant la deuxième saison. C'est une plante vivace à moitié résistante et, lorsqu'elle est conservée pendant l'hiver, elle aura besoin d'une protection contre le gel.

La mignonnette trouve un accueil dans tous les jardins anglais; et pour ajouter à son attrait, il existe maintenant des variétés jaunes, rouges et blanches, en plus de formes telles que naine, pyramidale et spirale. La mignonnette peut être cultivée sans la moindre difficulté; en effet, il se reproduira à partir de l'excrétion des graines l'année précédente. Néanmoins, il est vrai que dans la plupart des jardins, justice est rarement faite à cette fleur, pour la simple raison qu'il n'y a pas suffisamment de confiance en ses capacités. Chaque plante couvrira un espace d'au moins un pied, et nous avons vu des spécimens d'un mètre de diamètre, hérissés de pointes de fleurs délicieusement parfumées. Le sol doit être rendu ferme, tout comme un lit d'oignon est traité. Sauf pour ce seul point, la culture d'une annuelle rustique est tout ce qui est nécessaire. La mignonnette ne réussit pas à transplanter, mais sinon elle est très accommodante. Les semis sont fréquemment enlevés à la mouche aussi vite qu'ils apparaissent au-dessus du sol. La suie et les cendres de bois appliquées à temps sont les meilleurs préventifs; mais un deuxième semis peut être nécessaire, et il doit être fait aussitôt que la perte est découverte.

Nemesia . — Pour la première exposition de cette belle annuelle, le premier semis doit être fait en pots sous verre pendant ce mois. En bordure ouverte, les graines peuvent être semées en mai et en juin. Parfois, on éprouve un peu de difficulté à élever des plantes dans des conditions artificielles, mais ceux qui sèment dans des plates-bandes ou des bordures à partir du même paquet de graines pendant les mois indiqués, trouveront que la culture est assez facile.

Pentstemon . - Le traitement recommandé pour la section vivace des Lobelias conviendra parfaitement à cette fleur.

Phlox Drummondii . - Il est encore temps de semer. Les semis établis doivent être progressivement durcis par un accès libre de l'air, jusqu'à ce qu'ils soient prêts pour le terrain ouvert.

Phlox, vivace , peut être élevé à partir de graines semées dans des boîtes peu profondes au début de ce mois, et placé dans une chaleur modérée. Transplantez les plants lorsqu'ils sont prêts, durcissez progressivement et plantez-les dans un sol riche à un pied l'un de l'autre, ou placez-les dans des endroits vacants dans les arbustes. Aide avec de l'eau si nécessaire.

Pavot . - Les variétés annuelles supportent mal le repiquage, surtout à partir de sols légers, et par conséquent, en règle générale, il est conseillé de semer là où les plantes sont destinées à fleurir. Ils forment des lignes et des touffes bien visibles parmi les arbustes; et c'est particulièrement le cas avec les énormes fleurs de la classe double. Semez en mars et avril et commencez à éclaircir les plants lorsqu'ils sont petits. Ils devraient finalement être laissés à environ un pied l'un de l'autre. Les coquelicots vivaces peuvent également être fleuris comme des annuelles s'ils sont semés ce mois-ci et transférés dans des quartiers ouverts lorsqu'ils sont assez grands.

Schizanthus . - Élégantes annuelles mi-rustiques, qui peuvent être cultivées comme spécimens pour le conservatoire, ou en quantité pour les bordures ouvertes. Semez à feu doux et mettez en pot sur les semis.

Solanum . - Pour une succession de variétés qui poussent pour leurs baies, semez à nouveau à chaud, et faites un semis des espèces à feuillage ornemental pour le jardinage subtropical. Ces derniers sont plutôt plus tendre, et ont besoin d'une température un peu plus élevée que la première. Ils doivent tous avoir une culture libérale pour faire ressortir leurs belles qualités.

Statice . - Les variétés annuelles rustiques de lavande de mer peuvent être semées en mars ou en avril, et les meilleurs résultats sont obtenus en commençant la graine dans des casseroles et en plantant lorsque les plants sont suffisamment avancés en taille. Les graines des espèces vivaces rustiques doivent être semées d'avril à juillet sur un sol léger et transplantées plus tard dans les quartiers fleuris.

Stock, dix semaines. - La faveur croissante manifestée pour les stocks annuels est sans doute en partie attribuable à l'appréciation croissante manifestée pour toutes sortes de fleurs. Mais il peut être attribué dans une mesure encore plus grande à la pureté, à la brillance et à la variété accrues de couleur des stocks modernes de dix semaines, ainsi qu'à la fiabilité accrue des semences dans la production de fleurs doubles. Il ne faut rien dire de son parfum, car c'est une qualité que le plus inobservateur peut à peine manquer de remarquer.

Bien que le stock de dix semaines soit semi-rustique, il ne doit pas recevoir le traitement d'une offre annuelle; en effet, l'un des points les plus importants de sa culture est d'éviter tout excès de chaleur artificielle. Un peu d'aide au début, il doit avoir; mais le but devrait être de conférer une constitution robuste à partir du moment où les semis apparaissent. Nous ne préconisons pas une exposition imprudente aux explosions de froid, mais la nécessité de donner de l'air librement chaque fois que l'occasion se présente. Le meilleur des lits de semence peut être fait dans des casseroles ou des boîtes peu profondes remplies de sol doux et sableux. Dans ces semer finement, de sorte que les jeunes plants puissent avoir de la place en abondance. Même un peu de gaspillage d'espace apparent sera compensé par une croissance robuste et vigoureuse. Du milieu à la fin du mois est un moment propice pour les semailles.

Sweet Pea . - Cette fleur est si demandée à des fins décoratives qu'une exposition prolongée doit être assurée par des semis successifs, commençant ce mois-ci et se poursuivant jusqu'en mai, voire jusqu'en juin, où le sol et les circonstances sont particulièrement favorables. La valeur des groupes de pois de senteur dans les bordures et pour animer les arbustes est maintenant très appréciée, et il n'est pas rare de voir de fines touffes parmi les arbres fruitiers nains.

Tigridia ou Ferraria . - Des fleurs plus fines sont généralement obtenues à partir de la bordure ouverte que dans des pots, et les bulbes doivent être plantés à trois ou quatre pouces de profondeur en mars ou avril. Le limon sableux et la tourbe leur conviennent admirablement. Sur une bordure sèche ces bulbes passera l'hiver en toute sécurité, mais sur les terres humides, il sera périlleux de les laisser de côté.

Verveine. - Il est possible d'élever des Verbènes en plein air à partir de graines semées en semoir sur un sol léger, mais la tentative est un peu hasardeuse. Il n'y a cependant aucun danger à semer dans des casseroles placées dans un cadre frais. Les plantes doivent être mises en pot immédiatement, elles sont suffisamment grandes pour être manipulées. La floraison de ce semis sera plutôt tardive, mais pas trop tardive pour une bonne floraison.

Zinnia. - Les variétés doubles sont maintenant cultivées presque à l'exclusion des fleurs simples, et les premières sont si incomparablement supérieures, qu'elles sont jugées par les règles sévères du fleuriste. Avec cette plante, il est inutile de commencer trop tôt. Vers la fin du mois, un début sera fait par des cultivateurs expérimentés, mais le novice comparatif sera sage d'attendre jusqu'au début du mois d'avril. Semez dans des pots remplis d'un compost de moisissure des feuilles, de limon et de sable, et assurez-vous qu'il y a un drainage efficace. Plongez les pots à une température d'environ 60 °.

AVRIL

De nombreuses fleurs semi-rustiques, telles que Acroclinium, *Convolvulus major* , *Linum rubrum* , Nemesia, Salpiglossis, Schizanthus et autres, qui à une période antérieure ne peuvent être semées qu'en toute sécurité sous protection, peuvent maintenant être consignées en pleine terre sans le moindre crainte. La connaissance de ce fait est d'une immense valeur pour les propriétaires de jardins dépourvus de verre, car elle leur permet de faire pousser un grand nombre de fleurs qui seraient autrement impraticables. Bien sûr, la floraison sera un peu plus tardive que celle des plantes élevées plus tôt en chaleur.

Les annuelles, Hardy, qui n'ont pas été semées en mars devraient être introduites pendant ce mois et en mai. Un grand nombre de beaux sujets sont disponibles à cet effet, dont les plus populaires sont nommés à la page 373.

Aster. - Lorsque les plants atteignent la troisième feuille, ils doivent être piqués autour des bords de pots de 60 dimensions; plus tard, mettez-les séparément dans de petits pots, à partir desquels le transfert en pleine terre ne causera pas de contrôle perceptible. Comme les plantes ne poussent pas dans une atmosphère proche, il est important de donner de l'air librement à chaque occasion appropriée, sinon elles ne peuvent pas être maintenues dans un état de croissance sain. Un deuxième semis doit être effectué vers le milieu du mois, suivant la routine déjà conseillée. Un semis en semoirs sur un lit soigneusement préparé en pleine terre est également souhaitable et, certaines saisons, il peut produire les plantes les plus précieuses de l'année. Les asters sont si vrais à partir de graines que le lit peut être disposé dans n'importe quel modèle souhaité. Éclaircissez les plantes tôt et continuez le processus jusqu'à ce qu'elles soient suffisamment éloignées pour la floraison. Une distance de huit pouces suffit pour les miniatures, dix pouces pour les nains, et douze ou quinze pouces pour les grandes variétés.

Baume . — Vers le milieu de ce mois sera le temps d'un deuxième semis, et la graine pourra être élevée dans un cadre sans chaleur artificielle.

Canterbury Bell . — Semez dans un bon sol d'avril à juillet et repiquez lorsque vous êtes prêt. Sous un traitement généreux, ces biennales rustiques font un bel affichage dans les bordures et les couleurs pures se montrent avec un effet saisissant sur le feuillage sombre des arbustes.

Oeillet . - A n'importe quel moment d'ici le mois d'août sera propice au semis, et si la graine a été conservée à partir d'une souche de première classe, une bonne proportion de fleurs très fines sera produite l'année suivante. Pour ces plantes, les fleuristes ont toujours considéré qu'il était important que le terreau soit préparé des mois avant l'utilisation, et il y a de bonnes raisons à cette pratique. Si cela est impossible, veillez à ce que le compost soit doux, friable et, surtout, exempt de ce terrible fléau des œillets, le taupin. Même le tamisage ne débarrassera pas le sol de sa présence avec certitude, mais en étalant de fines couches de moisissure uniformément sur un sol dur et plat et en passant un rouleau lourd dessus est et ouest, puis au nord et au sud, le ver fil-de-fer sera éliminé. de. Ou habiller le sol avec du Vaporite deux ou trois semaines avant le rempotage s'avérera souvent efficace. Le terreau gazon en trois parties, la moisissure des feuilles une partie, le fumier de vache pourri une partie, avec un ajout de sable tranchant, font un compost de première classe. Semez dans des pots bien égouttés de 48 dimensions, couvrez très légèrement la graine et placez-la dans un cadre. Transplantez les plants dès qu'ils peuvent être manipulés, lorsqu'une fosse fraîche et ombragée les maintiendra dans un état dur. Après six ou huit feuilles formées, il sera temps de les planter. Au printemps suivant, la routine habituelle de jalonnement et de nouage doit être suivie.

Chrysanthemum leucanthemum (Marguerite ou Marguerite). - Les graines de ces variétés vivaces bien connues peuvent être semées à tout moment d'avril à juillet. Il existe plusieurs formes grandement améliorées de cette fleur populaire qui peuvent maintenant fleurir de mai jusqu'au début de l'automne. Commencez les semis sur un lit de terre légère, et quand elles sont assez grandes, transplantez-les dans des positions de floraison l'année suivante.

Cyclamen . - Les bulbes qui ont fleuri dans des pots pendant l'hiver approchent maintenant de leur période de repos, et il ne faut pas les négliger pour faire un étalage satisfaisant la saison prochaine. L'eau doit être progressivement diminuée jusqu'à ce que le feuillage meurt, puis les bulbes auront besoin d'ombre ou ils se fissureront. Le traitement à sec entraîne généralement une attaque de thrips, et chaque racine doit être peinte avec un bon insecticide pour détruire le ravageur. Le cyclamen ne devrait jamais être autorisé à devenir réellement sec à la poussière; mais si les pots peuvent être plongés dans une fosse humide ombragée, l'arrosage sera rarement nécessaire. En juin, les pots peuvent être enterrés jusqu'au bord dans un endroit ombragé jusqu'en août, date à laquelle il sera temps de remettre en pot et de faire pousser les bulbes. Les principaux ennemis du cyclamen sont les pucerons et les thrips. La fumigation réglera le premier; pour ces derniers, trempez les plantes dans une solution d'eau de tabac et de savon doux.

Dahlia , les semis doivent avoir beaucoup d'eau et être exempts de pucerons lorsqu'ils sont en pots. Au lieu de prendre la photo de tête, comme cela se fait souvent, donnez-lui le support d'un bâton soigné. Les plantes doivent également être mises en pot au fur et à mesure que la croissance l'exige, le point important étant de maintenir une progression constante sans contrôle jusqu'à ce qu'elles puissent être plantées. En même temps, ils doivent être endurcis pour être prêts à être enlevés en pleine terre; et si le travail se poursuit avec jugement, les plantes seront naines et posséderont une constitution robuste capable de produire un étalage brillant de fleurs jusqu'à ce que le gel apparaisse.

Glaïeul . - En supposant que les plates-bandes aient été correctement préparées, il ne reste plus qu'à considérer la question de la plantation, et on ne peut choisir de meilleur moment que le début d'avril. Certains producteurs éminents ont du mal à sortir le sol avec une truelle pour chaque bulbe. Dans l'ouverture, un lit de sable et de cendres de bois ou de charbon de bois en poudre est fait, sur lequel la racine est placée. D'autres les posent dans des forets profonds, partiellement remplis d'un mélange léger similaire. Quelle que soit la méthode adoptée, la couronne du bulbe doit être laissée à environ quatre pouces sous la surface. La distance entre eux peut varier de douze à dix-huit pouces, et le plus grand espace est un avantage distinct pour s'occuper des plantes par la suite. Les mêmes règles s'appliquent à la plantation de touffes.

Kochia trichophylla . - Semez les graines là où les plantes doivent reposer, ou dans un lit préparé à partir duquel elles peuvent être transférées pour former des touffes, des lignes ou des spécimens isolés où le feuillage attrayant sera le plus efficace.

Lobelia . - Au début du mois, transférez les plants dans des casseroles ou des boîtes, mais ces dernières sont préférables. Pas une seule fleur ne doit être autorisée à apparaître tant que les plantes ne sont pas établies en pleine terre. Bien que les Lobelias soient très attrayants en pots, ils ne peuvent pas y être cultivés de manière satisfaisante, à l'exception des variétés *ramosa* . Mais l'objectif est facilement atteint en empotant des plantes à partir d'un lit de réserve après qu'elles se soient développées en bonnes touffes. D'un sol raide, ils peuvent être soulevés et mis en pot avec facilité; et un sol léger ne causera aucune difficulté si le lit est trempé peu de temps à l'avance. Après le rempotage, les plantes ne poseront aucun problème, sauf pour leur fournir de l'eau.

Les soucis peuvent être élevés dans un cadre froid, et vers la fin du mois, il n'y aura aucun risque de semer en pleine terre. Les plantes poussent dans une position ensoleillée, même pendant les saisons torrides.

Merveille du Pérou . - Si elle n'a pas été semée le mois dernier, il n'y a pas de temps à perdre; et avec un peu de soin, les graines peuvent maintenant germer sans chaleur artificielle. Lorsque les plantes viennent d'être transférées à l'air libre, mettez-les, si possible, dans un limon sableux, exposé au plein soleil.

Mignonette . - Les semis successifs peuvent être faits jusqu'à la fin de juin. Donnez à chaque plante beaucoup d'espace. En enlevant les gousses aussi vite qu'elles se forment, la floraison est considérablement prolongée.

Capucine . - Les variétés naines et hautes sont généralement traitées comme des annuelles rustiques, à l'exception de la date de semis. Aucune des Capucines n'est assez rustique et, si elles sont semées en mars, les plantes risquent d'être détruites par des gelées tardives. Il est donc habituel de semer en avril ou mai, selon les districts, et la croissance est si rapide que les plantes sont en pleine floraison avant que l'été ne soit bien avancé. Semez toujours sur un sol pauvre.

Le *Tropæolum canariense* (*plante grimpante des* Canaries) peut être élevé en casserole à partir d'un semis de mars pour être semé en mai, ou les graines peuvent être semées en plein air en avril.

Pétunia .—- Les plantes du premier semis seront prêtes pour les petits pots, et elles doivent être maintenues jusqu'à ce que la taille 48 ou 32 soit atteinte. Tous les pétunias se rebellent s'ils sont liés aux racines, et les variétés doubles sont particulièrement impatientes à cet égard. Après chaque transfert, donnez-leur une position abritée et ombragée et faites attention avec de l'eau jusqu'à ce qu'ils recommencent. Un bon drainage et une ventilation soigneuse sont essentiels, sinon le feuillage perdra sa couleur. Les semis destinés aux plates-bandes peuvent être transférés directement des bacs à graines dans des pots de 60 dimensions.

Picotee et rose . - Voir la culture prescrite pour l'œillet.

Ricinus . — A la fin du mois ou au début du mois de mai, les graines mises en pleine terre donneront de splendides spécimens si elles sont traitées d'une main somptueuse. Retirez le sol sur une profondeur de dix-huit pouces ou deux pieds et remplissez l'espace à moins de trois pouces de la surface avec un mélange de sol riche et de fumier bien décomposé. Sur chaque lit ainsi fait placer trois grains de Ricinus dans un triangle, et quand ils sont en place, mince à une plante à chaque station, et ceci, bien sûr, le plus fort. Ce mode de culture de Ricinus étonnera ceux qui ont l'habitude de laisser la plante lutter pour vivre dans le sol ordinaire d'une bordure de jardin. Des réserves d'eau abondantes doivent être fournies par temps sec, et des piquets seront nécessaires pour sauver les spécimens des dommages causés par le vent. Il est trop tôt pour éteindre ceux qui ont été chauffés.

Stock, dix semaines. —Lorsque la quantité requise de semences n'a pas été semée, cela doit être fait rapidement. S'il y a un cadre froid sur un lit chaud usé, il conviendra exactement aux semis lorsqu'ils sont prêts pour le transfert. Rendre la surface fraîche en ajoutant un peu de terre riche et mettre les plantes en rangées espacées de trois ou quatre pouces, en laissant trois pouces entre elles dans les rangées. Dans les bacs à graines, cependant, l'espace ne peut pas être accordé de cette manière libérale, mais ils feront un retour complet pour un peu plus que l'espacement habituel. Pour conserver une habitude naine, il est impératif que les plantes soient conservées près du verre.

Là où il n'y a pas d'installations pour cultiver les stocks de la manière décrite, les graines peuvent être semées à la fin du mois en pleine terre, et avec un peu de soin, il y aura une belle floraison. Les plants sont soumis aux attaques de la mouche du navet, qui est un terrible ennemi pour eux au stade de la feuille de semence; en fait, les plantes sont parfois levées et disparues avant que le danger ne soit suspecté. Un léger arrosage d'eau, suivi immédiatement d'un saupoudrage de cendres de bois, au moment où elles passent, les sauvera, mais il peut être nécessaire de répéter l'opération deux ou trois fois jusqu'à ce qu'elles soient hors de danger. Un lit de semence riche et friable est un remède contre la mouche, car il favorise une croissance rapide, ce qui place rapidement la plante au-delà de la puissance de son insecte adversaire. Mais si la culture en pleine terre expose les stocks à un danger, cela les sauve d'un autre, car la moisissure ne les attaque pas à moins qu'ils n'aient été transplantés. Les stocks sont si vrais à partir de semences qu'il est facile d'organiser un motif dans toutes les couleurs souhaitées. Semez dans des semoirs espacés de neuf à quinze pouces, selon la hauteur de la variété, et recouvrez très légèrement la graine de terre fine. Le lit doit être protégé des oiseaux, et un pansement de suie éloignera les limaces. Commencez tôt à éclaircir les plantes, mais n'oubliez pas que certains spécimens devront être prélevés lorsque les fleurs apparaîtront, et c'est le moment de l'éclaircissage final.

Les tournesols ne supportent pas bien la transplantation, c'est pourquoi la graine doit être semée là où les plantes sont destinées à fleurir. Pendant sa brève saison de croissance, le tournesol taxe le sol très sévèrement, et pour développer ses pleines proportions, le fumier pourri doit être librement employé à une bonne profondeur, et des approvisionnements en eau non encombrés seront nécessaires par temps sec.

Zinnia .—- La première semaine de ce mois est un aussi bon moment que n'importe quel autre pour semer des graines, et les conditions indiquées sous mars doivent être respectées. Lorsque les plants ont un pouce de haut, mettez-les en pot séparément et placez-les dans un cadre fermé et ombragé jusqu'à ce qu'ils soient établis. Ensuite, donnez de l'air de plus en plus librement pendant que les plantes sont entraînées à supporter une exposition complète.

PEUT

C'est le mois principal pour la literie, et le surpeuplement des fosses et des maisons créent une anxiété naturelle pour faire avancer les travaux; Pourtant, l'exercice d'un peu de patience peut éviter que de nombreuses plantes ne soient endommagées après le rétablissement. Bien que les journées soient longues et peut-être ensoleillées, les nuits sont souvent périlleuses, surtout au début du mois. La première tâche consiste à préparer progressivement les plantes au transfert en pleine terre par exposition gratuite chaque fois qu'il y a une opportunité favorable. Enlevez les lumières les jours agréables et ouvrez-les progressivement la nuit, jusqu'à ce qu'elles puissent être complètement supprimées. Vers la deuxième semaine du mois, il sera généralement prudent de mettre les sujets les plus résistants sur un lit de cendres, à l'abri d'une haie ou d'un mur, avant de les planter. Commencez par Antirrhinum, Dianthus, Phlox Drummondii, Stock et Verveine. Un peu plus tard, d'autres qui sont un peu plus délicates, comme par exemple Balsam, Begonia, Dahlia, Petunia, Zinnia, etc., peuvent être traités de la même manière, jusqu'à ce que la grande majorité d'entre eux soient dans les derniers quartiers. Les plantes subtropicales, telles que Nicotiana, Ricinus, Solanum et Wigandia, feraient mieux d'être contrôlées jusqu'à la première ou la deuxième semaine de juin.

Annuelles . - Il est encore possible de semer de nombreuses variétés, et aussi d'en semer d'autres qui montrent déjà des signes de promesse. La pratique d'assurer une succession de tous les fleurs très demandées pour les vases, dont Sweet Peas sont un exemple, sont en augmentation et méritent d'être étendues. Un autre point est que de nombreuses annuelles qui ont besoin de chaleur dans les premiers mois peuvent être semées avec confiance en mai en pleine terre.

Biennales et vivaces rustiques . - Les graines de nombreuses biennales et vivaces préférées peuvent être semées en toute sécurité en pleine terre pendant les mois de mai, juin et juillet et, en règle générale, les meilleures plantes à fleurir la saison suivante sont obtenues à partir des semis les plus précoces. Le lit pour la graine doit être préparé avec soin et un terreau friable est le meilleur pour le but. Immédiatement, les semis sont assez grands pour être manipulés, transplantés dans de petites pépinières riches et passer aux positions de floraison à l'automne. Un certain nombre de ces sujets sont traités individuellement dans les calendriers des mois indiqués, et d'autres qui conviennent à cet effet sont:

Anchusa italica
Aster sous-caeruleus
Aubrietia
Candytuft (Iberis)
Cheiranthus allionii
Chrysanthemum leucanthemum
Coreopsis grandiflora
Cynoglossum
Digitalis
Gaillardia

Galega de
Gaura Lindheimeri
Geum
Gypsophila paniculata
Heuchera
Lupinus
Cenothera
pavot, vivace
pyrèthre
saxifrage
Thalictrum
Verbascum
Viola

Antirrhinum est admirablement adapté pour une position sèche et ensoleillée, dans laquelle il prospérera et fleurira librement.

Baume . — Vers le milieu du mois, un dernier semis peut être effectué en toute sécurité en pleine terre. Les anciens semis devront être mis en pot jusqu'à ce qu'ils atteignent la taille de huit pouces, et à chaque transfert, placez les plantes plus profondément qu'auparavant; cela encourage la croissance des racines à partir des tiges. En augmentant le pot-room, aucun bourgeon ne se montrera; mais aussitôt les racines sont contrôlées par les pots, la floraison commencera. L'ancienne méthode d'arrêter et de débourber non seulement gâtait les plantes, mais les privait des plus belles fleurs, qui sont invariablement produites sur la tige principale. Depuis que la méthode naturelle de culture des baumes a été en faveur, il est habituel de voir de grands spécimens couverts d'immenses fleurs.

Campanula . - Les variétés vivaces rustiques peuvent être semées en plein air pendant le mois en cours pour fournir des plants à repiquer en position de floraison en automne. S'il y a une raison valable de retarder, il ne sera pas trop tard pour semer en juin ou juillet, mais les plus beaux spécimens sont généralement produits à partir de semis de mai. Les meilleurs résultats peuvent toujours être obtenus en augmentant le nombre requis chaque année et en jetant les plantes après qu'elles aient fleuri la saison suivante.

Cineraria. —Ceux qui souhaitent avoir des Cinerarias en fleurs en novembre et décembre peuvent le faire à partir d'un semis effectué début avril, mais il n'est pas habituel de commencer si tôt. Notre propre pratique est de semer deux fois, au cours du mois actuel et de nouveau en juin, pour assurer une succession. A partir des semis de ce mois, nous recherchons nos meilleures plantes. La cinéraire est facile à élever et à cultiver, mais elle ne prendra en aucun cas soin d'elle-même. Il a tellement d'ennemis qu'une vigilance inhabituelle est nécessaire pour le fleurir à la perfection. Il prospère dans un compost de terreau gazonné, avec un peu de moisissure des feuilles ajouté; mais le sol ne doit pas être trop riche, sinon il y aura beaucoup de feuillage et peu de fleurs. Cependant, comme la plante pousse rapidement, elle ne doit pas être affamée, ni souffrir du manque d'eau. Des pots ou des casseroles peuvent être utilisés pour la semence; et au fur et à mesure que les jeunes plantes poussent librement, elles peuvent aller directement dans des pots de pouce sans l'étape intermédiaire habituelle de la piqûre.

Coleus devrait enfin être transféré dans des pots de 48 tailles. Si des signes de déclin se manifestent, une faible quantité d'eau de fumier liquide donnée occasionnellement ravivera les plantes et intensifiera leurs couleurs. Pendant l'été, n'importe quelle serre ordinaire ou véranda leur conviendra, à condition qu'ils soient à l'abri d'un soleil féroce.

Cyclamen. —Les semis les plus solides devraient maintenant être prêts pour des pots de 60 dimensions. Une ventilation abondante mais judicieuse, beaucoup d'eau et l'absence de pucerons sont les conditions à garantir.

Dahlia. - Rendre le sol sur lequel cette fleur doit être plantée complètement riche. C'est un cultivateur rapide, et ne peut pas atteindre de bonnes proportions sur un sol pauvre. Si les plantes sont soigneusement préparées pour le changement par une exposition libre les jours agréables, et aussi pendant les nuits chaudes, elles ne sentiront à peine le retrait. Lors de la première mise en marche, enduisez le sol environnant avec de la suie pour éviter les blessures des limaces, ce qui montre une partialité marquée pour les dahlias nouvellement plantés. Donnez de l'eau librement lorsque cela est nécessaire, et en jalonnant les plantes, veillez à ce que les attaches ne coupent pas les branches. Ces cravates nécessiteront une attention occasionnelle pendant l'été et l'automne.

Delphinium. —Semez les variétés vivaces sur un lit préparé. Éclaircissez tôt, sans enlever tous les semis les plus faibles, et lorsqu'ils sont suffisamment avancés pour supporter l'enlèvement, transférez vers les bordures où les plantes doivent fleurir.

Les roses trémières peuvent être placées dans les bordures lorsque le temps est assez chaud. Attendez la fin du mois, voire le début du mois de juin, plutôt que de les avoir étouffés par un gel intempestif. Comme le Dahlia, cette plante doit avoir un approvisionnement illimité en eau et une abondance de fumier. Un tuteur haut, solidement fixé, sera également nécessaire pour chaque plante.

Nicotiana. - Les semences peuvent être semées sur une bordure ouverte et ensoleillée, mais c'est un gaspillage de semences et de travail pour les mettre dans un sol pauvre. Préparez le sol au préalable en creusant profondément et en incorporant beaucoup de fumier. Si la présence proche d'autres plantes rend cela impossible, enfoncez une barre dans le sol et percez un trou de bonne taille. Remplissez-le de substance riche à quelques centimètres de la surface et terminez avec une terre fine sur laquelle semez la graine. Cette méthode ne peut être adoptée que pour les terrains légers. En cas de vent d'est coupant après la levée des semis, improvisez une sorte d'abri jusqu'à ce que le danger soit passé.

Les pétunias sont très sensibles sous le gel ou le vent froid. Ne soyez donc pas pressé de planter les plantes jusqu'à la fin du mois ou début juin, surtout si le temps semble menaçant. Un bon sol moelleux, exempt de fumier récent, leur convient. S'il est trop riche, il renforcera le feuillage au détriment des fleurs, et reportera également la floraison jusqu'à la fin de la saison.

Portulaca. - Il est inutile de semer tant que la température n'est pas estivale. Si nécessaire, attendez la fin du mois, ou plus, avant de mettre la graine. Cette fleur ne supportera ni une atmosphère humide ni un sol rétentif. Semez sur des plates-bandes surélevées de sol léger, plus il y a de sable, mieux c'est; et dans les saisons qui brûlent rapidement la vie des autres plantes, les Portulacas montreront leur beauté, peu importe la férocité du soleil qui les frappe. De l'eau sera parfois nécessaire, mais elle ne devrait jamais être donnée tant que le besoin n'en est pas évident. Les portulacas se cultivent facilement dans des pots ou des jardinières, et ils fleuriront abondamment là où de nombreuses autres fleurs se fanent et meurent.

Primula. - Presque chaque saison voit l'avènement d'une nouveauté dans cette fleur, que ce soit en couleur ou en forme. Et la plante vaut maintenant la peine d'être cultivée pour la seule beauté et la diversité de son feuillage. Les fleurs vont du blanc pur à toutes les nuances de rose tendre jusqu'à un cramoisi profond et riche. Après des années d'efforts sérieux, deux belles fleurs bleues ont été obtenues. Il existe également plusieurs doubles souches élégantes, et celles-ci possèdent une valeur particulière pour les bouquets, en raison de leur qualité durable. Toutes les variétés, y compris les populaires Star Primulas, peuvent être cultivées facilement dans n'importe quel sol assez riche et friable. Des parties égales de moisissure foliaire et de terreau, avec un peu de sable, leur conviendront à la perfection. Remplissez les pots fermement, en prenant des précautions pour assurer un drainage efficace. Une fine couche de sable argenté tamisée sur le sol aidera à un semis uniforme en montrant la graine. Pour finir, secouez juste assez de terre fine pour cacher le sable. Un semis fin est important, car la nouvelle graine la plus fiable est presque certaine de germer à intervalles, et les plantes qui viennent en premier peuvent ensuite être soulevées sans mettre en péril le reste. Piquer aussi vite que prêt sur les bords des petits pots et ombrager jusqu'à ce qu'il soit bien établi. Puis donnez de l'air de plus en plus librement.

Stock, dix semaines. - La préparation du sol est la première affaire, et que les souches soient destinées à être cultivées en petits groupes ou seules en lits, le traitement doit être le même dans les deux cas. Avec un terrain léger, il n'y a pas de difficulté; il suffit de bien le creuser et d'incorporer une quantité suffisante de fumier pourri. Si vous êtes disposé à encourir un peu de peine supplémentaire pour donner un bon départ aux plantes, retirez un peu de terre avec une truelle et remplissez le trou avec du compost du hangar. Ce cours est indispensable sur terrain lourd; et en supposant qu'il soit assez riche, le moyen le plus rapide et le plus efficace est de faire des semoirs de six pouces de profondeur aux distances appropriées, et de les remplir presque de terre préparée, dans laquelle les stocks peuvent être plantés. Pendant une courte période, mettez-les à l'abri du soleil de midi, mais ne les laissez pas couverts un moment plus longtemps que nécessaire. Lors de la plantation, il ne faut pas oublier qu'une proportion incertaine de spécimens uniques devra sortir. A ce titre, il est conseillé de les mettre en petits groupes, et de retirer l'excédent même s'ils sont doublés,

Sweet William . - L'introduction de plusieurs nouvelles variétés a créé un nouvel intérêt pour ce beau vieux jardin favori. C'est l'une des biennales robustes qui ne sera pas bousculée. Sur un lit bien préparé dans la truie ouverte finement dans des exercices soit pendant ce mois ou jusqu'en juillet. En temps voulu, repiquer en rangées, en laissant suffisamment d'espace pour que chaque spécimen devienne trapu, et en automne, transfert vers les quartiers fleuris.

Verveine . - Les lits pour Verbènes doivent être riches, moelleux et très doux. Un sol pauvre produit non seulement de mauvaises fleurs, mais il raccourcit matériellement la période de floraison. Fixez les plantes dès le début et laissez-les se croiser et se recroiser jusqu'à ce qu'il y ait une feuille de couleur éclatante.

Giroflée. —Cette fleur printanière parfumée n'est pas toujours aussi bien cultivée qu'elle pourrait l'être. Il est souvent semé trop tard pour s'établir avant l'arrivée de l'hiver. Semez maintenant dans des semoirs espacés de neuf pouces sur un terreau friable. Amincissez à trois pouces de distance et transplantez les éclaircies. Un peu plus tard, répétez l'opération, de manière à laisser les plantes à une distance de six pouces dans les rangées. Aidez-les avec de l'eau si nécessaire.

Zinnia. - Un semis en pleine terre vers le milieu du mois fournira des plantes dans des jardins où il n'y a aucun moyen de les élever artificiellement à une date antérieure. Même ceux qui possèdent une souche seront avisés de mettre un dernier semis à l'air libre. Si possible, choisissez une bordure ensoleillée en pente vers le sud et rendez le sol riche, fin et plutôt ferme. Déposer les graines en petits groupes de trois ou quatre à chaque endroit, en laissant quinze ou dix-huit pouces entre les groupes. Couvrir légèrement et éventuellement éclaircir les plantes à une à chaque station.

JUIN

Les jours sont maintenant à leur plus long, et les plantes dans les fosses et les maisons devraient en profiter pleinement. En ouvrant les lumières tôt et en les ombrageant à temps, la période de floraison sera considérablement prolongée. Placer la seringue sur les plantes infestées de pucerons jusqu'à ce qu'elles soient tout à fait propres. Dans certains cas, il peut même être judicieux de pincer les jeunes pousses couvertes par la mouche.

Gardez les Verbenas, les Pétunias et les variétés plus grandes de Phlox Drummondii attachées; cela fournit les lits et permet de contrôler l'évaporation.

La pluie et l'arrosage ont tendance à durcir le sol; et comme cette condition ne favorise pas la croissance, la surface doit être fréquemment cassée avec la houe.

Anémone. - Ceux qui cultivent cette fleur à partir de graines devraient faire un autre semis maintenant ou en juillet, même s'ils ont des plantes économe du semis de février. Grâce à cet arrangement, la période de floraison est prolongée et les fleurs les plus fines proviendront probablement des semis de ce mois.

Les graines d' Aquilegia germent maintenant en pleine terre et les plantes n'ont pas besoin de protection pendant l'hiver.

Baume. - En règle générale, il n'est pas sage de mettre des baumes dans des lits ou des bordures avant la première semaine de ce mois. La plante se délecte de chaleur et de lumière et doit avoir une position ouverte et ensoleillée. Son la nature succulente indiquera la nécessité de fournir des approvisionnements abondants en eau. Pour une plante si charnue et en apparence fragile, il est étonnant de voir à quel point elle se tient bien dans un vent fort. À partir de bonnes souches, les couleurs séparées deviennent si vraies que la conception d'un lit peut être arrangée avec précision. En tant que plantes en pot, les baumes n'ont pas besoin de support, à condition qu'ils soient nains et robustes, et qu'ils constituent d'admirables objets décoratifs. Mais pour une utilisation en intérieur, il est facile de les cultiver en pleine terre et, lorsqu'ils sont bien avancés, ils peuvent être soulevés avec soin et mis en pot. Cette procédure offre les avantages d'un choix de couleurs même à partir de semences mélangées et d'une sélection des plantes les plus robustes.

Bégonia, à racines tubéreuses. - Cela s'est avéré être l'un des sujets de literie les plus élégants et raffinés que nous possédions, et il semble devenir de plus en plus populaire chaque année. La plante est également cultivée librement dans la limite de la réserve pour produire des fleurs à couper. Utilisez des spécimens suffisamment grands pour faire un spectacle à la fois et sélectionnez des plantes de la classe à articulations courtes pour les travaux en extérieur. Ils doivent avoir un sol inhabituellement riche.

Calcéolaire. - Pour la richesse de la floraison, combinée à la richesse et à l'intensité de la coloration, l'herbacée Calceolaria n'a pas de rival parmi les bisannuelles. Une grande serre remplie de beaux spécimens dans toute leur splendeur est un spectacle qui ne sera pas oublié de sitôt. Une grande source d'intérêt réside dans les changements annuels des nuances de couleur et les variations dans les marques des fleurs individuelles. À partir d'une souche de semences de première classe, les attentes élevées ne seront pas déçues. En effet, l'excellence des plants est si pleinement reconnue, qu'il n'y a pas le moindre avantage à propager la plante par la méthode fastidieuse des boutures. Mais Calceolarias ne sera pas à la légère. Ils doivent avoir une température uniforme et une attention constante pour maintenir une condition florissante. Remplissez fermement les bacs à graines ou les pots d'un compost à la fois riche et poreux; le dernier point est d'une grande importance pour aider à assurer un drainage gratuit. Rendez la surface parfaitement uniforme et blanchissez-la avec du sable argenté; cela répond au double objectif de révéler la graine et ensuite de montrer quand elle est suffisamment saupoudrée de terre fine. Que cette méthode soit adoptée ou non, le semis doit être mince et régulier, et comme la graine est extrêmement fine, la tâche est plutôt délicate. Des feuilles de verre placées sur les casseroles et retournées quotidiennement vérifieront l'évaporation rapide. Placez les casseroles dans un endroit humide et ombragé, où la température est constante, et la germination aura lieu dans sept à neuf jours, lorsque le verre doit être rapidement retiré. Puis vient un critique étape, et un peu de négligence peut entraîner la perte du travail passé et nécessiter un nouveau départ. Gardez toujours les casseroles dans un coin abrité qui peut être complètement à l'abri du soleil. Cette question d'ombre nécessite beaucoup de vigilance. Il en va de même pour l'approvisionnement en eau, qui ne doit pas être administré en gros, mais plutôt par de fréquents arrosages doux. À l'apparition de la deuxième feuille, piquez rapidement les plants dans des pots soigneusement préparés, en laissant environ deux pouces entre eux. Ils auront besoin d'une manipulation adroite en raison de leur petite taille, mais une main habile les transférera sans se blesser, et peut-être avec un peu de terre adhérant aux racines. Comme tous les plants ne seront pas prêts en même temps, il faudra probablement environ trois opérations pour nettoyer les bacs à graines, et les prélèvements précoces doivent être effectués de manière à éviter de blesser le reste. Un stylo, avec la pointe fermement enfoncée dans le support, fait un petit outil pratique pour la tâche. Conserver les plants dans une position abritée et continuer à faire attention à l'ombre et à l'arrosage. Dans environ un mois, les plantes seront prêtes pour les pots de pouce.

Canna. - Dans la frontière mixte, ainsi que dans le jardin subtropical, les Cannas sont très appréciés pour la grâce et la beauté extrêmes de leur feuillage. Ils devraient être mis dans un sol très riche; et, comme toutes les autres plantes à croissance rapide, elles auront besoin de beaucoup d'eau par temps sec. Dans les régions douces et sur les sols secs, les plantes peuvent rester dehors tout l'hiver, sous la protection d'un tas de cendres. Mais, en règle générale, il sera nécessaire de les stocker dans des cadres jusqu'au printemps; et ils peuvent être plus fins dans la deuxième que dans la première saison.

Cineraria. —Pour assurer une succession, et si un stock suffisant n'est pas déjà fourni, un autre semis doit être effectué, suivant la méthode conseillée le mois dernier. Les plants, lorsqu'ils sont transférés dans de petits pots, doivent être placés dans un cadre fermé et arrosés matin et soir d'eau jusqu'à ce que les racines prennent racine. Au début, il est souhaitable de les garder assez chauds, mais dans une quinzaine de jours, la chaleur peut être progressivement réduite et plus d'air peut être donné jusqu'à ce que le traitement froid soit atteint. Les plantes auront besoin de rempotage jusqu'en novembre, date à laquelle elles devraient atteindre la taille finale; et, sauf à des fins spéciales, les pots de 6-1 / 4- ou 7-1 / 2 pouces sont assez grands. Les cinéraires sont recherchées par tous les ravageurs qui infestent la serre. Il suffit de dire que par fumigation, soufre ou par seringues avec un insecticide approprié, les plantes doivent être maintenues propres, sinon elles ne peuvent pas être saines.

Daisy, double. - Les plus belles fleurs sont obtenues à partir de plants élevés annuellement, et la pratique générale est de semer en pleine terre pendant ce mois ou juillet. Quand la transplantation est assez grande à bonne sol pour fleurir la saison suivante. Les nouvelles formes géantes de la Double Daisy sont de taille superbe, ressemblant étroitement à des asters de forme fine.

Dianthus. - Pour un étalage l'été prochain, semez dans des semoirs espacés de six pouces dans une situation ouverte, et couvrez légèrement la graine avec de la terre fine. Ombrez l'endroit jusqu'à ce que les plantes apparaissent.

Géranium. —Parfois, il est difficile de faire fleurir les plants de géranium. Ils possèdent une telle vigueur initiale que la production de bois se poursuit jusqu'à la toute fin de la saison. Les plantes qui montrent des signes de croissance excessive doivent être placées dans la bordure sans enlever les pots. Ce contrôle aux racines jettera les plantes dans une floraison luxuriante.

Les glaïeuls sont très susceptibles de se blesser par vent fort et les enjeux doivent leur être mis à temps. Chaque plante peut avoir un support séparé, et c'est le traitement le plus parfait; ou les piquets peuvent être à des intervalles, ou aux extrémités de rangées, reliés par des longueurs de matériau solide et souple, auxquelles des tiges intermédiaires peuvent être fixées. Le travail doit être fait avec soin, et si les fleurs sont destinées à être exposées, elles doivent également être ombragées par certains moyens. Cela peut être une procédure bon marché ou coûteuse; mais de quelque manière que ce soit, la sécurité est essentielle, ou tout le lit peut être ruiné.

Trémière**.** —Un semis en pleine terre produira des plantes d'hivernage en châssis froid; et s'ils sont généreusement traités, ils feront un beau spectacle l'année suivante.

Myosotis. —Au cours de ce mois, semez les Myosotis en pot de Sutton et mettez-les dans un cadre froid pour la décoration hivernale, raison pour laquelle cette plante augmente rapidement en faveur. Les graines des variétés rustiques peuvent également être semées maintenant ou en juillet, en choisissant un endroit ombragé en pleine terre. Transplanter lorsqu'elle est assez grande.

Nicotiana. —Exposer les plants de tabac avant que le temps chaud ne soit établi leur donnera un contrôle dont ils pourraient ne pas se remettre avant la moitié de l'été, s'ils récupèrent du tout. Des cadres de rechange avec des lumières mobiles les prépareront admirablement et économiseront du travail. La deuxième semaine de ce mois est généralement assez chaude pour la plantation. Les plants doivent avoir un sol très riche et une eau abondante par temps sec. Un paillis épais de fumier pourri leur fournira de la nourriture et contrôlera l'évaporation.

Pensée. —De fin mai à fin juillet, les semis peuvent être élevés en pleine terre. Diluez et transplantez lorsque vous êtes prêt.

Polyanthus à semer de mai à juillet sur une bordure ombragée. Éclaircissez les plants hardiment, et couchez les éclaircies. Ceux qui ont été élevés tôt fleuriront au printemps prochain, mais on ne peut pas compter sur les derniers semis pour la floraison la première année.

Portulaca. —Le temps a peut-être été trop froid et humide pour les semailles en mai, ou les semences alors semées peuvent avoir échoué; heureusement, il reste encore amplement de temps pour élever cette fleur, soit dans des plates-bandes, soit dans des pots.

Primevère. —Ce bon vieux favori peut être cultivé à partir de graines dans diverses teintes de jaune et presque toutes les nuances de couleur allant du blanc au cramoisi foncé; un bleu efficace a également été obtenu. Les primevères font de belles fleurs en pot et en bordure. Les graines peuvent être semées de mai à juillet. Des bacs à graines peuvent être utilisés, ou le semis peut être fait dans des semoirs en plein air. Dans ce dernier cas, un pansement gratuit de suie doit être utilisé pour rendre la tache désagréable aux limaces. Lors de la transplantation, donnez aux plantes un terreau rétentif profond si possible et une position ombragée.

Primula. —Pour assurer une succession de fleurs au printemps prochain, faire un autre semis comme conseillé en mai. Les semis qui sont prêts doivent être placés dans de petits pots, puis ils doivent être remis en pot si nécessaire; mais ne les déplacez jamais tant que les pots ne sont pas pleins de racines, et mettez-les toujours fermement jusqu'au col.

Solanum. - Les variétés à baies peuvent être cultivées entièrement en pots, ou elles peuvent être placées dans des lits pour l'été, d'où elles se soulèveront pour être à nouveau mises en pot au moment où les belles baies virent à la couleur. Les variétés à feuilles épineuses sont précieuses pour le jardinage subtropical. Les petites plantes ne valent pas grand-chose, elles doivent donc être placées dans un sol très riche, avec une épaisse couche de fumier à la surface, et disposer de beaucoup d'eau pour induire une croissance libre.

Stock, floraison printanière. —Cette section précieuse, qui comprend la souche populaire Brompton, fleurit généralement en mai et juin. Les graines sont parfois semées là où les plantes doivent fleurir, mais un certain degré de risque est associé à ce mode de procédure, et les stocks à floraison printanière sont si précieux qu'ils méritent un traitement plus soigneux. Soit maintenant, soit en juillet, semez dans des casseroles et placez-les sous abri jusqu'à ce que les plantes atteignent un pouce de haut; puis laissez-les à l'air libre pendant une semaine avant de les planter.

Stock, floraison hivernale. —Pour leurs couleurs rafraîchissantes et leurs délicieux parfums, les stocks sont très prisés pendant les mois d'hiver. Pour les avoir en fleur à Noël, graine de Rose de Noël ou La beauté de Nice devrait être semée en juin. Il est courant de faire pousser trois plantes ou plus dans un pot, selon la taille. À l'automne de l'année, placez-les dans la véranda ou dans une serre fraîche, et donnez une assistance sous forme de fumier liquide faible dès l'apparition des bourgeons. D'autres variétés appropriées, dont il existe un certain nombre, peuvent être semées en juillet ou en août pour fleurir à l'intérieur pendant les mois d'hiver et de printemps.

Giroflée. - Si aucune graine n'a été semée en mai, la tâche ne doit pas être négligée ce mois-ci.

Zinnia. - La première semaine de juin est à peu près le bon moment pour coucher Zinnias, et il y a trois faits à garder à l'esprit les concernant. Ils ne se transplantent pas bien, et par conséquent, un jour de douche devrait, si possible, être choisi pour les déplacer. En l' absence de pluie, soyez libéral avec l'eau. Ils sont très cassants et devraient avoir une position quelque peu à l'abri de la pleine force du vent; et comme ils se délectent du soleil, plus la saison est grillée, plus les fleurs seront fines.

JUILLET

Muflier. - Un semis en semoirs au cours du mois en cours ou en août fournira des plantes à fleurir l'année prochaine. Transférer directement du lit de semence aux positions où elles sont destinées à fleurir.

Calcéolaire. - Si vous voulez plus de plantes, semez à nouveau. Parmi les plants que nous avons laissés le mois dernier juste comme ils avaient été piqués, il sera bientôt évident qu'il y a une grande différence entre la force des plantes. En règle générale, les plus robustes sont ceux dans lesquels le jaune prédomine largement. Ceux-ci font des plantes décoratives lumineuses et voyantes, mais les couleurs qui sont particulièrement appréciées par les fleuristes proviendront probablement des semis qui sont faiblement à un stade précoce. Par conséquent, ceux-ci devraient être particulièrement prisés, et sous une gestion habile, ils peuvent devenir de grands spécimens. Les pots de pouce pour Calceolarias doivent être soigneusement préparés avec des pots recouverts de mousse propre ou de fibres végétales, et ils doivent être remplis de compost poreux riche. Transférer les plantes avec un soin extrême et les placer dans une partie abritée de la serre ou dans un cadre ombragé, permettant un libre accès à l'air du côté sous le vent. Si le puceron doit être traité - et il est très partisan des Calceolarias - la fumigation est le meilleur remède. Choisissez une soirée tranquille pour l'opération; sur le le lendemain, arrosez soigneusement les plantes et ombragez-les du soleil.

Campanule. —Les variétés vivaces peuvent encore être semées, soit en casserole, soit en plein air. Donnez-leur une bonne terre légère, et ne gâchez pas l'approvisionnement en eau.

Les cyclamens suffisamment avancés doivent être placés dans des pots de 48 dimensions. Suivez le processus jusqu'à ce que tous soient rempotés.

Lobelia. - Dans des pots ou des casseroles, semez les graines des variétés vivaces pour fournir des plantes pour les bordures l'année prochaine. Mettez-les séparément lorsque vous êtes prêt et protégez-les dans un cadre froid tout au long de l'hiver.

Les mimulus semés en pleine terre fleuriront au printemps suivant. Si possible, faites le lit de semence dans un sol rétentif humide et dans une situation ombragée.

Primula. - Forcer la croissance de cette plante, c'est la ruiner. Les résultats les plus satisfaisants sont invariablement obtenus à partir de spécimens qui ont mûri lentement et qui ont été traités comme presque rustiques après le stade des semis. De ce mois à la mi-septembre, il sera tout à fait sûr de les exposer librement, jour et nuit, sauf par mauvais temps. Même en hiver, la protection n'est nécessaire que contre le gel, l'humidité et les vents violents.

AOÛT

Annuelles et biennales, Hardy. - Dans la majorité des jardins anglais, la présentation printanière de fleurs bulbeuses est trop souvent suivie d'un blanc morne, qui n'est presque pas racheté par une touche de couleur, sauf celle offerte par les tulipes tardives et quelques autres fleurs qui sont relativement peu importantes. L'éclat des crocus, des jacinthes et des premières tulipes sert à mettre en relief la stérilité comparative qui suit. Et le contraste est d'autant plus frappant par les joyeuses journées de printemps. C'est à ce moment que les annuelles et bisannuelles des semis d'été ou du début de l'automne illuminent le jardin avec des masses bienvenues et des bandes de couleurs fraîches et vives. Ils sont alors si précieux qu'il est surprenant qu'ils ne soient pas cultivés plus couramment, d'autant plus que le coût des semences est très insignifiant. Même le caractère éphémère de certains d'entre eux est un élément en leur faveur, car ils n'interfèrent pas avec les arrangements de literie d'été. Des fleurs telles que Pansy et Viola, cependant, produisent une longue période de floraison.

La liste suivante contient les variétés les mieux adaptées à cette fin: -

Alyssum, Sweet
Antirrhinum
Asperula azurea setosa
Calandrinia umbellata
Calendula officinalis fl. PL.
Candytuft
Cheiranthus Allionii
Chrysanthemum, Morning Star
Chrysanthemum, Evening Star
Chrysanthemum inodorum plenissimum
Chrysanthemum segetum gr.
Clarkia
Collinsia
coréopsis
Bleuet
Erysimum

Eschscholtzia
Gilia tricolor
Godetia
Islande Poppy
Larkspur, fusée nain
Leptosiphon
Limnanthes Douglasii
Linaria, rose
Nemophila
Nigella, Mlle Jekyll
Papaver glaucum
Phacelia tanacetifolia
Poppy, Shirley
Saponaria calabrica
scabieuse
Silene
Doux Sultan
Vénus glace, violet
Virginian Stock
Viscaria
Whitlavia

Semez finement, au plus tard au milieu du mois dans les districts froids, mais septembre sera assez tôt dans les comtés du sud. Les exercices sont préférables à la diffusion, car les plates-bandes sont plus faciles à désherber et à maintenir en ordre. Éclaircissez les rangées tôt, afin que les plantes deviennent robustes et dures avant que l'hiver ne les rattrape. Au début de la nouvelle année, il faut recourir au repiquage par temps libre si les plantes doivent fleurir dans un sol lourd; mais sur une terre claire et riche, semez là où elles sont destinées à fleurir.

Annuelles sous verre. —Les fleurs disponibles pour la floraison hivernale et printanière sont naturellement peu nombreuses par rapport à celles qui remplissent les jardins et les vérandas pendant les mois d'été. Mais il n'est généralement pas réalisé que plusieurs annuelles en plein air préférées sont aussi utiles pour la floraison sous verre dans les courts jours de l'année qu'ils le sont pour la culture en pleine terre en été, et ils sont les plus précieux pour l'hiver et le printemps car aucun un système de culture élaboré est nécessaire. Toute serre ou véranda dont le gel peut être exclu fera bien pousser ces annuelles. Les graines doivent être semées en août ou septembre, dans des pots ou des casseroles placés dans une maison ou un cadre frais. Lorsque les semis ont fait des progrès, piquez-les dans les pots dans lesquels on veut les fleurir et continuez à grandir, en gardant toujours à l'esprit que le point le plus important est de garder les plantes aussi résistantes que possible en donnant de l'air à chaque occasion favorable. Les variétés suivantes conviennent particulièrement à la floraison hivernale et printanière sous verre: —Alonsoa; Les variétés Star et Dunnettii de chrysanthème annuel; Clarkia elegans; Dimorphotheca; Gypsophila elegans; Linaria; Nemesia Suttoni; Nicotiana, blanc miniature et N. affinis; Phlox, pureté; Salpiglossis; et Swan River Daisy.

Les asters pour la décoration intérieure doivent maintenant être soulevés des lits ou des bordures et mis en pot. Cela vaut la peine d'accomplir la tâche avec le moins de blessures ou de perturbations possibles aux racines. Les sols légers doivent être bien trempés dans l'eau la veille au soir, pour éviter que la moisissure ne s'effrite.

Œillet. —Les semences peuvent encore être semées comme conseillé en avril; mais pour transporter les plantes en toute sécurité pendant l'hiver, il est nécessaire de les avoir solides avant que le froid ne s'installe.

Chionodoxa peut être forcé avec la même facilité que les jacinthes romaines. Un pot de 48 dimensions peut accueillir plusieurs ampoules.

Les cinéraires sont fréquemment placées à l'air libre pendant ce mois et en septembre, et comme elles ont tendance à donner une constitution robuste, la pratique est à féliciter. Une bordure nord sous un mur leur conviendra, mais la proximité d'une haie doit être évitée. Avant d'éteindre les plantes, assurez-vous qu'elles sont assez propres, ou il peut être nécessaire de les restaurer dans la maison afin de les débarrasser de certains ravageurs gênants.

Clarkia. - Les variétés de la classe Elegans font de très belles plantes en pot, et pour assurer le nombre requis, les graines doivent être semées dans des pots bien drainés au cours de ce mois ou au début de septembre.

Cyclamen. - Là où les cyclamens sont largement cultivés, il est habituel de faire le premier semis en août, et de nombreux jardiniers considèrent que c'est la période la plus importante pour obtenir de jeunes plants en bonne santé. Une erreur courante chez les débutants est de les élever à une température trop élevée. Sur ce point et d'autres, des suggestions utiles se trouvent dans l'article commençant à la page 256.

Dianthus. - Transférer les semis maintenant ou un peu plus tard dans les quartiers fleuris et, si possible, les mettre dans un limon sableux dans un endroit ensoleillé.

Freesia. - Les conditions nécessaires au bien-être de cette belle fleur délicatement parfumée sont rares et simples. Les beaux spécimens à voir de temps en temps dans les fenêtres des chalets de l'île de Wight attestent de la facilité avec laquelle il peut être cultivé dans une atmosphère agréable. Les bulbes sont extrêmement petits par rapport aux fleurs et les radicelles sont si fragiles qu'il faut éviter de les rempoter. Un pot de taille 48 peut contenir cinq ou six bulbes, et le sol doit être composé en grande partie de fibres végétales en décomposition, telles que la tourbe, la moisissure des feuilles et le terreau gazonné. Les pots peuvent être placés dans n'importe quelle position abritée à l'extérieur, sous une couverture de fibre de cacao ou d'un autre matériau léger, jusqu'à ce que le feuillage commence à pousser.

Géranium . - Un semis en août fournira des plantes pour la floraison l'été prochain, et les instructions données en février conviennent, sauf que la chaleur peut maintenant être supprimée. Ces semis tardifs auront besoin de plus de soins pour les porter pendant l'hiver que les plants élevés plus tôt dans l'année.

Gerbera . - Ces fleurs charmantes font d'admirables sujets pour la serre et la véranda, et une excellente exposition peut aussi être obtenue à l'extérieur si une partie ensoleillée et bien drainée du jardin est choisie pour les plantes. Le mois d'août est le meilleur mois pour semer des graines. Les plantes nécessaires à la floraison en intérieur doivent être mises en pot si nécessaire. Ceux destinés à la pleine terre doivent être complètement endurcis pour être plantés au début de l'été de l'année suivante.

Jacinthes, italiennes et romaines . - Procurez-vous les bulbes le plus tôt possible et mettez-les en pot rapidement. Placez-les dans n'importe quel coin libre de la terre ouverte, où ils peuvent être recouverts de fibre de cacao ou de moisissure jusqu'à ce que les racines soient formées. Un enfant peut faire pousser ces fleurs; et ils devraient être largement utilisés pour les bouquets et pour la décoration intérieure pendant les jours sombres de l'hiver.

Mignonette . - Pour truies à floraison hivernale en pots de 48 ou 32, remplis de terre légère et riche. Mettez les graines en petits groupes, réduisez à trois ou cinq plantes dans chaque pot, et faites-leur profiter de la lumière du jour près du verre. Lorsque la floraison commence, ne laissez pas la graine se former. Si les pointes qui ont passé l'apogée de la perfection sont coupées, les plantes se briseront à nouveau et fleuriront une seconde fois.

Narcisses . - Le premier rempotage des variétés précoces a lieu ce mois-ci dès que les bulbes peuvent être obtenus.

Pélargonium . - Les remarques sous Géranium s'appliquent également à cette fleur.

Picotee . - Suivez les instructions données pour l'œillet.

Schizanthus . — Pour rendre pleinement justice à cette fleur, il faut semer maintenant pour que les plantes puissent être conservées pendant l'hiver dans une maison suffisamment chaude pour exclure le gel.

Scilla præcox, ou sibirica . - Le traitement qui convient aux jacinthes romaines répondra aussi à ce bulbe, lorsqu'il est requis pour la floraison en intérieur. Les deux forment une admirable harmonie de bleu et de blanc.

Silène . — Toutes les variétés les plus utiles de Catchfly sont résistantes au froid, mais pas entièrement contre l'humidité. Ils possèdent une valeur particulière pour leur aspect étincelant au printemps. Semez dans un sol sableux léger, dans lequel ils passeront l'hiver en toute sécurité. Sur un terreau épais, le système de repiquage doit être utilisé en février ou mars.

Stock, intermédiaire . - Cette section est précieuse pour la décoration intérieure au printemps. Aucune chaleur artificielle n'est nécessaire pour élever la graine; en fait, il n'est pas sage de l'employer. Soit en ce mois, soit au début de septembre semez le nombre de pots requis et plongez-les dans les cendres dans un cadre jusqu'en mars. Réduisez les plants à trois dans chaque pot. Avant la floraison, un top-dressing riche sera bénéfique; et l'eau de fumier - faible au début, mais plus forte par degrés - intensifiera les couleurs.

Stock, floraison printanière. —Un lit préparé sous des arbres ou des arbustes offrira un abri contre le gel hivernal. Rendez-le complètement riche et plantez-y les plants. Si la croissance est très rapide en septembre, les plantes deviendront probablement trop succulentes pour supporter le stress de l'hiver. Si c'est le cas, soulevez-les et plantez à nouveau au même endroit.

Sweet Pea . - La culture moderne de cette fleur délicieuse comprend le creusement de tranchées profondes et l'utilisation généreuse du fumier. Ceux qui ont l'intention de semer en septembre en plein air doivent remettre le sol en tranchée en parfait état au début du mois en cours. Les détails sont importants et sont décrits en détail dans l'article commençant à la page 303.

SEPTEMBRE

L'agapanthe taxe sévèrement le sol et doit avoir une nourriture suffisante dans des pots. C'est aussi l'un des bulbes les plus assoiffés connus, mais il est assez rustique et prospérera à l'air libre s'il est planté dans un terreau riche et profond à tout moment de septembre à mars.

Alstroemeria . - Bien que liée à l'Ixia, cette ampoule peut être confiée à la terre ouverte dans tous les districts sauf les plus froids du pays. Il ne convient pas à la culture en pot, mais dans une bordure sèche, il peut être autorisé à ne pas être dérangé pendant des années. Plantez assez de neuf pouces de profondeur.

Amaryllis . - Le moment propice pour commencer les opérations avec ces superbes fleurs est pendant leur saison de repos, qui va de septembre à mars. Mettez-les dans un terreau ferme, enrichi de moisissure foliaire et contenant une bonne proportion de sable. Il faut très peu d'eau jusqu'à ce que la croissance commence, puis elle doit être augmentée avec la progression de la plante. Commencez-les en plongeant les pots dans une température d'environ 65 °, et quand ils commencent à fleurir, déposez-les dans une serre chaude ou une véranda. Une fois les fleurs fanées, laissez les plantes terminer leur croissance, puis réduisez-les lentement à un état de repos sans permettre aux bulbes à tout moment de devenir assez secs.

Anémone . - Les variétés tubéreuses sont précieuses comme plantes en pot, non seulement pour leurs fleurs, mais aussi pour le caractère distinctif du feuillage. Les racines peuvent être mises en pot d'ici la fin de l'année, de sorte qu'une succession de fleurs puisse être facilement assurée. Lorsqu'ils sont plongés dans une fosse ou un cadre pour les préserver du gel, l'arrosage est toute l'attention dont ils auront besoin, mais il doit y en avoir beaucoup, en particulier lorsque les plantes commencent à fleurir. Mettez les racines en pot entre un et deux pouces de profondeur, dans un sol riche et avec les yeux vers le haut. Un grand pot accueillera plusieurs racines.

Babiana . - Traitez de la même manière que l'Ixia.

Bégonia, à racines tubéreuses. - Soulevez les plantes qui sont en pleine terre et mettez-les en pot pour terminer leur saison dans la serre; mais s'ils ne sont pas recherchés à cet effet, ils peuvent rester dans les lits jusqu'en octobre. Lorsque les tiges tombent, gardez toujours les bulbes dans leurs propres pots et stockez-les dans une cave sèche ou un hangar, sous une couche de fibre de cacao. Ils ont besoin d'une protection contre l'humidité et le froid. Ne précipitez pas le séchage des racines, ni n'essayez de forcer la croissance au printemps, mais attendez qu'elles commencent naturellement.

Les calceolarias devraient maintenant être dans de grands pots de 60, placés près du verre pour assurer une habitude naine. Par mauvais temps, ils peuvent être démontés, mais doivent être rétablis dès que le danger est passé. Une grande chaleur en hiver sera préjudiciable; une plage de 45 ° à 55 ° doit être considérée comme les limites de variation de température. Mettez les plantes en pot au fur et à mesure que la croissance l'exige.

Crocus . - Pour la décoration intérieure, deux ou trois lots séparés doivent être mis en pot à des intervalles de quinze jours; et les variétés nommées valent ce mode de traitement, tant pour la taille de leurs fleurs que pour la luminosité et la diversité exceptionnelles de leurs couleurs. Utilisez un sol léger et riche et mettez six à huit bulbes dans un pot de 48 dimensions. Ils peuvent également être cultivés en quantité dans de grands bacs à graines ou dans des des boites. Lors de la floraison, les racines peuvent être débarrassées du sol pour faciliter le conditionnement dans des paniers ou des vases ornementaux.

Couronne impériale . - Ce bulbe a besoin d'un sol limoneux riche et d'une position ouverte pour l'amener à la perfection. Pourtant, il fleurira de manière satisfaisante dans un arbuste ou à l'ombre des arbres; et, en ce qui concerne les racines, il n'y a pas lieu de les diviser plus d'une fois en trois saisons. Plantez pendant ce mois et jusqu'au début novembre.

Les cyclamens en pot paieront pour une dose occasionnelle d'eau de fumier faible. Fermez les plantes à temps les soirs froids. Si un semis n'a pas été fait le mois dernier, il doit être effectué sans délai.

Les variétés rustiques, telles que *C. europœum* et *C. Coum* , sont cultivées en extérieur; et dans certains des districts les plus chauds du sud de l'Angleterre, les variétés persanes peuvent également être cultivées avec succès en plein air. Ils conviennent pour les travaux de rocaille, ou pour les petits recoins et les coins abrités, dans lesquels certains jardins abondent. Pour leur succès, un bon drainage, une position chaude et beaucoup d'eau par temps sec sont essentiels. Septembre et octobre sont les meilleurs mois pour planter.

Violette à dents de chien . - Pour les petits lits, ou devant une rocaille, ces petites plantes compactes et intéressantes sont précieuses pour la floraison printanière et valent la peine d'être cultivées pour leur feuillage seul. Ils réussissent également dans des pots et se développent dans la tourbe, ou dans le limon sableux et la moisissure des feuilles. Un pot de 48 dimensions peut accueillir cinq ampoules.

Freesia . — Vers la fin du mois, ces bulbes seront prêts à être transportés dans une serre fraîche ou une fosse froide. Aucune chaleur n'est requise - simplement une protection contre le gel et une humidité excessive. Les tiges sont si minces que le soutien doit être donné tôt. Comme les plantes ne supportent pas de rempotage, le danger d'épuisement du sol peut être résolu en administrant occasionnellement de l'eau de fumier faible.

Les Fritillarias appartiennent au même ordre que la Couronne Impériale, et les conditions qui conviennent à cette plante répondront pour toutes les Fritillarias. Les bulbes se développent dans un terreau profond et sont assez résistants.

Glaïeul . - Le rempotage des variétés à floraison précoce devrait commencer ce mois-ci et se poursuivre selon les besoins. Comme les bulbes de ces glaïeuls sont petits, plusieurs peuvent être placés dans un pot de 32 dimensions. Il ne faut pas beaucoup de chaleur pour ces fleurs, une température d'environ 55 ° leur suffit amplement.

Gloxinia . - À l'approche de la saison de repos, placez les plantes dans une position aérée et réduisez progressivement l'approvisionnement en eau. jusqu'à ce que les feuilles tombent. Les bulbes peuvent être stockés pour l'hiver dans de la tourbe ou dans de la mousse sèche. La majorité des producteurs, cependant, ne stockent jamais un bulbe, mais dépendent entièrement de semis élevés chaque année.

Jacinthe . - Faire pousser cette fleur avec succès dans des verres n'exige aucune compétence horticole, car les enfants produisent souvent des spécimens très honorables. Cela ne nécessite que l'application intelligente de certains principes bien compris. Comme tous les autres bulbes, la jacinthe doit former ses racines avant le début de la croissance. La fleur est cultivée dans l'eau pour deux raisons: le plaisir de voir la plante entière, et la valeur décorative assurée par ce mode de traitement. Comme l'obscurité retarde la croissance supérieure, mais ne retarde pas la production de racines, il est habituel de placer les verres dans une cave fraîche; et si cela se trouve être aéré ainsi que frais et sombre, il n'y a pas de meilleur endroit pour démarrer les ampoules. Pourtant, il faut admettre que l'obscurité n'est pas essentielle au développement des racines. Mais l'obscurité et la fraîcheur ont tendance à retarder la croissance du feuillage jusqu'à ce que les racines se forment. Par conséquent, si le cultivateur décide d'avoir les plantes en vue dès le début, il doit les placer à une température basse et uniforme. L'eau doit toujours être pure et brillante, même si elle ne doit pas tout à fait toucher l'ampoule, sinon celle-ci pourrira. Des fils pour soutenir les fleurs sont nécessaires, et ceux qui sont fabriqués expressément à cet effet sont à la fois nets et efficaces. Une température plutôt basse et un libre accès à l'air pur devraient être considérés comme des conditions sanitaires nécessaires à tous les stades de croissance. Par conséquent, il sera évident qu'une cheminée, avec ses fluctuations de chaleur et de froid, est une position des plus inappropriées pour les lunettes. Nous tenons à ajouter que, malgré les qualités élevées de la jacinthe, c'est une vraie fleur de chalet.

Pour la culture en pot, la jacinthe est un grand sujet. Préparez les pots avec soin pour le drainage et remplissez-les d'un compost léger, riche et poreux. Retirez un peu de terre de la surface centrale, et dans ce creux, appuyez légèrement sur l'ampoule et appuyez légèrement sur la terre autour d'elle, laissant environ la moitié de l'ampoule visible. Si trop de puissance est employée, le sol sera si compact que lorsque les racines commenceront à pousser, au lieu de pénétrer, elles soulèveront le bulbe de sa position correcte. Il y a toujours un risque à cela, et cela explique la pratique d'accumuler sur les pots un poids considérable de cendres. Bien sûr, cette couverture sert un deuxième objectif en contrôlant la croissance des feuilles jusqu'à ce que les racines soient établies. Toute position fraîche et sûre répondra au stockage des pots à ce stade. Pour l'approvisionnement le plus précoce en fleurs, sélectionnez des variétés uniques, car celles-ci s'épanouissent naturellement un peu avant les doubles. Lorsque les sommets commencent à pousser, retirez les pots d'une serre ou d'un cadre et atténuez la lumière pendant une brève période jusqu'à ce que la couleur naturelle soit acquise. De là, transfert à la fosse de forçage selon les besoins; et ils auront besoin d'une semaine ou dix jours pour les préparer à l'utilisation. Il est facile de garantir un approvisionnement continu en jacinthes à partir de Noël en forçant des lots successifs de racines jusqu'à ce que l'affichage final fleurisse sans assistance artificielle. Pour augmenter la beauté des fleurs, employez aussi peu de chaleur que nécessaire, et ajustez la température de finition jusqu'au dernier moment possible. À des fins décoratives générales, les petits pots seront extrêmement pratiques lorsqu'un affichage brillant est recherché dans une boussole limitée; de bons spécimens peuvent être cultivés dans la taille 48, mais pour l'exposition, la taille 32 doit être utilisée. Ni dans des pots ni dans des verres ne devraient permettre aux bulbes d'envoyer des feuilles entre les écailles extérieures; ceux-ci volent la croissance centrale et doivent être soigneusement retirés avec un couteau bien aiguisé.

Les jacinthes, italiennes et romaines , doivent être mises en pot en lots successifs pour assurer un approvisionnement continu. Lorsque les racines sont formées, les pots peuvent être enlevés dans une fosse ou un cadre, et à la température de forçage comme le montrent les bourgeons. S'ils ont été amenés progressivement, quelques jours dans une fosse ou une maison chaude les jetteront en fleur. C'est une source d'étonnement pour nous que ces fleurs ne soient pas plus largement cultivées dans des jardins privés. D'immenses nombres sont expédiés chaque année sur les marchés de Londres et trouvent une vente prête pour les bouquets et la décoration de table. Bien sûr, ces jacinthes ne supporteront pas la comparaison avec les splendides variétés nommées qui viendront plus tard, mais les classes italienne et romaine sont prêtes à une époque où les fleurs sont rares et précieuses. Comme d'autres bulbes de la même classe, ils peuvent être secoués de leurs propres pots et transférés à des artifices ornementaux.

Iris . — Les variétés tubéreuses sont toutes parfaitement rustiques et peuvent être plantées à tout moment d'août à décembre. Mettez dans un sol léger à trois pouces de profondeur et à neuf pouces de distance, ils ne poseront aucun problème, sauf à les soulever et à les diviser toutes les deux ou trois saisons.

Ixia . - Babianas, Ixias et Sparaxis peuvent tous être traités exactement de la même manière. Dans les districts abrités des comtés du sud, ils peuvent être cultivés en pleine terre; mais sinon la culture doit être en pot sous l'abri d'un cadre ou d'une serre. Un pot de 48 contiendra quatre ou cinq bulbes, et ils prospéreront dans n'importe quel sol contenant une grande proportion de sable. Au printemps, ils peuvent être transférés sur une bordure sablonneuse, ou ils peuvent être conservés dans des pots pendant quelques années lorsqu'ils sont bien gérés.

Jonquil . - Le traitement recommandé pour Narcisse conviendra à cette fleur très parfumée, à la fois pour forcer et en pleine terre.

Narcisse . - Il n'est pas souhaitable de conserver ces bulbes à l'état sec plus longtemps que nécessaire, et ceux destinés à la culture en pot doivent être introduits rapidement. Une température basse doit être invoquée pour se retenir comme celles qui sont destinées à fleurir tardivement. Le Double Roman et le Paper White s'épanouissent naturellement avant les autres types, et ceux-ci doivent être sélectionnés pour l'affichage le plus précoce. Donnez-leur un sol riche et poreux, et mettez-les en pot assez fermement, mais pas assez fermement pour qu'il soit impossible pour les racines de pénétrer, ou le bulbe sera élevé au-dessus du sol. Placez-les dans un endroit frais, recouvert d'un matériau approprié pour garder les bulbes à leur place et pour éviter que le feuillage ne démarre prématurément. Lorsque la croissance supérieure commence, les pots doivent entrer dans une maison ou un cadre où ils peuvent progresser lentement jusqu'au moment de les forcer. Si les bourgeons apparaissent juste, environ une semaine dans une chaleur de fond de 65 ° suffira à les amener à la perfection. Une succession peut être avancée à intervalles réguliers par les mêmes moyens, jusqu'à ce que le lot final fleurisse sans aide artificielle. Et pour le confort de ceux qui ne possèdent pas d'appareil de chauffage, on peut ajouter que les fleurs cultivées naturellement seront probablement plus fines que celles qui ont été forcées.

Le narcisse peut également être cultivé dans des verres de la manière recommandée pour les jacinthes, ou dans des bols et autres récipients appropriés remplis de fibres de mousse.

En pleine terre, les Narcisses doivent être plantés en quantité, en particulier dans les endroits où il semble être naturellement à la maison, et l'un des effets les plus charmants est obtenu en les plaçant dans l'herbe rugueuse attenante aux bordures d'arbustes. Au lieu de couper l'herbe, il faut lui permettre de lancer des capitules, ce qui laisse aux bulbes le temps de mûrir en vue de la saison suivante. Les nombreuses formes de jonquille double et simple sont des fleurs de bordure efficaces, et les nombreuses variétés de narcisse doivent être cultivées en touffes et en plaques à chaque endroit approprié et vacant. Dans la limite de la réserve de nombreux jardins, un grand nombre d'oeil de faisan et d'autres narcisses sont plantés pour fournir des fleurs à couper. Ils sont particulièrement précieux à cet effet, et s'ils sont coupés à peine prêts, ils se développeront dans l'eau et dureront plusieurs jours. Lors de la plantation, soyez guidé quant à la distance par la taille du bulbe, permettant quatre ou cinq pouces entre les petites espèces, et six à neuf pouces pour les grandes variétés; profondeur, six à neuf pouces.

Oxalis . - Sauf dans quelques quartiers abrités, il faudra cultiver cette fleur excessivement jolie dans des cadres, ou dans une serre ensoleillée et aérée. Il peut également être forcé dans le poêle avec succès. Mettez plusieurs ampoules dans un pot et donnez-leur un sol léger avec beaucoup de sable.

Perce - neige . - Cela n'améliore pas les racines de ce petit favori exquis pour les garder hors du sol, et elles devraient, si possible, être plantées tôt.

Sparaxis nécessite le même traitement que celui conseillé pour l'Ixia.

Sweet Pea. -Les exposants de Sweet Peas et ceux qui s'efforcent d'obtenir les meilleurs sprays à des fins décoratives, commencent la préparation du sol au cours du mois actuel et encourent toutes les dépenses qui peuvent être nécessaires pour assurer un lit profond de terreau friable riche dans lequel le les racines peuvent se ramifier librement. Il est également courant de semer des graines vers la mi-septembre afin de fournir des plantes solides et bien enracinées, prêtes à être transférées sur les parcelles préparées au début du printemps. Des pots ou des boîtes peuvent être utilisés, et un cadre est suffisant pour amener les semis en toute sécurité pendant l'hiver. La méthode est traitée en détail à la page 305.

De mi-septembre à fin octobre, selon la localité, c'est une excellente période pour semer des pois de senteur en extérieur où le sol est léger et la situation assez chaude. Les plantes issues de graines semées en automne sont généralement plus robustes et produisent des fleurs plus fines que celles issues de graines semées en plein air au printemps.

Tropæolum tuberosum . - Pour mettre en pot les variétés tubéreuses, assurer un drainage efficace et utiliser un compost de terreau riche et léger mélangé à du sable. Le feuillage traînera sur les côtés des paniers en fil de fer avec un effet gracieux, mais il peut être formé autour de fils en forme de ballon spécialement conçus pour ces fleurs. Les bulbes restent dormants tout l'hiver et peuvent être mis en marche à tout moment de septembre à mars.

Tulipe . - La classe primitive des tulipes est d'une grande valeur pour le forçage en raison de leurs couleurs brillantes et de leurs formes élégantes. Ils prennent gentiment une température élevée, mais le forçage ne doit pas être commencé trop tôt, et la chaleur ne doit pas dépasser 65 ° à l'arrivée. La plongée est la méthode la plus satisfaisante. Plusieurs bulbes peuvent être mis dans un même pot, mais il est plus pratique de les cultiver seuls, de sorte que les fleurs exactement au même stade de développement puissent être sélectionnées pour une utilisation en même temps. Un approvisionnement continu peut être assuré par empotage des lots à de courts intervalles. Lorsqu'elles sont en fleurs, les racines peuvent être lavées du sol pour être placées dans des vases. Le gazon pourri, avec du fumier de vache décomposé et une proportion de sable, constitue un excellent terreau pour les tulipes, et il sera d'autant plus approprié s'il est mis en tas pendant douze mois après avoir été mélangé.

OCTOBRE

Anémone . - Les anémones à racines tubéreuses peuvent être plantées en plein air à tout moment de septembre à mars, et à partir de plantations successives, un étalage continu sera obtenu de février jusqu'à la fin du printemps. Pour le choix des variétés nommées, il est de coutume pour les spécialistes de faire des préparations élaborées, dans lesquelles nous n'avons pas besoin d'entrer ici. Des fleurs splendides peuvent être cultivées en touffes et en massifs dans des jardins ordinaires en creusant profondément et en utilisant un pansement libéral de fumier de vache pourri. Plantez les racines à une distance de quatre à six pouces et à une profondeur uniforme d'environ trois pouces. Dans un sol lourd et rétentif, il n'est pas conseillé de risquer une collection d'anémones nommées avant janvier, à moins qu'une couche profonde de compost léger ne puisse être placée dans les forets où les racines doivent être plantées.

Annuelles, rustiques . - Sur les sols légers, il sera sûr de les transplanter maintenant; mais sur une terre lourde, le risque est trop grand, et nous conseillons d'attendre jusqu'en février ou mars. Soulevez les plantes avec autant de terre attachée aux racines que possible.

Crocus . — Plusieurs fleurs fleurissent avant ou dès le Crocus; mais aucune autre ampoule de sa propre époque ne peut se comparer à elle pour la luminosité et la coloration efficace. Plantez pendant ce mois et novembre, en groupes et en motifs partout où il y a une parcelle vacante et des bulbes peuvent être trouvés pour la remplir. Mettez-les à une profondeur uniforme d'environ trois pouces. Les perceuses sont faciles à dessiner et sont meilleures pour les bulbes que le plan inacceptable de dibbling.

Les graines de **cyclamen** pourraient être semées à nouveau ce mois-ci. S'ils sont correctement cultivés, les plants élevés maintenant fleuriront magnifiquement l'automne prochain.

Ferraria . — Voir Tigridia, page 379.

Glaïeul . - À la fin du mois, soulevez les racines qui ont fleuri, même si les tiges sont encore vertes. Étiquetez-les et suspendez-les dans un endroit aéré pour sécher. Un peu plus tard, retirez le feuillage avec un couteau bien aiguisé. Ensuite, étalez les racines pendant environ une quinzaine de jours et, lorsque vous êtes prêt, rangez-les dans des sacs en papier ou des boîtes placés sur une étagère sèche, à l'abri de la vermine.

Rose trémière . — Dans les quartiers favorisés et dans un sol léger, il sera prudent d'hiverner cette plante en pleine terre avec simplement la protection d'un peu de litière sèche. Mais dans les terres adhésives humides, c'est périlleux, et un châssis froid offrira la protection requise jusqu'au retour de mai.

Jacinthe . - Vu l'aspect magnifique de cette fleur, sa culture est des plus simples. Toute terre de jardin assez bonne et pas trop humide en hiver la fera pousser; et les bulbes peuvent être plantés en touffes ou en massifs dans n'importe quel modèle ou arrangement de couleur que le goût peut dicter. À six pouces de distance, il y aura un écran brillant, mais la distance est tout à fait facultative. Les couronnes des bulbes ne doivent pas être à moins de quatre ou plus de six pouces sous la surface; la plus grande profondeur retardera légèrement la floraison. Une fois plantés, ils ne donneront plus de problèmes jusqu'à ce que le moment de les soulever pour faire de la place aux autres occupants.

La jacinthe, la plume , est une fleur de bordure extrêmement belle en mai et au début de juin. Les tiges mesurent de neuf à quinze pouces de haut et portent des fleurs dont les pétales sont coupés en minces filaments. Il poussera dans des pots et à l'air libre, dans n'importe quel sol qui convient aux jacinthes. Plantez un bon nombre dans chaque groupe.

Jacinthe, raisin . - Une fleur bleu foncé intéressante, qui devrait être cultivée librement dans des bordures mixtes pour fleurir en avril. Seul, cela ne sert à rien; plantez des touffes de bonne taille dans le sol qui répondent aux bulbes.

Les jacinthes, miniatures , font le bonheur des enfants, en l'honneur desquels de nombreuses variétés sont nommées. À l'exception de leur petite taille, ils sont à tous égards égaux à leurs relations plus larges. La culture en pots, en verres et en plates-bandes est similaire à celle conseillée pour les racines de taille normale, sauf que la plantation en pleine terre n'a pas besoin d'être aussi profonde, trois pouces de sol au-dessus des couronnes étant suffisants.

Jacinthes, italiennes et romaines . - Découvrez les pots contenant la plantation la plus ancienne, et placez-les d'abord dans une position faiblement éclairée. L'application de chaleur dépendra du moment où les fleurs sont désirées; mais quand les plantes sont suffisamment avancées, plongez-les dans une température de 65 °, et dans environ une semaine elles seront prêtes à l'emploi.

Les lachenalias atteignent rarement les proportions dont elles sont capables faute d'eau dans leur état de croissance. Ils prospèrent dans la tourbe et peuvent être forcés de fleurir à presque n'importe quelle saison. Sauf dans les jardins chauds et abrités, ils ne doivent pas être plantés en plein air. Pourtant, seule une chaleur suffisante est nécessaire pour tenir le gel à distance.

Les leucojums sont des bulbes parfaitement résistants qui pousseront dans n'importe quel jardin. Les fleurs ressemblent à des perce-neige, mais sont beaucoup plus grandes. Plantez en groupes denses.

Narcisse . - D'après les caractéristiques naturelles de ce bulbe, il est souhaitable qu'il soit planté tôt. Parfois, cependant, il est impossible, conformément aux autres dispositions, de mettre en pot ou de planter des narcisses avant octobre ou novembre. Dans de tels cas, il est réconfortant de savoir qu'à partir de racines saines et bien mûries, de bonnes fleurs peuvent être anticipées avec confiance, même à partir de plantations tardives.

Ornithogalum . - A l'air libre, ce bulbe doit avoir une certaine protection pendant l'hiver, pour sauver ses grosses racines charnues des dommages causés par le gel. Un tas de fumier léger ou de litière sèche répondra à l'objectif. Plantez six pouces de profondeur.

Scilla præcox peut être cultivée presque n'importe où, et dans un sol léger et riche, elle fleurit abondamment. Les bulbes passeront en toute sécurité l'hiver le plus rigoureux en pleine terre et fleuriront en février ou mars. L'heure exacte dépend du climat et de la position. Dans les endroits abrités et les quartiers doux, ils fleuriront naturellement plus tôt que dans les quartiers sombres et exposés. Plantez en masse ou en lignes, et les bulbes peuvent rester intacts pendant des années. Une rangée dense fait un fond extrêmement beau aux perce-neige. Les autres Scillas sont également robustes et précieuses, et elles fleurissent toutes avec une grande liberté.

Triteleia uniflora est un beau bulbe rustique à fleurs blanches, qui poussera librement dans n'importe quel jardin. Il est adapté pour la compagnie de l'un des bulbes nains et peut être utilisé en lignes ou en touffes. Plantez les racines à trois pouces de distance et à deux pouces de profondeur.

Les tubéreuses sont appréciées pour la pureté de leurs fleurs blanches et pour le parfum agréable qu'elles exhalent. Les bulbes peuvent être mis en pot individuellement ou trois dans un pot. Ils prospèrent dans un compost de terreau et de moisissure foliaire, et ont besoin d'une chaleur de fond comprise entre 60 ° et 70 ° pour les amener à la perfection. Les bulbes africains sont généralement prêts en septembre et les importations d'Amérique arrivent en décembre et janvier.

Les tulipes peuvent être plantées en pleine terre à tout moment du mois. Nous ne dirons rien de la disposition des couleurs, ni de la forme des lits, car les deux points admettent une diversité sans fin. La bordure mixte peut être animée de groupes de nombreuses variétés, et si elles sont judicieusement sélectionnées, il y aura une succession de fleurs pendant plusieurs semaines au printemps.

Giroflée . - Une fois que les plantes à massifs d'été sont défrichées, les giroflées peuvent être utilement employées pour remplir les plates-bandes de feuillage vert tout l'hiver. Ils fleuriront librement au printemps, lorsque leur couleur et leur parfum seront particulièrement les bienvenus, et ils peut être retiré à temps pour faire place à un affichage différent pour l'été.

Winter Aconit n'est pas consterné par le gel ou la neige, mais produira ses fleurs dorées dans les jours les plus sombres de février, et après la disparition des fleurs, le feuillage restera comme ornement. Mettre en place des racines simples est inutile; il est de loin préférable de planter quelques grandes parcelles que de répartir la fleur en plusieurs petits groupes discrets.

NOVEMBRE

Cyclamen. - Là où il y a une forte demande pour cette fleur, un autre semis peut être fait ce mois-ci, à moins qu'il n'ait été fait en octobre. Avec un sujet si important, il n'est pas sage de dépendre d'une seule entreprise. Les semis offriront une précieuse succession à ceux commencés en août.

Glaïeul. —Le sol qui répond le mieux à la section de floraison automnale est un limon moyennement friable, avec un sous-sol frais et riche. Un terreau léger peut être rendu approprié en creusant des tranchées et en plaçant une épaisse couche de fumier de vache au fond de chaque tranchée. Et un sol lourd peut être réduit à l'état approprié par l'adjonction libre de limon léger ou de sable. L'automne est le moment propice pour faire ce travail, et le sol doit être laissé rugueux, afin qu'il puisse bénéficier des gelées hivernales. Les vers fil-de-fer sont des ennemis mortels des bulbes de glaïeuls, et un effort doit être fait pour les éliminer. Heureusement, ils afflueront vers des pièges tels que les pommes de terre et les tourteaux de colza, et leur destruction n'est qu'une question d'attention quotidienne. La plantation doit, bien entendu, être reportée au printemps.

Hyacinthus candicans est généralement cultivé en compagnie d'autres fleurs qui atteignent quelque chose comme ses propres proportions imposantes. Dans un bon sol, les pointes atteignent trois pieds de haut. Il peut être planté à partir de ce moment jusqu'en mars.

Les lis sont un ornement du jardin du cottage et ornent la plus grande véranda. Beaucoup des variétés les plus superbes, y compris le roi de toute la race, *L. auratum* , peuvent être magnifiquement fleuries dans la bordure ouverte; et nous avons vu de beaux spécimens des variétés de *Lancifolium* cultivés dans des pots sans l'aide d'une fosse ou d'un cadre. Il est donc évident qu'il n'y a pas de difficultés dans la culture des lis. Dans les bordures, le meilleur sol pour eux est un terreau profond, riche et humide. La tourbe et la moisissure des feuilles répondent également; mais une argile raide ne fera pas l'affaire si elle n'a pas été cultivée et mélangée avec une substance plus légère. Plantez les racines à au moins six pouces de profondeur, à tout moment ils sont dans un état dormant, ou peuvent être obtenus dans des pots. Leur position dans la bordure doit être clairement indiquée, sinon les racines peuvent être blessées lorsque le sol est fourchu.

L'apparence noble de *L. auratum lui réservera* toujours une place de choix dans la véranda ou la serre. Il poussera dans la tourbe sableuse ou dans un mélange de terreau, de moisissure des feuilles et de sable. L'ampoule doit d'abord être placée dans un petit pot. Lorsque celui-ci est plein de racines, transférez-le à une taille plus grande et déplacez-vous de temps en temps jusqu'à ce que les boutons floraux apparaissent, lorsque le rempotage doit cesser. Une maison fraîche amènera la plante à la perfection, même si elle supportera une température élevée si elle le souhaite tôt. Pendant la croissance, l'eau doit être donnée librement et être progressivement réduite à la fin de la saison de floraison.

Les variétés de *Lancifolium* nécessitent le même traitement, mais il est habituel d'en mettre plusieurs dans un grand pot. Une fois la floraison terminée, au lieu de laisser les bulbes devenir assez secs, gardez-les suffisamment humides pour éviter que les racines fibreuses ne périssent, et elles commenceront avec d'autant plus de vigueur lorsque viendra le moment du rempotage la saison prochaine.

Muguet. —Le forçage de cette fleur préférée commence généralement en novembre, et il est important de s'assurer des racines bien mûries à cet effet. Ils doivent être finis à haute température, et s'ils sont gérés avec discernement, il y aura beaucoup de feuillage pour déclencher les longues pointes de charmantes cloches blanches. Lorsqu'elles sont plantées en pleine terre, un endroit ombragé doit être choisi, qui doit être librement enrichi de moisissure des feuilles, et les plantes n'auront pas besoin d'être soulevées pendant quatre ou cinq ans.

Renoncule . - Sur un sol légèrement sec, où il n'y a pas de risque que les racines subissent des dommages pendant l'hiver, c'est le moment propice pour planter toutes les variétés. Pour leur rendre justice, la terre doit être généreusement habillée de fumier pourri, et plus le lit peut être préparé longtemps avant la plantation, mieux il répondra. Mettez les racines dans des perceuses espacées de six pouces et deux pouces de profondeur et couvrez-les de terre fine. Pour les terres rétentives, il est conseillé de reporter la plantation à février.

Tritonia . - La meilleure façon de traiter cette fleur est peut-être de mettre les bulbes en pot maintenant ou en décembre, et de les conserver dans des cadres jusqu'en avril, date à laquelle ils pourront être transférés en pleine terre. Un sol sec et un endroit ensoleillé devraient être trouvés pour eux.

Tulipe. —Il n'y a pas de meilleur moment pour planter des tulipes dans des plates-bandes que la première moitié de ce mois. Les bulbes doivent être recouverts de quatre ou cinq pouces de sol selon la taille, et il est important que chaque le genre doit être placé à une profondeur uniforme pour assurer un affichage simultané. Sur un sol lourd, faites des semoirs profonds et remplissez-les partiellement de compost léger sur lequel les racines doivent être plantées. Les variétés uniques tardives sont les tulipes qui étaient autrefois très prisées par les fleuristes. Pour ces bulbes, la coutume était de préparer le sol avec un soin extraordinaire lorsque l'engouement pour les tulipes était à son comble. Après l'incroyable folie de payer 300l. pour une seule ampoule, la petite folie de l'extravagance dans la préparation du sol peut être facilement pardonnée. Heureusement, cette phase de l'entreprise est passée et de belles tulipes sont maintenant cultivées sans une telle dépense prodigue d'argent et de travail. Le site de cette fleur doit être ensoleillé, le sol assez riche et le drainage bon. Avec ces conditions assurées et des racines saines et denses, il est facile d'obtenir un magnifique spectacle de tulipes.

Zephyranthes Candida peut être cultivé dans n'importe quel sol, et si possible, les bulbes doivent être plantés dans un endroit où ils peuvent rester non encombrés pendant plusieurs saisons. Les fleurs apparaissent vers la fin de juillet, ressemblant à un crocus blanc en forme, et la floraison se poursuit jusqu'à ce que le temps froid s'installe. La plantation peut être effectuée entre novembre et mars.

DÉCEMBRE

Seul le jardinier oisif ou tiède se plaindra de n'avoir aucun travail à faire pendant les courtes journées sombres de ce mois-ci. Bien qu'il y ait peu ou rien à planter ou à semer, et que peu de fleurs aient besoin d'être rempotées, il y a pourtant des sols à obtenir et à stocker pour une utilisation future; d'anciens tas à retourner et à refaire; feuilles mortes à retirer des plantes dans les fosses et les maisons; des piquets et des bâtons soignés pour se préparer à des sujets qui auront besoin d'être soutenus par la suite; lits et bordures à enrichir, et bien d'autres tâches à accomplir. Le soir aussi, il y a de nouvelles combinaisons et de nouvelles harmonies de couleurs à concevoir pour les lits et les groupes en bordure; les exigences pour la saison à venir à prendre en compte alors que l'expérience acquise au cours de l'année de clôture est encore fraîche dans la mémoire; la position des plantes dans les fosses et les cadres et les maisons à prévoir, de sorte que le plan de la campagne d'été puisse être clairement compris et que toutes les ressources du jardin soient sous contrôle intelligent. Les fluctuations du thermomètre doivent également être surveillées, et les moyens adoptés pour sauver les plantes des dommages causés par une chute soudaine de la température. Dans l'ensemble, il existe d'abondantes sources d'emplois rentables pour ceux qui ont envie de travailler.

Les bulbes , tels que les jacinthes, les tulipes, les crocus, etc., qui n'ont pas été plantés, auront commencé à pousser, malgré les précautions prises pour l'empêcher, montrant ainsi qu'ils devraient être dans le sol. La croissance s'est faite aux dépens du bulbe lui-même, car il n'y a pas de racines fibreuses d'où puiser un support. Par conséquent, on ne peut guère s'attendre à ce que les fleurs des plantations très tardives soient aussi bonnes que les mêmes bulbes auraient produit s'ils avaient été mis en place à une période antérieure. Il y a encore des cas où le retard est inévitable, et il est rassurant de savoir que des bulbes sains soigneusement réglés à la bonne profondeur ne produiront des fleurs qu'à un degré inférieur à ceux des plantations antérieures.

Les bulbes en magasin , tels que le bégonia, le dahlia, le glaïeul et le gloxinia, doivent être passés en revue. L'examen révélera presque certainement certains spécimens malsains, et leur élimination peut sauver de précieux compagnons de leur influence contaminante. Cette pratique doit être suivie environ une fois tous les quinze jours jusqu'à ce que tous soient finalement plantés.

LES NUISIBLES DES PLANTES DE JARDIN

L'histoire de la vie des phytoravageurs et de la vermine du sol, avec les meilleurs moyens de sauver diverses cultures de leurs ravages, est traitée dans une série de brochures précieuses publiées par le ministère de l'Agriculture et de la Pêche. Ces brochures englobent un très grand nombre de sujets, dont plusieurs appartiennent à la ferme et au verger et sortent du cadre du présent volume. D'autres sont rarement rencontrés, mais concernant ceux qui sont communs à la majorité des jardins, nous proposons des informations qui permettront, nous l'espérons, aux lecteurs de préserver leurs cultures des catastrophes.

Lorsque les conditions météorologiques défavorables agissent de manière nuisible sur la végétation, les fléaux qui infestent les plantes de jardin acquièrent généralement une puissance accrue proportionnellement au degré de faiblesse auquel la végétation est réduite. Cette circonstance s'accorde parfaitement avec la loi générale de la nature, et est pleine d'instructions sur les moyens de sauver les plantes des dommages graves causés par la vermine. Le vent d'est sec et vif qui met si souvent en péril les cultures fruitières est généralement suivi de visites de mouches et de mouches, et dans ce cas, la cause est au-delà du pouvoir humain ou de la prévoyance. Mais on peut éviter de négliger l'arrosage et l'aération des plantes en pot. Une bonne culture assure non seulement de beaux spécimens, mais est souvent le moyen d'empêcher les plantes de tomber sous les attaques d'Aphis, de Mealy Bug et d'autres ennemis contre lesquels le jardinier doit mener une bataille incessante.

Les insectes sont parmi les plus fragiles des créatures vivantes et ils périssent d'un seul coup. Comme ils respirent à travers les pores de la peau, l'eau seule - le promoteur de la vie et de la propreté - est la mort pour eux; et ils sont encore plus sujets à une destruction sûre quand à l'eau est ajouté un poison actif, comme le tabac, ou une substance qui y adhère et arrête le processus de respiration, comme la colle, l'argile, le soufre, le savon doux et les nombreuses préparations spécialement conçues pour anéantir les insectes hôtes.

Les différentes étapes par lesquelles passent les plus gros insectes les placent en notre pouvoir à une certaine période de leur existence. Le papillon peut flotter hors de portée du danger, mais dans l'état de la chenille ou de la chrysalide, il peut être traité efficacement. Encore une fois, nous sommes peut-être impuissants à détruire les larves de Chafer alors qu'elles se nourrissent ou hibernent sous le gazon, mais dans leur état parfait en tant que Cockchafers ou Rose Chafers, beaucoup peuvent être abattues pendant des soirées calmes, et d'autres peuvent être secouées de Roses à l'aube ou au coucher du soleil. Une connaissance du cycle biologique des insectes nuisibles suggérera ce qu'il faut faire et le bon moment pour le faire, de sorte que souvent par un simple traitement, ils peuvent être détruits.

Les frais de préparation des mélanges et des lavages peuvent être dans une certaine mesure réduits par une économie d'application. Une planche de trempage montée sur un châssis solide devrait être prévue dans tous les endroits où la culture des plantes est pratiquée dans une mesure quelconque. La planche doit être inclinée à partir d'une crête de repos à la base. La plante dans son pot peut être posée sur la planche, avec le fond du pot contre la crête de repos, et un seau doit être placé pour récupérer le liquide utilisé lorsqu'il s'écoule de la plante après la seringue. Chaque lavage général ou fumigation doit être suivi d'un autre à un intervalle d'une semaine à quinze jours, car, bien que la première opération peut tuer chaque insecte, il y aura de nombreux œufs vivants, et ceux-ci renouvellent la course, et très bientôt apporter les plantes dans un état aussi mauvais que jamais, à moins d'être expédiées à une heureuse expédition comme l'étaient leurs parents. Dans certains cas, il sera plus économique de nourrir que de détruire la vermine; et, en règle générale, l'alimentation de la vermine n'ajoute pas à leur nombre, dans la même saison ou dans n'importe quelle saison future, car la vie des insectes dépend si étrangement de certaines conditions de température, etc., que si la saison n'est pas favorable à un genre particulier il sera rare, aussi abondant soit-il l'année précédente. Dans le cas de la mouche du navet, l'alimentation est souvent le moyen le moins cher et le plus sûr de sauver la récolte. Il est de coutume chez les cultivateurs de Dahlia et, en fait, chez les cultivateurs de fleurs en général, de semer des laitues là où les fleurs doivent être plantées, tant que les laitues sont sur place Les limaces et les escargots les préféreront à d'autres aliments. . Comme les laitues elles-mêmes servent de pièges, les escargots et les limaces rassemblés autour d'eux peuvent, vers le soir, être capturés et détruits.

En utilisant un mélange pour la première fois, il est conseillé de l'essayer sur une seule plante, et cela, bien sûr, le pire de la collection affecté. Si la préparation est trop forte, la vérité sera déclarée par l'état de la plante dans les vingt-quatre heures; ainsi, un peu de prudence peut éviter une grande perte. Une autre bonne règle est d'employer les différents remèdes dans un état plutôt faible jusqu'à ce que l'expérience ait été acquise, car non seulement la force du médicament doit être considérée, mais la prise en charge du patient avant et après son administration. Il est avant tout important d'être minutieux dans le nettoyage des plantes, car elles succombent rapidement aux attaques des insectes et doivent être efficacement et rapidement nettoyées ou mises au feu. S'ils sont laissés dans un mauvais état, ils propagent l'infection partout. Dans l'espace à notre disposition, il n'est possible de remarquer que quelques-uns des parasites du jardin, et nous commençons par l'un des ennemis des plantes les plus fréquents et les plus gênants.

Le puceron, sous une forme ou une autre, est le plus persistant et le plus déroutant des phytoravageurs. La mouche verte est l'ennemie des types de végétation plus doux, et la mouche bleue et la mouche noire sont des fléaux communs du pêcher et du verger. Le corps tendre de l'Aphis est instantanément affecté par des conditions défavorables à sa vie, et il est donc facilement tué; mais son merveilleux pouvoir de reproduction rend son extinction impossible, car dans tous les cas quelques échappent et rétablissent très vite leur race. Deux méthodes de destruction d'Aphis sont en vogue. L'un est la fumigation par le tabac, pur ou dans certaines des nombreuses préparations proposées, y compris plusieurs insecticides populaires qui ont la nicotine comme base. Ce sont à la fois propres et efficaces. Lorsqu'une maison pleine de plantes est infestée, il ne faut pas perdre de temps et la soirée est la plus appropriée pour lutter contre les ravageurs. Les plantes doivent être assez sèches et la maison étroitement fermée. Un nuage dense de fumée sans flamme est nécessaire. Laissez la fumée faire son travail mortel pendant la nuit. Tôt le lendemain matin, serrez les plantes librement et, au bout d'une heure environ, donnez de l'air. L'autre remède consiste à utiliser l'un des nombreux liquides nuisibles à la vie des Aphis et autres insectes ravageurs. Pour économiser le liquide, il est conseillé de remplir un seau ou une cuve et d'immerger les plantes individuellement. Prenez-en un dans la main droite et écartez les doigts de la main gauche sur la surface du sol pour éviter un accident; puis retournez la plante et plongez le feuillage dans le liquide, en le déplaçant vivement de haut en bas deux ou trois fois. Si cela n'est pas possible seringue les plantes, en prenant soin de mouiller les feuilles des deux côtés. Le lendemain, seringue avec de l'eau douce pure.

Les rosiers peuvent généralement être nettoyés de la mouche au moyen du moteur de jardin et eau pure uniquement, l'essentiel étant de diriger l'eau sur les arbres avec une certaine force pendant plusieurs soirées de suite chaque fois que la mouche menace d'obtenir la maîtrise.

Le savon doux dissous dans l'eau fait un lavage bon marché et efficace pour exterminer toutes sortes de pucerons, et à ces ingrédients la quassia peut avec avantage être ajoutée. Une livre de savon doux suffira pour dix gallons d'eau, dans lesquels mélanger l'extrait obtenu en faisant bouillir une livre de copeaux de quassia dans l'eau. Les plantes en pot peuvent être trempées dedans comme déjà conseillé, ou la solution peut être appliquée au moyen de la seringue. Le jour suivant, les plantes doivent être nettoyées avec de l'eau douce pure.

Le puceron du haricot , également connu sous le nom de pou du haricot, ou dauphin noir *(Aphis rumicis)* . Notre illustration montre la femelle sans ailes et la chrysalide de taille naturelle et agrandie. La chrysalide est noire avec des marbrures blanches grisâtres, tandis que la femelle est de couleur noir verdâtre profond. Cet insecte attaque couramment les jeunes pousses et les sommets des fèves. Il est bon de couper les sommets infectés et de les brûler. Si l'attaque est répétée, vaporisez les haricots avec une solution de savon doux et de quassia.

BEAN APHIS

Aphis fabæ **(chrysalide et femelle)**

Le Pea Siphon-Aphis (*Siphonophora pisi* , Kalt). - Parmi les pucerons particuliers aux légumes, c'est l'un des plus communs.

PEA SIPHON-APHIS

Siphonophora pisis

Notre illustration montre la taille naturelle et une figure agrandie de la femelles sans ailes aux ailes verdâtres et teintées de vert, telles que produites, non à partir d'œufs, mais vivantes et développées. Cet insecte est parfois très destructeur pour les cultures de pois.

La brûlure américaine , ou puceron laineux , apparaît généralement en premier sur les arbres greffés sur des stocks nains, en particulier les mauvaises formes de la pomme du paradis. Rapidement, le mal se propage, les arbres sains sont infestés et, à moins d'être contrôlés, un verger est rapidement ruiné. Andrew Murray dit que dans les cas graves de brûlure américaine, il est parfois nécessaire d'enraciner et de brûler tous les arbres, et de laisser le sol non planté pendant un an ou deux. Les arbres fruitiers doivent être examinés périodiquement pour ce ravageur, et immédiatement les taches laineuses sont détectées, les petites branches contaminées doivent être élaguées, et des tiges principales et des grandes branches, les taches malades peuvent être éliminées. L'opération peut nécessiter une main audacieuse et vigoureuse si les arbres doivent être sauvés, et il est important que chaque ferraille soit brûlé. Il est presque certain qu'il y aura une nouvelle apparition du fléau, qui devrait être détruit par l'un des nombreux remèdes connus pour être efficaces. L'insecticide à l'huile de sapin s'est avéré être un excellent remède. Gishurst Compound, dans la proportion de huit onces pour un gallon d'eau, avec suffisamment d'argile ajoutée pour le rendre adhésif, fait une peinture d'hiver capitale pour les pommiers. Mais il n'y a pas de remède bon marché égal au savon doux pour étouffer la brûlure américaine dans les recoins de l'écorce. Le savon peut être frotté sur les zones malades ou, en tant que lavage, il peut être appliqué au pinceau sur les branches.

AMERICAN BLIGHT

Schizoneura lanigera

Notre illustration montre un morceau de rameau d'Apple avec les pucerons et leur matière laineuse de taille naturelle. Les figures agrandies représentent la femelle ailée et la larve sans ailes du puceron de la brûlure du pommier *(Schizoneura lanigera*). L'insecte est brun violacé profond en couleur, et le matériau cotonneux blanc bleuâtre bien connu en dégage naturellement.

La mouche de la carotte (*Psila rosæ* , Fab.), Avec sa larve, sa chrysalide et son insecte parfait, est illustrée de taille naturelle et agrandie. Les larves ocre et brillantes vivent sur les racines pivotantes de la carotte et, en les rongeant, les font pourrir. En couleur, le corps de la mouche est d'un noir verdâtre intensément foncé, avec une tête ocre rouillée. La présence des larves dans la racine est révélée par le changement de couleur des feuilles du vert au jaune, et les plantes attaquées doivent être promptement fourchues entières et brûlées.

CAROTTE MOUCHE

***Psila Rosæ* (avec mouche et chrysalide)**

Il est bon de creuser le sol en automne, pour que la terre soit exposée aux gelées de l'hiver et les pupæ à l'attention des oiseaux. Après le semis, vaporisez le lit de carottes avec une émulsion de paraffine. Pulvériser à nouveau après la germination et une troisième fois lorsque l'éclaircissage est terminé. L'émulsion doit être faite en dissolvant une demi-livre de savon doux dans un gallon d'eau bouillante. Tout en bouillant encore, versez le liquide dans deux gallons de paraffine et mélangez soigneusement jusqu'à ce qu'il en résulte une masse beurrée. Cela se conservera longtemps dans des boîtes de conserve. Avant utilisation, diluer avec vingt fois la quantité d'eau - eau douce si possible. C'est un excellent préventif. Après le travail d'éclaircie, la mouche peut également être éloignée des plantes en répandant sur elles des cendres, du sable ou de la terre imprégnées de paraffine. La poudre carbolique et la suie sont toutes deux désagréables pour l'insecte. Il a été observé qu'en singularisant la perturbation du sol est favorable aux opérations de la mouche de la carotte. Un arrosage abondant à la fin de la tâche raffermira la terre autour des racines restantes et empêchera la mouche de descendre facilement pour déposer des œufs.

Les carottes et les panais sont souvent attaqués par la larve d'un *papillon* de la carotte (*Depressaria cicutella*), qui fait tourner des toiles pour la sécurité tout en se nourrissant, et fait parfois des ravages dans le feuillage. Un remède simple consiste à secouer les chenilles des feuilles des plantes, lorsqu'elles peuvent être détruites par l'utilisation de la chaux.

Mouche de céleri. - Les cloques apparentes dans les feuilles de céleri sont des taches dépourvues de vert feuille, que la larve de céleri a mangées. Saupoudrer le céleri nouvellement planté avec de la chaux ou de la suie peut faire quelque chose pour empêcher la mouche de pondre ses œufs, mais le plus sûr préventif est de faire bouillir une demi-livre de goudron de houille dans un gallon d'eau pendant vingt minutes, ajouter cinquante gallons d'eau claire et seringue les plantes vers midi une ou deux fois du milieu à la fin juin. Une fois que le ver a fait une maison, il doit être écrasé en pinçant la feuille entre le doigt et le pouce, ou les parties blessées des feuilles doivent être coupées et brûlées. Ce faisant, il ne faut jamais oublier que les feuilles sont autant nécessaires à la plante que les racines et que chaque feuille enlevée tend à diminuer la vigueur de la plante. Notre illustration montre la mouche céleri (anciennement connue sous le nom de *Tephritis onopordinis* , mais maintenant appelée *Acidia heraclei*) de taille naturelle et agrandie. Cette mouche est également destructrice pour les feuilles de panais et est nommée *onopordinis* à *cause* de son habitude de fréquenter le chardon- *Marie* (*Onopordon Acanthium*). La larve est blanche à vert très pâle, la mouche est fauve brillante. Une mouche Ichneumon détecte la larve de la mouche céleri dans les feuilles de céleri et de panais et pond ses œufs dans le corps de la larve. Ces parasites, nommés *Alysia apii* , aident à réduire le nombre de céleri.

CÉLERI FLY ET LARVE

Tephritis onopordinis

Tous les déchets de céleri doivent être détruits par le feu. Le sol infesté peut, s'il y a lieu, être creusé en tranchée, amenant le sous-sol à la surface et enterrant la terre végétale contenant les pupæ. Des fouilles fréquentes et brutales et l'exposition de surfaces fraîches à fouiller par les oiseaux contribueront également à réduire le nombre de ce ravageur. Mais dans les mauvais cas, il sera nécessaire de recourir à la chaux gazeuse, qui empoisonne les nymphes et finit par profiter au sol, bien que dans la saison qui suit immédiatement son utilisation, les cultures peuvent être moins satisfaisantes que d'habitude.

La mouche à l'oignon. - Les oignons sont fréquemment attaqués par les larves de la mouche de l'oignon et, dans certains cas, la récolte entière est détruite. Notre illustration montre la taille naturelle de la mouche et de la mouche, avec des représentations agrandies des deux. La mouche pond six à huit œufs sur une plante d'oignon, généralement juste au-dessus du sol. Ces œufs éclosent en cinq à sept jours, selon la température, et le les asticots s'enfouissent aussitôt dans l'oignon. Le résultat est rapidement visible dans la décoloration des feuilles qui jaunissent et commencent à se décomposer. Plusieurs générations de l'insecte, dont le nom scientifique est *Phorbia cepetorum* , apparaissent au cours d'une même saison. Un allié proche est la mouche du chou (*P. brassicœ*), le destructeur des racines du chou.

Mouche de l'oignon et larve

Anthomyia ceparum

Parmi les nombreuses méthodes de prévention des attaques et de destruction des larves, les suivantes méritent une attention particulière: -

Lorsque ce ravageur s'avère très gênant, il peut être souhaitable de transférer l'oignon poussant sur un nouveau terrain jusqu'à ce que la terre infestée ait été purgée des nymphes. Au lieu de jeter du matériel d'oignon inutile sur le tas de déchets pour offrir à la mouche une maison pour ses œufs, chaque ferraille doit être brûlé. À mesure que la préparation d'un lit d'oignon approche de la fin, de la chaux en poudre bien mélangée à de la suie, dans la proportion de deux boisseaux du premier à l'un des derniers, peut être semée uniformément sur la surface et ratissée. Sable imprégné de paraffine semé le long du exercices a répondu à titre préventif. La vapeur est un destructeur des pupes; cette préparation s'est avérée mortelle pour la vermine moulue en général. L'expérience de Miss Ormerod a prouvé que la mise à la terre des oignons était efficace. L'objection à cette procédure est la probabilité d'élargissement du cou qui n'est pas souhaité. Une émulsion, composée d'une pinte de paraffine, d'une livre de savon doux mélangé à dix gallons d'eau, soigneusement barattée par une seringue à main et pulvérisée sur les jeunes plantes dans une fine brume, est un préventif précieux. La dose peut être répétée après la pluie, si nécessaire. Les quantités indiquées suffisent pour une petite parcelle uniquement. La mousse de savon est destructrice pour les asticots, désagréable pour la mouche et bénéfique pour les jeunes plantes. La mousse doit être pulvérisée sur le lit à partir d'un arrosoir dès la première apparition d'une couleur jaune dans l'herbe. Comme dernière suggestion, on peut se référer à un fait singulier que nous ne prétendons pas expliquer, à savoir. que les oignons transplantés sont très rarement touchés par le ver. La pratique moderne d'élever les plants sous verre en janvier ou février, et de les planter en lits ouverts en avril, offre l'avantage d'une longue saison de croissance combinée à une immunité comparative contre les attaques de la mouche de l'oignon.

La mouche du navet, ou **puce,** est bien connue du jardinier, et est le plus gênant de tous les ravageurs aériens de la ferme, et celui avec lequel il est le plus difficile de faire face, non seulement en raison de sa diffusion générale et de ses nombres, mais parce que il produit une succession de couvées tout au long de l'été, et est donc toujours en vigueur, prêt à dévorer la récolte dès son apparition. Le soi-disant «mouche» est un petit coléoptère nommé *Haltica (Phyllotreta) nemorum* , fortement fabriqué et résolument vorace. Les larves ne sont pas à craindre, sauf que, bien sûr, elles deviennent en temps voulu des coléoptères. En parfait état, cet insecte sauteur ailé fait des ravages dans la plante montante de navets, mais la culture n'est en danger qu'au stade de la feuille de semence. C'est surtout au printemps et au début de l'été que les ravages de ces insectes suscitent la perplexité, car ils se réveillent de leur torpeur hivernale active et affamée, et ont un appétit pour presque toutes les plantes crucifères. Par conséquent, nous voyons les feuilles de radis percées par eux, et toutes les mauvaises herbes telles que Charlock, Cuckoo Flower, Hedge Garlic et Water Cress les servent comme nourriture jusqu'à ce que les cultures de navets soient en mouvement, quand elles parcourront des kilomètres, même contre le vent. , pour anéantir les espoirs du fermier. La puce du chou (*Haltica oleracea*) dans certains districts est également gênante, sinon plus. Les choux entiers peuvent être détruits par ce ravageur, et même le houblon en est souvent ruiné.

Mouche ou
***scarabée du navet Haltica nemorum* (avec larve et chrysalide)**

Les mesures préventives et correctives qui peuvent être facilement mises en œuvre dans un jardin peuvent être irréalisables dans une ferme. Nous proposons de les énumérer brièvement au fur et à mesure qu'elles nous viennent, laissant le choix ultime des armes à ceux qui pourraient malheureusement trouver l'occasion de les utiliser.

Une précaution consiste à assurer une germination rapide de la graine et une forte croissance de la plante au stade de la feuille de graine. Les cotylédons sont tendres et savoureux, peut-être sucrés du processus de maltage de la Nature; et tandis que la feuille de graine est assailable, le *Haltica* tire le meilleur *parti* de l'heure brillante. Les graines semées doivent toutes avoir un âge, et le plus récent possible, en raison de la nécessité d'une croissance rapide et forte. Lorsqu'un artificiel puissant est semé avec la graine, la quantité de graine doit être augmentée, car une proportion peut être tuée par le fumier. Il Il est important de toujours semer les graines de navet; la diffusion semble inviter la mouche - dans tous les cas, une récolte semée est généralement plus sûre. Avant le semis, la graine peut être trempée dans de la paraffine ou de la térébenthine. Des deux, ce dernier semble être le plus efficace pour éloigner les insectes.

Rouler une plante infestée dérange et affaiblit les insectes et stimule la jeune plante.

L'arrosage de chaux éteinte sur les plants est à la fois un processus sûr et efficace, et possède l'avantage supplémentaire d'être bénéfique pour la plante. Nous sommes conscients que cela ne réussit pas toujours, mais nous sommes enclins à attribuer l'échec à une mauvaise qualité de la chaux, ou à une méthode imprudente de son utilisation. Il devrait y en avoir assez pour rendre les plantes blanches, et elles ne seront pas pires pour le blanchiment. Les poussières de cendres fines ou de suie ne sont guère moins efficaces, mais le sel ne doit pas être utilisé, car il blesse les plantes et ne blesse pas le scarabée. Tous ces saupoudrages doivent être effectués tôt le matin, tandis que les plantes sont humides de rosée. Appliquer un saupoudrage à midi, quand le soleil brille gaiement, c'est perdre du temps, et probablement beaucoup des échecs enregistrés pourraient être expliqués si nous savions à quelle heure et dans quel temps le travail a été effectué. Les filets et les planches collantes ont été essayés et trouvés efficaces, et pourtant de telles choses sont rarement utilisées. Un tableau épais recouvert de peinture blanche, dessiné sur l'intrigue par une journée calme et ensoleillée, devient bientôt un tableau noir par les myriades de *Halticas* qui sautent *dessus* et y restent attachées, victimes de leur amour extravagant de la lumière. De vieux sacs imbibés de paraffine et étirés sur les forets donnent une saveur désagréable aux feuilles, et un très fin jet de paraffine distribué par une machine spécialement construite à cet effet s'est avéré efficace.

Enfin, cela, comme tous les autres insectes à l'état ailé, a besoin d'un air sec et d'un certain degré de chaleur pour sa santé et son bonheur. De nombreux types de larves ont besoin d'humidité, mais aucun insecte ailé ne peut supporter longtemps l'humidité, et voici un indice sur l'éradication de la mouche du navet. Par le simple procédé de pulvérisation de la plante trois ou quatre fois par jour, jusqu'à ce qu'elle soit hors de la feuille de semence et que le danger soit passé, il est possible dans le jardin de laver la *Haltica* ; et tout type d'insecticide ou d'arôme, tel que la quassia, peut être mélangé à l'eau pour rendre les plantes désagréables pour les insectes.

L'illustration de la page 422 montre la mouche du navet dans ses trois étapes, et dans chaque cas de taille naturelle et agrandie de sept diamètres.

DADDY LONG LEGS

Tipula **(en plusieurs étapes)**

Daddy Longlegs , ou Crane Fly , dans sa forme parfaite de mouche (*Tipula oleracea*) ne fait pas de mal, mais les larves, connues sous le nom familier de `` vestes en cuir '' en raison de la ténacité de leur peau, sont terriblement destructrices. À la fin de l'été et à l'automne, la mouche femelle dépose ses œufs en grand nombre dans le gazon, dans la terre du jardin et parmi les déchets de jardin. Les œufs éclosent en une quinzaine de jours et les vers noirs restent dans le sol pendant l'hiver, infligeant leur maximum de dommages aux jeunes cultures au printemps et au début de l'été. Là où les oiseaux chanteurs sont rares, la Tipula est capable de détruire complètement l'herbe et de ravager sérieusement le potager; mais la culture, aidée par les merles, les grives, les rossignols et autres oiseaux, maintiendra l'insecte à portée de main, même après un été chaud propice à son accroissement. Là où ce ravageur est connu, une application de Vaporite au moment de la préparation du sol pour le semis ou la plantation détruira de nombreux vers blancs. L'usage régulier de la houe est également à recommander, car par la perturbation du sol, l'ennemi est exposé à l'œil vif du merle et des autres jardiniers à plumes.

Anguille à nœuds racinaires. - L'un des pires ravageurs auxquels un concombre doit faire face se manifeste par la présence de minuscules verrues ou de nodosités, principalement sur les radicelles. Ces verrues, qui sont causées par l'action d'innombrables petits vers *filiformes* nommés *Heterodera radicicola* , vont de la taille d'une tête d'épingle à celle d'un pois, et quand elles sont présentes en grand nombre, l'échec total de la récolte de concombre est le résultat invariable. Les anguilles sont probablement introduites dans les concombres dans les eaux infectées. Chaque ver mesure environ un soixante-quinze de pouce de longueur et est d'abord enroulé dans un œuf transparent. À maturité, les œufs se fissurent, et les vers en émergence pénètrent dans les radicelles les plus tendres, et y pondent leurs œufs. Ces œufs éclosent rapidement à l'intérieur du des plantes et de nouvelles anguilles sont produites, qui traversent les radicelles dans toutes les directions.

ANGUILLES ET OEUFS DE CONCOMBRE

Anguillulæ

Ces *hétérodères ne* sont en aucun cas propres au concombre; ils attaquent les racines des tomates et des melons, ainsi que les racines, les tiges et le feuillage de nombreuses autres plantes. Notre illustration montre quelques très petites radicelles de concombre, de taille naturelle, avec les anguilles dans les œufs, et également émergeant de et libre de la coquille d'œuf vide (agrandie de quatre-vingts diamètres).

Immédiatement les symptômes du ravageur sont apparents du flétrissement du feuillage et des tiges, toutes les plantes infectées doivent être enlevées et brûlées. Le sol doit également être déblayé et l'intérieur de la maison doit être soigneusement lavé avec une solution d'acide carbolique dans l'eau: une partie du premier pour huit parties du second. Pour purifier le sol infecté, utilisez une solution d'acide carbolique (une partie) et d'eau (vingt parties) et saturez trois fois, à des intervalles de quinze jours. Un autre remède consiste à mélanger librement la chaux gazeuse altérée avec le sol. Dans les deux cas, le sol sera impropre à l'utilisation pendant au moins six semaines après le traitement. Lorsque la maison a été bien nettoyée, un compost frais doit être utilisé, auquel l'ajout de chaux et de suie, mélangés au sol, sera bénéfique.

BUG
REPAS Dactylopius odonidum

Mealy Bug. - Ce fléau ne se limite nullement aux plantes sous verre. Dans le cas d'un grand nombre de fourneaux gravement touchés, le cours désespéré consistant à mettre le tout au feu, puis à réparer et à peindre la maison, est souvent le moins cher au final. Nous avons connu un cultivateur de pins obligé de détruire une maison remplie de plantes infestées par l'introduction d'une plante provenant d'une collection de poussettes. La cochenille peut être connue pour son aspect farineux, farineux ou cotonneux. Il a une grande fantaisie pour les vignes. L'un des meilleurs remèdes est Gishurst Compound, préparé à raison de huit onces pour un gallon d'eau, avec de l'argile ajoutée pour lui donner la consistance de la peinture. Diverses plantes de poêle peuvent être nettoyées en les lavant avec une brosse et un savon doux. Notre illustration montre un groupe de cochenilles de taille naturelle, avec un insecte agrandi.

Araignée rouge
Tetranychus telarius

Red Spider est présent dans presque tous les vignobles, même s'il est bien géré. Une atmosphère humide est un excellent, mais pas un certain préventif; mais il n'est pas possible, sans dommage pour les vignes, de garder l'air de la maison toujours si humide que l'araignée ne puisse pas se loger. La seringue favorise une atmosphère humide et est défavorable à la Red Spider, qui se développe mieux dans la chaleur et la sécheresse. Mais le répulsif le plus décisif de Spider est l'utilisation de soufre sur les conduites d'eau chaude. Cela peut être géré en saupoudrant de soufre sec sur les tuyaux, ou en faisant une solution épaisse de soufre, d'argile et d'eau, avec laquelle les tuyaux doivent être peints. Veillez à ne pas augmenter la chaleur en même temps, car si les tuyaux sont plus chauds que ce que la main peut supporter, des vapeurs destructrices pour la végétation se dégageront. Les melons et les concombres peuvent généralement être tenus à l'écart de Spider au moyen de la seringue uniquement; mais quand les melons mûrissent, ils doivent être maintenus plutôt secs, et il est en effet très difficile de terminer une récolte sans que les plantes soient attaquées par l'Araignée rouge. Gishurst Compound répond admirablement à éliminer Spider des plantes d'intérieur. Le mélange doit être composé d'une once et demie ou deux onces pour un gallon d'eau et doit être appliqué avec une éponge. Le nom scientifique de l'araignée rouge est *Tetranychus telarius* . Notre illustration montre l'un de ces acariens rouges destructeurs de taille naturelle, et deux individus grandement magnifiés.

Escalader. - Une espèce très commune, trouvée sur de nombreux types de fourneaux et autres plantes, est le *Lecanium hibernaculorum* , ici illustré sur une brindille, grandeur nature, et agrandi. Il est brun, tumid et généralement un peu plus que de forme hémisphérique. Outre cette espèce, il y a le *L. filicum* des fougères, le *L. hemisphoericum* de Dracænas, le *L. rotundum* du pêcher et le *L. hesperidum* , ou punaise de l'oranger, qui est l'une des espèces plates, et se propage à une grande variété de plantes. L'insecte écaille aspire la sève des plantes et, dans certains cas, le sol sous le feuillage est humide et détrempé par la sève qui tombe. L'esprit de térébenthine appliqué avec une brosse douce est considéré comme un bon remède contre le tartre. Il est cependant conseillé (comme dans d'autres remèdes) de tester cela sur un petit nombre de plantes dans un premier temps. Un proche parent, un grand *Coccus* brun , infeste les arbres à pépins et est particulièrement friand du Pyracantha, qu'il tue souvent carrément. L'échelle de la vigne est *Pulvinaria* ou *Coccus vitis* . Un lavage soigneux à l'eau et au savon et la destruction de chaque écaille dès que possible peuvent être recommandés pour la disparition de ce ravageur.

ÉCHELLE COMMUNE

Lecanium hibernaculorum

(taille naturelle et agrandie)

THRIPS

Thrips minutissima

Les thrips peuvent poursuivre leurs méfaits dans une large mesure avant d'être découverts par le novice, car leur taille minuscule et leur habitude les rendent discrets. Mais le dépôt noir qu'ils font révèle leur existence à l'œil expérimenté, et l'état affaibli des plantes qu'ils ont attaquées obligerait bientôt l'attention s'il n'y avait pas un tel dépôt pour raconter l'histoire. Les azalées indiennes sont susceptibles d'être assaillies par les thrips, comme la vigne est par Scale, l'ananas par Mealy Bug et la rose par Green Aphis. L'humidité atmosphérique est un puissant préventif, de même que la promotion d'une croissance vigoureuse par une alimentation abondante en eau aux racines des plantes; en fait, la famine et un air sec et chaud amèneront bientôt une attaque de Thrips. D'une manière générale, le meilleur remède est la fumigation au tabac. Ou de l'eau de tabac et une solution de savon doux, ensemble ou séparément, si elles sont soigneusement appliquées, mettent rapidement fin à ce ravageur gênant. Une préparation spéciale peut être faite comme suit: Prenez six livres de savon doux et dissolvez-les dans douze gallons d'eau, ajoutez un demi-gallon d'eau de tabac forte et trempez les plantes dans le mélange. Avant qu'ils ne sèchent, plongez à nouveau dans de l'eau de pluie pure pour éliminer le mélange. S'il est trop gros pour tremper, appliquez le mélange avec la seringue, et en l'espace d'un quart d'heure environ, seringue avec de l'eau de pluie pure. Notre illustration montre les Thrips à l'état larvaire et ailé, de taille naturelle et fortement agrandis.

Fourmis. - Ces insectes extrêmement intéressants sont souvent gênants dans les jardins, et au printemps de l'année les petites espèces rouges gâtent l'apparence des pelouses en projetant de nombreux tas de terre fine. Il est facile de les détruire en laissant tomber un mélange de Paris Green et de sucre à proximité de leurs pistes. Mais comme Paris Green est un poison, la vie animale doit être considérée. Nous recommandons un remède simple qui ne comporte aucun danger, mais qui doit être suivi avec persistance. Achetez quelques éponges communes, aussi grandes que le poing d'un homme. Dissoudre une livre de sucre Demerara dans deux litres d'eau tiède. Immergez les éponges, essorez presque tout le liquide et placez-les près des fourmis. Deux fois par jour, jetez les éponges dans de l'eau chaude et répétez le processus jusqu'à ce que les fourmis soient éliminées. Les nids situés sous les murs peuvent être détruits par l'eau bouillante.

Les chenilles ne peuvent souvent pas être traitées de manière globale sans endommager la plante. Par conséquent, il est habituel de s'appuyer sur la cueillette à la main, et, aussi fastidieux que cela puisse être, un peu de persévérance fera des merveilles. Nous avons vu un jardin fruitier, littéralement hideux avec des grappes de chenilles au printemps, complètement nettoyé par un travail régulier de quelques jours, ne coûtant qu'une bagatelle, et n'ayant besoin que d'être mené pour que l'élimination de la vermine ne fasse aucun mal. les récoltes. De la même manière, le ver de groseille à maquereau doit être éliminé. Des précautions ne peuvent pas être prises contre les chenilles, mais le cultivateur attentif recherchera en temps utile des plaques d'œufs et des grappes de jeunes chenilles sur les côtés inférieurs des feuilles, et coupera soigneusement les feuilles sur lesquelles les colonies se nourrissent et mettra fin d'eux. Cet ennemi ne peut pas être ratissé dans la base, mais doit être pris en détail, comme dans la guérilla.

Les perce - oreilles sont la terreur du fleuriste, car ils gâtent ses meilleurs dahlias et roses trémières, et sont trop friands de chrysanthèmes. Ils sont facilement piégés, car ils aiment monter dans une retraite haute, sèche et sombre; donc un peu de mousse sèche dans un petit pot de fleurs, renversé sur un pieu, les attirera entre vos mains; et si tu es déterminé pour réduire les perce-oreilles, cette voie est sûre, mais peut-être pas facile, car elle doit être suivie matin et soir à partir de début juin. Les tiges creuses du haricot font de bons pièges, tout comme les tiges creuses de toute sorte, car les perce-oreilles aiment se glisser dans des abris étroits et sombres après leur repas nocturne; et le cultivateur qui a résolu qu'il ne sera pas dévoré par eux n'a besoin que de persévérer, et il peut dépendre de piéger chaque perce-oreille dans les limites. Malheureusement, ils utilisent leurs ailes librement, et voyagent donc du jardin du paresseux pour trouver «des bois frais et des pâturages nouveaux».

EARWIG

(avec les ailes déployées, agrandies)

Les limaces sont de graves fléaux pour le jardinier, et elles apparaissent parfois en grand nombre si soudainement qu'elles suggèrent l'idée que les petites limaces sont tombées dans les douches. Les jeunes cultures sont particulièrement sujettes aux dommages causés par ces vermines, et il n'est pas facile, même dans des jardins bien entretenus, de les réduire. Une attention constante est nécessaire, en particulier pendant les saisons humides. Mais ici, comme dans le cas de nombreuses autres espèces de vermine, des moyens peuvent être adoptés pour accomplir le double objectif de détruire la peste et de profiter à la terre; car la chaux, le sel, la suie et le nitrate de soude sont certains tueurs de limaces et paieront habituellement leur emploi par l'enrichissement de la terre. Le bon point est toujours de les utiliser avantageusement. Il faut en outre garder à l'esprit qu'une limace légèrement touchée par la chaux ou le sel a le pouvoir de la rejeter au moyen de l'exsudation visqueuse dont la créature est dotée. Mais s'il est à nouveau rapidement assailli de la même manière, la mort suivra certainement. Les terres préparées pour le semis peuvent être assez bien débarrassées des limaces en les épandant avec du sel. Malheureusement, ces destroyers ne sont efficaces que par beau temps. En saison des pluies, ou lorsqu'une récolte augmente, il est nécessaire de recourir au piégeage, et de nombreux types de déchets végétaux font des appâts tentants pour les limaces. Des morceaux d'écorce d'orange, convenablement placés, sont bientôt recouverts de vermine, surtout en hiver pendant les périodes de gel. Des feuilles de chou, des navets et des pommes de terre tranchés ou presque tous les déchets de légumes peuvent être utilisés. Les pièges doivent être éparpillés au crépuscule, ramassés le matin et enterrés dans des fosses ou détruits par le feu.

La chaux gazeuse est très destructrice pour les limaces, mais lorsqu'elle est appliquée pour la première fois, elle est toxique pour la vie végétale. Une excellente méthode d'utilisation consiste à habiller la surface en automne à raison de quatre à six cwt. par acre, et de creuser le sol profondément quatre semaines plus tard.

Les rangées de pois sont facilement protégées par une couverture de balayage d'orge, ou par du charbon de bois brisé très petit et parfumé à la paraffine. La chaux éteinte, soigneusement utilisée, est également employée avec des résultats satisfaisants.

Escargots. - Dans leurs méthodes d'attaque de la végétation du jardin et dans l'étendue des dégâts qu'ils causent, les escargots peuvent être classés dans la même catégorie que les limaces. Pendant la journée, l'escargot reste généralement caché, émergeant des rocailles et des murs couverts de plantes grimpantes le soir ou après une averse de pluie. Ils peuvent être piégés par l'une des méthodes suggérées pour les limaces, et la préférence devrait être donnée à l'utilisation de feuilles de chou. Il sera cependant plus sûr de protéger les jeunes plants en appliquant de lourds pansements de chaux ou de suie. La cueillette à la main est le moyen le plus sûr de les traiter, et pendant les mois d'hiver, un grand nombre peut être collecté parmi les bordures de boîtes, la base des murs recouverts de lierre et des abris similaires. Les oiseaux, en particulier les grives, montrent une préférence marquée pour les escargots.

Les guêpes sont un terrible fléau dans certains jardins. Ils gâtent une grande quantité de fruits et mettent en péril le reste en forçant la récolte avant que les récoltes ne soient prêtes à être cueillies. Lorsque les localités des nids de guêpes sont connues, il est simple de s'en débarrasser. La térébenthine et la poudre à canon étaient autrefois en vogue, en particulier parmi les jeunes membres de la communauté, pour qui une épice de danger est toujours un élément attrayant dans le plaisir. Mais ce sont des méthodes de destruction maladroites et ne se compareront pas au remède beaucoup plus facile d'empoisonner les colonies au moyen de cyanure de potassium. Dissolvez une once du médicament dans un quart de pinte d'eau. Cela suffira à détruire plusieurs nids, mais c'est un poison mortel, et doit être conservé dans un lieu sûr. Trempez un morceau de chiffon dans le liquide et posez-le sur l'entrée du nid. Il n'y a aucune occasion de s'enfuir; pas une guêpe ne s'aventurera, et ceux qui reviendront de la recherche de nourriture ne perdront pas leur sang-froid et ne trouveront pas le vôtre, mais à chaque tentative successive d'entrer chez eux, ils deviendront plus faibles, jusqu'à ce qu'ils tombent près ou sous le chiffon drogué. Après une heure ou deux, le nid peut être déterré, lorsque tous les insectes, y compris la reine et les pupæ, seront retrouvés morts.

Si les colonies se trouvent au-delà de votre frontière, ou si leurs positions ne peuvent être vérifié, l'ennemi doit être éliminé par stratagème et en détail. L'un des meilleurs moyens de les piéger est de mettre des fruits blessés sous l'un des arbres et au-dessus d'une lampe à main levée à environ trois pouces au-dessus du sol par des pierres ou des morceaux de bois placés aux quatre coins. Cette lumière doit avoir un trou assez grand en haut. Sur elle devrait reposer une autre lumière dont la sortie est empêchée, sauf à travers le sommet de la lumière inférieure. Après avoir visité le fruit, les guêpes se lèveront dans la première lumière et trouveront progressivement leur chemin à travers l'ouverture dans celle du dessus, d'où pas un insecte sur cent ne s'échappera. Dans un piège de ce genre, nous avons vu un nombre énorme de guêpes et de frelons qui avaient été attirés à mort en quelques heures.

Une autre méthode simple et efficace pour détruire ces ravageurs est de verser une petite quantité de bière mélangée avec du sucre dans des bocaux en verre et de les suspendre aux branches de poiriers ou de pruniers. Les récipients doivent être vidés tous les quelques jours et le liquide renouvelé.

WIREWORM

(taille naturelle et agrandie)

Le ver fil-de - fer est la vermine terrestre la plus persistante et la plus destructrice. Il existe une douzaine d'espèces de coléoptères dont les larves sont connues sous le nom de «Wireworms», dont les «Spring-Jacks», «Click-Beetles» et «Blacksmiths» - *Elater obscurus, E. lineatus* et *E. ruficaudis* - sont les plus répandus. La femelle coléoptère dépose ses œufs dans la terre au plus fort de l'été, et en temps voulu, les vers émergent et commencent leurs déprédations. Ces vers ont une durée de trois à cinq ans dans leurs maisons souterraines, période pendant laquelle ils se nourrissent avec voracité, et ne sont pas très précis quant à ce qu'ils mangent. Leur puissance musculaire les rend experts en fouisseurs, et ils sont bien protégés par leurs vestes excitées. Lorsque leur terme d'alimentation est terminé, ils descendent à une profondeur considérable et se transforment en l'état de chrysalide, d'où ils sortent en tant que coléoptères sauteurs au cours de juillet et août, une certaine proportion restant dans le sol pour achever leur changement final en printemps. Leur pouvoir de destruction est alors terminé. Ils ont recours aux fleurs, mènent une vie joyeuse pendant une courte période et, lorsqu'ils décèdent, laissent beaucoup d'œufs pour continuer la course des vers fil-de-fer.

Pour des raisons pratiques, le ver fil-de-fer peut être considéré comme habitant tous les types de sol et consommant tous les types de cultures. Les récoltes il préfère l'herbe, les pommes de terre, les navets et les tiges juteuses de toutes sortes de céréales. Les larves peuvent être piégées en enterrant dans le sol des morceaux de pomme de terre, ou mieux encore des tranches épaisses de racine de betterave; les taches à marquer et les pièges examinés tous les quelques jours, lorsque les vers fil-de-fer peuvent être détruits. Le superphosphate semé le long des semoirs avec des graines a sauvé les cultures semées au printemps de la destruction; et Vaporite, un article exclusif, a également été utilisé avec un succès marqué. Ce dernier dégage un gaz sentant le naphtalène qui tue les vers fil-de-fer. La suie est un remède bien connu, et par son utilisation, les cultures sont également bénéfiques.

Les cloportes sont très destructeurs mais faciles à attraper, et ils peuvent être complètement éradiqués par la persévérance. Lorsqu'un cadre ou une fosse est infesté, ils peuvent être détruits en gros en versant de l'eau bouillante à côté de la maçonnerie ou des boiseries au milieu de la journée. Si cette procédure ne permet pas de dégagement, il faut recourir au piégeage. En commun avec les perce-oreilles, ils aiment la sécheresse, l'obscurité et une retraite confortable; mais alors qu'une simple maison suffit pour les perce-oreilles, une maison avec de la nourriture est exigée par les cloportes. Prenez un pot pour le pouce, bien sec et propre. Placez-y une tranche de pomme de terre ou de pomme fraîchement coupée, remplissez de mousse sèche et retournez le tout sur un lit dans un cadre ou une fosse. Ainsi, vous avez conçu un piège à cloporte, et le lendemain matin, vous pouvez en chasser la vermine dans un récipient rempli d'eau chaude, ou adopter tout autre mode de mise à mort qui peut être pratique. Cinquante pièges peuvent être préparés en cent minutes; et ceux qui sont déterminés à se débarrasser des cloportes pourraient bientôt en finir avec eux.

Rats et souris . - Les pièges sont efficaces tant qu'ils sont neufs, et presque tout artifice raisonnablement bon répondra pendant un certain temps, mais échouera enfin, ou du moins pendant une saison. Pour maîtriser efficacement les rats et les souris, il faut inventer une succession de nouveaux modes d'action, car ces créatures - les rats en particulier - sont si intelligentes qu'elles voient bientôt à travers nos appareils, qui échouent alors à produire leurs effets. D'une manière générale, deux règles peuvent être prescrites. En premier lieu, il est imprudent de remplir leurs trous ou d'arrêter leurs courses; laissez-les faire leur chemin. Si vous les arrêtez, ils feront de nouvelles voies de communication, au préjudice supplémentaire de la fondation; et, d'ailleurs, quand vous connaissez leurs courses, vous savez où mettre des pièges et du poison pour la vermine. Quant au meilleur poison, il n'y a rien d'aussi efficace que l'arsenic; mais il doit être employé avec beaucoup de soin, et avant est amené sur les lieux, la question du stockage sûr doit être envisagée. Un gros ballonnement fendu et bien frotté avec de l'arsenic blanc ordinaire tuera une vingtaine de rats, à condition seulement qu'ils le mangent. Coupez-le en quatre parties, placez-les dans ou à proximité de leurs parcours, et couvrez-les de carreaux ou de planches pour empêcher les chiens et les chats de les obtenir. Si cela échoue, essayez du pain et du beurre garni d'huile de rhodium et de phosphore. L'huile de rhodium semble posséder un attrait irrésistible pour ces vermines. Quand on préfère la nourriture sèche, il n'y a rien de plus bon que la farine d'avoine; et c'est une règle d'or de nourrir les rats pendant quelques jours avec de la farine d'avoine pure, puis d'y mélanger environ un quart d'arsenic. Plusieurs articles exclusifs sont proposés pour la destruction des rats. Avant de recourir à ces moyens pour anéantir la vermine, il est nécessaire de prendre des mesures pour éviter que les corps ne se révèlent une nuisance après la mort. Un bon fox-terrier gardera un grand jardin exempt de rats et de souris.

LES ANIMAUX FONGIQUES DE CERTAINE PLANTES DE JARDIN

Beaucoup de nos plantes de jardin sont sujettes aux attaques de champignons. Les remèdes sont dans la plupart des cas inconnus, mais dans certains cas, les préventifs - qui sont meilleurs - ont été adoptés avec un succès partiel ou total. Les plantes issues de souches robustes, cultivées dans un sol convenable et dans des conditions favorables, sont connues pour être moins sujettes aux maladies que les plants de parents faibles ou ceux qui ont été rendus faiblement par des carences du sol ou une mauvaise culture. Que la faiblesse soit héréditaire ou qu'elle soit attribuable à un mauvais système, il n'en demeure pas moins que la maladie commence généralement par des spécimens malsains, et ceux-ci forment des centres de contamination à partir desquels le méfait se propage. Il est donc important de semer des graines de souches saines et de développer une constitution vigoureuse par une bonne culture.

Anbury, Club ou Finger-and-Toe . - La maladie connue sous ces différents noms est commune dans les racines de plantes crucifères cultivées telles que les choux, Kohl Rabi, radis, suédois, navets, etc., et aussi dans de nombreuses mauvaises herbes crucifères , y compris Charlock et Shepherd's Purse. La cause de cette maladie est un champignon extrêmement minuscule, qui peut rester dormant dans le sol pendant plusieurs années faute d'une maison confortable, et quand une plante crucifère devient disponible, le champignon se fixe sur les fines racines, se multiplie rapidement dans les tissus, et produit des malformations et des pourritures. Une fois que la maladie a fait des progrès, les insectes augmentent fréquemment les méfaits, de sorte qu'en coupant une grosse racine en décomposition, il n'est pas inhabituel de trouver l'intérieur rempli de mille-pattes, de charançons, de vers fil-de-fer et d'autres vermines du sol.

Contrairement à la maladie de la pomme de terre, qui se propage d'une plante à l'autre par l'atmosphère, le champignon des doigts et des orteils infecte le au sol, et dès le premier point attaqué, la maladie se propage rapidement dans toutes les directions et de diverses manières. Il peut être porté par le sol adhérant aux outils ou aux bottes des ouvriers. Et chaque patch devient un nouveau centre d'infection qui se propage en creusant ou en ratissant. Chaque morceau de sol infecté, ou de fibre malade qui peut être ajouté au fumier-tas, distribue le virus sur une zone plus large, de sorte que les doigts et les orteils peuvent apparaître soudainement dans les parties du jardin qui ont jusqu'à présent été exemptes de ce ravageur gênant. Une expérience très simple prouvera la certitude et la facilité avec lesquelles les spores peuvent être introduites sur des terres fraîches. Macérer le tissu des vieux doigts et orteils dans l'eau; utilisez ceci sur de jeunes plants isolés de chou ou de navet et en peu de temps les plants seront infectés.

Le champignon qui produit les doigts et les orteils est connu sous le nom de *Plasmodiophora brassicæ* et appartient aux *myxomycètes* , ou «champignons *visqueux* », qui, en règle générale, vivent de la matière végétale en décomposition. Le protoplasme du champignon se ramifie parmi et dans les tissus des racines des plantes attaquées, et produit finalement un nombre étonnant de spores si petites qu'il en faudrait plus de trente millions pour couvrir un pouce superficiel. Un microscope d'une grande puissance est nécessaire pour les révéler à la vision humaine.

Champignon de la maladie des doigts et des orteils Plasmodiophora brassicæ

Les spores sont capables de se reposer dans un état de vitalité pendant une longue période, et peuvent facilement résister aux gelées de l'hiver. L'illustration montre en A le champignon dans son état protoplasmique, et en B son stade ultime de production de sporifères ou de `` graines '', après que le protoplasme s'est transformé en une masse de spores minuscules (agrandies de cinq cent vingt diamètres). Lorsqu'une spore germe en temps voulu, son contenu protoplasmique s'échappe par une petite ouverture dans sa paroi et commence à se déplacer de lui-même d'une manière lente à se tordre. Le mouvement ressemble tellement à celui de l'organisme animal microscopique trouvé dans les étangs, et appelé *Amœba* , que cette minuscule masse de protoplasme en mouvement s'appelle *Myxamœba* , pour indiquer qu'il s'agit d'une forme semblable à une amibe produite par l'un des *Myxomycètes* . Chaque myxamœba est étiré à un endroit en une queue ou un cil fin et délicat, comme en C, D, E, et est capable d'un mouvement rampant dans l'humidité. Lorsqu'ils sont tout à fait exempts de spores, des expansions transparentes ou des membres s'étendent des corps des myxamœbæ, comme à F, G, et lorsque ces organismes, après avoir existé dans le sol pendant un temps plus ou moins long, atteignent les racines des plantes crucifères, qui ils entrent apparemment par les poils-racines, ils reprennent l'état protoplasmique montré en A, et vivent à l'intérieur des cellules, aux dépens de la plante-nourrice. D'autres plantes crucifères sont moins gravement endommagées par le ravageur que les navets et les choux; mais il est évident que si Charlock malade est près des navets, ces derniers sont très susceptibles de devenir la proie de la maladie. Nous conseillons le semis des meilleures graines, l'éradication des mauvaises herbes crucifères et la destruction par le feu de tout matériel en décomposition des doigts et des orteils, car c'est dans ce matériau que les spores de la maladie sont prêtes à continuer la maladie dans le saison suivante. Il est également souhaitable que les plantes crucifères ne doivent pas être cultivées en continu dans le même quartier - en d'autres termes, il serait prudent après une attaque d'Anbury de ne pas répéter une culture crucifère sur le même terrain, mais de suivre avec une récolte de certains autre classe.

De nombreuses expériences ont montré que la chaux éteinte peut être utilisée pour détruire les spores des doigts et des orteils dans les terres infestées. Une application de quatorze à vingt-huit livres par pôle peut suffire dans le cas de sols légers, mais cinquante-six livres par pôle ne seront pas trop sur les terres lourdes, et le pansement doit être donné soit six ou dix-huit mois avant un Le chou ou le navet est semé; plus la période est longue, plus son effet est certain. La préférence devrait être donnée à la pierre ou à la chaux de roche sur la chaux de craie. Le premier est beaucoup plus puissant et efficace. Il peut être nécessaire de répéter le pansement douze mois après la première application. En ce qui concerne l'apparition d'Anbury dans les lits de semence, une transplantation fréquente est un moyen très efficace d'arrêter sa progression, car les petites galles peuvent être pincées par l'ouvrier et brûlées à mesure qu'il avance; et la plante, revigorée par le changement de sol, se développera bientôt loin de l'affection. Lors de la transplantation de choux, c'est un bon plan de jeter et de brûler les plantes qui sont manifestement affectées par Anbury. Il convient de noter que dans les jardins maraîchers, cette maladie n'est en aucun cas si répandue qu'elle interfère avec la routine de la culture, bien que les choux, brocolis et choux-fleurs cultivés dans ces terres soient, dans d'autres circonstances, particulièrement susceptibles d'attaquer. Par `` autres circonstances '', nous entendons que les jardins maraîchers sont généralement maintenus sous haute culture, la terre étant perpétuellement retournée et fortement engrais; et ces mesures semblent être un préventif d'Anbury, alors qu'elles se traduisent par de lourdes récoltes. Mais sur des terres moins labourées énergiquement, Anbury peut prévaloir au point d'interférer sérieusement avec l'ordre des cultures. Un autre mode très important de lutte contre le ravageur consiste à brûler au lieu d'enfouir les souches et tous les autres déchets de la culture qui ne peuvent être mis à profit.

La confusion peut être évitée si nous soulignons que Club-root, Anbury, ou Finger-and-toe - quel que soit le nom utilisé - est tout à fait distincte d'une malformation apparemment similaire de la racine qui est parfois induite par certaines caractéristiques du sol, la graine , ou fumier, et est en fait un cas de retour au type sauvage d'origine. Au lieu d'un navet bien fait et solide, le bulbe est divisé en un certain nombre de racines pivotantes grossières et sans valeur, causées par la pauvreté du sol, une culture imprudente ou un stock de graines dégénéré. Ceux qui conservent continuellement leur propre semence pendant des années sont presque certains de bien se familiariser avec cette maladie. Ils trouveront un changement de semence nécessaire et en même temps une modification de la routine de la culture. Une plante saine et vigoureuse, dérivée d'un stock de graines pur, ne produit pas facilement les doigts et les orteils, mais une racine saine qui représente la nourriture et l'argent.

«Grub.» - Les excroissances en forme de verrue formées sur les racines du navet et du chou par le petit coléoptère dur connu sous le nom de charançon du navet, *Ceutorhynchus pleurostigma* , sont également très distinctes des doigts et des orteils. En coupant une racine mal formée de navet ou de chou, il n'est généralement pas difficile de déterminer la cause du méfait. Si c'est Doigt-orteil, la racine sera trouvée remplie de matière en décomposition; dans le cas d'une attaque de charançon, les petits asticots sans pattes, communément appelés «Grub», seront mis en évidence ; et s'il ne s'agit que d'un exemple de réversion, la racine coupée paraîtra saine.

Maladie de la pomme de terre . - Le champignon qui cause la maladie de la pomme de terre, ou «brûlure» comme on l'appelle parfois, était autrefois connu sous le nom de *Peronospora infestans* ; maintenant, il est reconnu par les autorités scientifiques comme *Phytophthora infestans* . La marque de sa touche nuisible sur le feuillage et son effet destructeur sur les tubercules sont malheureusement trop familiers dans les jardins et les fermes. Pendant les saisons sèches, ses énergies sont limitées, mais le fléau n'est jamais absent, et pendant les étés humides, le parasite peut faire son travail mortel à une échelle telle qu'il provoque une famine de pommes de terre. L'humidité est une nécessité de son existence, et dans les fanes pourries, les tubercules pourris et les sols humides, les spores restent au repos jusqu'à ce qu'on leur donne l'occasion de se multiplier avec la merveilleuse rapidité qui investit la maladie de sa terrible puissance. Une série de six illustrations, dont cinq très magnifiées, permettront au lecteur de suivre l'évolution de *Phytophthora infestans* .

N ° 1.

L'illustration n ° 1 montre une feuille de pomme de terre à échelle réduite défigurée par l'attaque du champignon. Le *Phytophthora* envoie des fils mycéliens (appelés hyphes) dans toutes les directions à travers la substance de la feuille, se nourrissant du protoplasme des cellules et détruisant la chlorophylle, ou vert feuille, dans ces cellules.

N ° 2. et N ° 3.

Le n ° 2 montre les fils fongiques au travail. Dans une plante de pomme de terre malade, ces fils, ou hyphes mycéliens, se frayent un chemin à travers la substance des feuilles et descendent le foin dans les tubercules, à partir desquels ils consomment la nourriture qui y est stockée.

Le n ° 3 présente les différents stades de germination de l'une des conidies de *Phytophthora infestans* : (*a*) la conidie mûre dans l'eau; (*b*) le contenu protoplasmique se décomposant en blocs, qui se séparent et s'échappent (*c* et *d*) sous forme de minuscules zoospores en forme de rein (*e*) chacune avec deux cils; (*f* et *g*) la zoospore s'immobilisant et perdant ses cils; (*h* , *i* , *j* et *k*) stades successifs de germination de la zoospore.

Numéro 4.

Le n ° 4 représente une coupe longitudinale d'une tige de pomme de terre avec une zoospore en germination, dont le tube germinatif a percé la paroi cellulaire et se développe à l'intérieur de la cellule, comme indiqué en +.

N ° 5 et n ° 6

N ° 5 offre une vue d'un autre morceau de tissu de la tige d'un plant de pomme de terre, et montre les hyphæ de *Phytophthora infestans en* cours d'exécution dans les parois des cellules; (*a*) noyau d'une cellule; les autres contenus indiqués sont des cristaux et des corpuscules de chlorophylle.

Le n ° 6 est une section d'un tubercule de pomme de terre: A, les parois cellulaires; B, les grains d'amidon; C, les hyphes mycéliens.

La pulvérisation des plants de pommes de terre deux ou trois fois avec de la bouillie bordelaise s'est avérée efficace pour parer à l'attaque de *Phytophthora infestans* , et la pratique est désormais librement adoptée, en particulier dans les zones humides. La première application doit être effectuée vers la fin juin ou début juillet, dès que le foin est suffisamment développé. La bouillie bordelaise est faite dans la proportion de quatre livres de sulfate de cuivre pur et de deux livres de chaux vive pour quarante gallons d'eau. Les quantités ci-dessus donneront ce que l' *on* appelle le *1%.* mélange. Pour les *deux pour cent.* mélanger les quantités de sulfate de cuivre et de chaux vive doivent être doublées, mais la quantité d'eau doit rester à quarante gallons. Dans son effet sur le champignon, cependant, peu de différence est à trouver entre les deux solutions. Le sulfate de cuivre est agité dans quelques gallons d'eau chaude placés dans une cuve en bois ou un récipient en terre cuite. Lorsqu'il est complètement dissous, ajoutez vingt ou trente gallons d'eau froide. La chaux, qui doit être de la chaux vive fraîchement brûlée, est ensuite éteinte dans un autre récipient et bien agitée avec deux ou trois gallons d'eau jusqu'à ce qu'elle ait la consistance d'une crème fine. Dès que le liquide est assez froid, filtrez-le à travers un sac grossier dans la solution de sulfate de cuivre et ajoutez de l'eau pour obtenir un total de quarante gallons. Pour être efficace, la bouillie bordelaise doit être appliquée sous forme de spray fin, et non avec une seringue à gros trous.

La bouillie bourguignonne, dont l'usage est préféré par certains, agit de manière très similaire à la bouillie bordelaise, et est faite de la même manière que cette dernière, sauf que la lessive de soude (cinq livres) se substitue à la chaux vive.

Ceux qui laissent les pommes de terre pourrir dans le sol parce que la récolte ne vaut pas la peine d'être creusée, ou qui enterrent les fanes et les tubercules malades dans une tranchée peu profonde, sous l'impression que c'est un moyen sûr de se débarrasser de la végétation sans valeur, stockent simplement *Phytophthora* pour une autre attaque dans le cas où des pommes de terre seraient à nouveau plantées sur le même terrain. S'il est enterré du tout, il doit être à une profondeur considérable, mais la méthode efficace est de détruire tous les déchets de pommes de terre par le feu.

La maladie de la verrue (gale noire) de la pomme de terre (*Synchytrium endobioticum* , Percival) .— Cette maladie extrêmement infectieuse et destructrice de la pomme de terre a reçu une variété de noms dans différents certaines parties du pays, mais elle est maintenant généralement connue sous le nom de maladie de la verrue ou du chou-fleur, ce dernier terme étant attribuable à l'apparence de chou-fleur de l'excroissance du champignon. Cette excroissance apparaît d'abord aux yeux de la jeune pomme de terre sous la forme de petites verrues ridées. Ceux-ci se multiplient et se combinent, créant ainsi une croûte spongieuse sombre qui finit par se décomposer. Là où la maladie est très répandue, elle attaque les fanes ainsi que les tubercules, et une masse vert jaunâtre peut parfois être trouvée juste au-dessus ou juste en dessous de la surface du sol. En règle générale, cependant, aucune indication extérieure de son existence ne doit être vue dans la culture pendant les premiers stades de croissance, mais vers la fin de la saison, les fanes de plantes gravement malades conservent souvent une apparence verte fraîche lorsque le feuillage des autres , qui sont sains ou peu attaqués, est en train de s'éteindre.

L'infection est peut-être le plus souvent propagée par la plantation de tubercules malades. Un autre moyen fréquent de dissémination est le transport des fanes infectées vers le tas de déchets plutôt que vers le feu. Les spores peuvent également être introduites dans le fumier d'animaux nourris avec des pommes de terre malades à l'état brut, et elles peuvent même être transportées d'une parcelle à une autre sur des outils de jardin ou les bottes de ceux qui marchent sur un sol infecté. Immédiatement, tout signe de la maladie est observé, il doit être traité rapidement et sans équivoque. Chaque particule du matériel infecté doit être soigneusement collectée et brûlée. Creusez le sol autour de toutes les plantes malades et brûlez-le également. Sur les terres infectées, il est important que certaines cultures autres que les pommes de terre soient prélevées dans la saison suivant l'épidémie et, si possible, ces terres ne devraient pas être utilisées pour les pommes de terre pendant au moins cinq ou six ans. Mais là où l'espace de jardin est limité, une parcelle contaminée peut devoir être réquisitionnée pour les pommes de terre dans les deux ou trois ans. Dans de tels cas, c'est un excellent plan pour saupoudrer librement les ensembles avec du soufre au moment de la plantation et de répéter l'application avant la mise à la terre.

Bien que depuis quelques années le travail inlassable d'experts se soit consacré à l'investigation de la maladie des verrues et que d'innombrables expériences aient été entreprises, aucun remède efficace n'a encore été découvert. Il a cependant été constaté que certaines pommes de terre sont résistantes à la maladie et, par arrêté du ministère de l'Agriculture et de la Pêche, aucune variété «immunisée» ne peut être plantée dans les districts classés comme zones infectées. Une notification de l'existence de la maladie verruqueuse doit être faite au ministère dès qu'elle est observée.

Tache des feuilles de céleri. —Cette maladie, causée par un champignon minuscule (*Septoria apii* , Chester), est capable d'infliger de graves dommages à la culture du céleri à moins que des mesures rapides ne soient prises pour l'exterminer. Le premier signe de son apparition se trouve dans les feuilles sous forme de petites taches brunes. Celles-ci sont, cependant, tout à fait distinctes des taches déficientes de vert feuille en raison de l'attaque des larves de céleri, et un examen attentif peut être reconnu par la présence d'un certain nombre de très petits points noirs. Des feuilles, le champignon se propage rapidement sur les tiges des feuilles et enfin au cœur de la plante, se terminant par son effondrement total. La multiplication des spores est si rapide, surtout par temps humide, que quelques plantes malades sont capables d'infecter une grande parcelle en deux ou trois semaines. Immédiatement la décoloration d'une feuille est remarquée, la partie affectée de la plante doit être enlevée. Si le stade de la maladie est si avancé que les tiges externes des feuilles sont pourries, la plante entière doit être enlevée et détruite. Il est de la plus haute importance que chaque particule de matière malade soit envoyée au feu et non au tas de déchets. Pulvériser trois ou quatre fois avec de la bouillie bordelaise à des intervalles de deux ou trois semaines peut être utile en cas d'attaque légère, mais le moyen le plus sûr est toujours d'enlever et de détruire toute plante sur laquelle se trouve le champignon. L'un des moyens les plus fréquents d'introduire la tache foliaire du céleri consiste à utiliser des graines infectées, et par conséquent, seules les graines qui ont été traitées pour la destruction du champignon doivent être semées.

Mildiou de la laitue. - Ce champignon est appelé *Bremia lactucæ* , anciennement connu sous le nom de *Peronospora ganglioniformis* , et est parfois du caractère le plus destructeur. Il recouvre les feuilles de laitue d'une fine fleur blanche, qui décompose les feuilles et les fait adhérer en une masse putrescente. Il doit être recherché à ses débuts, cueilli à la main et brûlé. Les vieilles souches de laitue doivent également être arrachées et brûlées, sinon elles peuvent héberger la maladie.

La moisissure de l' **oignon** est causée par le champignon *Peronospora Schleideni* , dont les effets sont parfois désastreux, plus particulièrement pendant les saisons froides et humides. Il se produit à des intervalles de temps incertains avec une virulence extraordinaire, puis détruit complètement les récoltes. Les semis d'automne sont considérés comme une bonne prévention par de nombreux producteurs, car la maladie est souvent mortelle pour les semis de printemps. À ses débuts, le la moisissure peut être traitée avec succès en saupoudrant librement les plantes de fleurs de soufre lorsqu'elles sont mouillées de rosée, ou en appliquant du sulfure de potassium à raison d'une once pour un gallon d'eau. Sinon, tout le matériel malade doit être enlevé et brûlé.

Maladie du pois. —Bien que les pois de jardin souffrent souvent gravement des attaques de *Peronospora viciæ* , qui est la cause de la moisissure du pois, pourtant l'ennemi le plus meurtrier des pois, en particulier des pois tardifs, est un champignon d'un caractère totalement différent. À tel point que la brûlure du pois dévaste parfois les derniers pois, en particulier pendant les étés secs, que toute la récolte est complètement anéantie dans certains jardins. Le nom du champignon de la brûlure du pois ou de la moisissure est *Erysiphe Martii* . Son attaque est souvent faite soudainement; les feuilles perdent alors leur couleur verte naturelle et deviennent jaunâtres et densément recouvertes d'une fine fleur blanche; cette fleur devient enfin saupoudrée d'innombrables corps noirs minuscules, qui ressemblent, sous une lentille, à de minuscules œufs d'araignées dans la toile. Ces petits corps noirs sont remplis de très petits vaisseaux transparents, et chaque vaisseau contient de quatre à huit spores ou graines. Notre illustration montre cette *Erysiphe* agrandie de cent diamètres, avec deux des vaisseaux contenant les spores retirées des taches globulaires et encore agrandies. Le seul moyen sûr de traiter les plants de pois infestés est de les brûler. De nombreuses autres espèces de champignons appartenant au même genre attaquent les arbres fruitiers, les légumes et les fleurs du jardin. Il n'est cependant pas nécessaire de les illustrer, car ils ressemblent plus ou moins au champignon de la brûlure du pois. Ils sont tous issus d'une condition *Oïdium* , similaire à l' *Oïdium* ou Mildiou de la Vigne, et c'est dans cette seule condition, comme dans le cas de la Vigne, qu'ils peuvent être atteints par n'importe quel fongicide.

CHAMPIGNON DU POIS MILDEW

Erysiphe Martii

Maladies de la tomate. - La tomate, comme son proche parent, la pomme de terre, est sujette à un certain nombre de maladies destructrices qui se propagent rapidement si on la laisse s'établir. Les plus graves de ces épidémies se retrouvent parmi les cultures cultivées sous verre, où le traitement forcé qu'ils reçoivent souvent, ainsi que les conditions du sol et de l'atmosphère, rendent les plantes anormalement sensibles aux attaques de champignons et d'insectes ravageurs. Peut-être les formes les plus virulentes de maladie avec lesquelles le cultivateur de tomates est troublé proviennent des attaques de champignons et de bactéries parasites, parmi lesquelles les suivantes sont le plus fréquemment rencontrées: -

MALADIE DU SOMMEIL, ou TOMATE SAUVAGE. - Dans ses symptômes et effets extérieurs, cette maladie ressemble quelque peu à une attaque de l'anguille à galles, mais les gonflements sont absents de la racine. Pendant un certain temps, les plantes semblent assez vigoureuses et saines, mais lorsqu'elles sont adultes, elles flétrissent soudainement et meurent en quelques jours. La maladie est causée par le champignon *Fusarium lycopersici* , qui envahit d'abord les racines et finit par se frayer un chemin à travers la substance du collier ou de la tige près de la surface du sol, en conséquence de quoi l'alimentation en eau absorbée par les racines est coupée hors des feuilles au-dessus du sol et la plante s'effondre. Il n'y a pas de remède contre la maladie somnolente de la tomate, et les plantes qui portent des signes d'infection doivent être soigneusement déterrées et brûlées.

TOMATE «RAYURE». - Cette maladie de la tomate est relativement courante et, bien que les attaques soient parfois légères, ses ravages peuvent être désastreux lorsque les conditions sont favorables à son développement. La présence de Tomato Stripe est généralement remarquée pour la première fois au moment de la formation du fruit. Les tiges des plantes malades présentent alors des taches sombres et des rayures allongées enfoncées de teinte brune, et des taches jaunes , qui virent au brun plus tard, apparaissent sur les feuilles. Des noyaux ou dépressions brunes se développent sur les fruits et gâchent leur apparence. La maladie a été attribuée à l'action d'une bactérie qui ressemble étroitement ou est identique à celle qui cause la rayure chez les pois de senteur. Cet organisme réside probablement dans le sol et les signes de son attaque sont souvent visibles chez les jeunes plantes. Dans les cas graves, le sol de la maison doit être enlevé et remplacé par du terreau frais. Mais lorsque seules de légères traces de la maladie sont apparentes, une stérilisation partielle du sol au moyen d'acide carbolique, comme recommandé pour la pyrale des racines à la page 425, peut être adoptée. L'un des moyens les plus sûrs de se prémunir contre les pertes dues à la maladie de Stripe est de favoriser une croissance robuste et saine et d'éviter des conditions de forçage extrêmes, notamment par l'utilisation excessive de fumier azoté. Lorsque, cependant, le forçage du fumier peut avoir été utilisé en trop grande quantité, une application de potasse (sous forme de kaïnit ou sulfate de potasse) et des engrais phosphatés doivent être administrés pour contrecarrer l'effet de l'azote. Immédiatement, toute trace de la maladie est trouvée, retirez la partie affectée de la plante, s'il est possible de le faire sans blessure grave, mais sinon, la plante entière doit être déracinée et détruite par le feu. Il faut se rappeler que l'organisme peut être porté sur les doigts et sur les outils, et par conséquent, les couteaux avec lesquels les plantes affectées ont été coupées doivent être stérilisés avec du lysol ou une autre solution antiseptique avant d'être utilisés sur des plantes saines.

ROUILLE À FEUILLES DE TOMATE. - Les feuilles de la plante attaquée par cette maladie se couvrent rapidement d'une moisissure veloutée brunâtre terne, ou champignon, connu sous le nom de *Cladosporium fulvum* . Des taches et des plaques moisies, des milliers de spores sont facilement transportées par un léger courant d'air vers la culture saine environnante, et à moins que des mesures rapides ne soient prises pour contrôler le ravageur, toute la maison est rapidement impliquée. Une humidité atmosphérique excessive favorise la moisissure, et elle se propage largement si les plantes malades sont aspergées d'eau en présence de plantes saines. Une gestion judicieuse de l'air, qui est l'un des principes fondamentaux d'une culture réussie de la tomate, fera beaucoup pour empêcher l'attaque de *Cladosporium fulvum* . Lors d'un examen régulier, la présence de la maladie sera révélée avant que des dommages considérables ne puissent être infligés, et lorsque seules quelques feuilles sont touchées, retirez-les soigneusement et conservez-les au feu. La pulvérisation avec la bouillie bordelaise à la moitié de la concentration habituelle est recommandée lorsque la maladie est détectée pour la première fois. Lorsque les plantes portent des fleurs ou des fruits, il ne faut pas utiliser de fongicides contenant du cuivre, mais une solution de foie de soufre, une once dissoute dans six gallons d'eau, employée à la place.

Le ver de l'anguille à nœuds racinaires. - Un insecte nuisible dangereux qui attaque fréquemment la tomate, comme le concombre et le melon, est l'anguille à nœuds des racines (*Heterodera radicicola*). La racine sur laquelle se développent les nœuds gonflés ressemblant à des pois ne remplit pas leurs fonctions ordinaires, et les feuilles tombent, la tige devient molle et la plante entière s'effondre rapidement et meurt si le problème est grave. Le traitement suggéré à la page 425 doit être adopté.

Parfois, la culture de tomates en extérieur est attaquée par *Phytophthora infestans* , le champignon responsable de la maladie de la pomme de terre: la bouillie bordelaise doit être utilisée pour la contrôler.

Les instructions de préparation de la bouillie bordelaise sont données à la page 440.

Une autre préparation utile qui contrôle de nombreuses maladies fongiques peut être faite en dissolvant une once de sulfure de potassium (foie de soufre) dans trois ou quatre gallons d'eau, auxquels il faut ajouter une once ou deux de savon doux. Le dernier nommé aide grandement au mouillage complet et uniforme de toutes les parties du feuillage.

LES ANIMAUX FONGIQUES DE CERTAINES FLEURS

Maladie de la cinéraire et du senecio. - *Senecio pulcher* , peu de temps après son introduction en Angleterre, a été attaqué, et dans certains jardins complètement détruit, par un champignon nommé *Puccinia glomerata* , ou plutôt le stade *Uredo* de ce champignon avec des spores simples et non composées. Le champignon est bien connu, étant étroitement lié à celui qui cause la rouille ou le mildiou des cultures de maïs. Il est très commun sur les espèces sauvages de Groundsel en Angleterre, étant particulièrement fréquent et virulent sur le séneçon *séneçon* , *Senecio Jacobea* , d'août à octobre. Les feuilles des plantes infectées sont couvertes de pustules poussiéreuses de couleur rouille, la condition *Uredo* du champignon, et connues à ce stade sous le nom d' *Uredo senecionis* , parfois appelée *Trichobasis senecionis* . Le champignon a un stade de croissance *Puccinia* très similaire à celui du champignon rose trémière, *Puccinia malvacearum* .

CHAMPIGNON DE LA MALADIE SENECIO

Uredo senecionis

En A est illustré un fragment d'une feuille de *Senecio pulcher* , grandeur nature, et recouverte du champignon de couleur orange; en B une petite partie d'une pustule *Uredo* vue éclatant à travers la cuticule de la feuille de Senecio.

Aucune mesure corrective pour la disparition de ce champignon n'est connue, mais comme les Senecios et les Cinerarias de jardin sont infectés par des plantes malades de séneçon sauvage, il est souhaitable que les plantes de ce dernier (surtout lorsqu'elles sont malades) soient détruites. Mauvaises herbes dans et à propos des jardins sont une cause fréquente de maladie chez les plantes cultivées. Il arrive souvent qu'une mauvaise herbe, étant robuste, ne soit que légèrement incommodée lorsqu'elle est attaquée, tandis qu'une plante cultivée succombera rapidement si elle est attaquée par le même champignon. C'est le cas de la maladie de *Sempervivum* . Dans ce pays, le poireau commun est la plante-nourrice et est rarement très blessé; mais si la maladie *Endophyllum sempervivi* se *répand* parmi les espèces de serre, chaque plante peut être complètement détruite.

CHAMPIGNONS DE GLADIOLI, LYS, ETC.

Urocystis gladioli et *Ovularia elliptica*

Maladies du glaïeul, du crocus, du narcisse et du lys. - Dans certains sols et situations où le sol est lourd et l'atmosphère encline à être humide, le glaïeul est très sujet à une maladie fongoïde destructrice. C'est particulièrement le cas pendant les étés inhabituellement humides. La maladie attaque le corme, corrode et décompose les tissus, de sorte qu'en coupant un corme, tout l'intérieur, ou les parties malades, se trouve imprégné d'une couleur profonde et foxy. Certains pensent qu'un stade de cette maladie est identique à la maladie nommée «Tacon» par les Français, et dans ce pays connu sous le nom de «Copper Web», *Rhizoctonia crocorum* . Cette *Rhizoctonia* est un simple frai ou mycélium, une masse de matière brun rouille comme une épaisse couche de toile d'araignée de teinte rouge. Ce parasite attaque le crocus (en particulier *C. sativus*), le narcisse, l'asperge, la pomme de terre et d'autres plantes. Immergé dans les parties plus molles et plus humides de la substance rouge du bulbe, on peut fréquemment trouver un grand nombre de grandes spores composées, comme illustré en A (agrandi de deux cent cinquante diamètres). Ces corps appartiennent au champignon nommé *Urocystis gladioli* ; mais s'ils appartiennent vraiment au frai nommé *Rhizoctonia,* il n'y a aucune preuve concluante, car les spores n'ont jamais été vus sur les fils ou sur aucun spawn. Les spores sont des objets très ornementaux, constitués de trois à six corps bruns intérieurs compactés, entourés d'un nombre indéfini de cellules transparentes. A maturité, ces spores se désagrègent comme en B et sont le moyen de reproduire le champignon.

Le Colchicum est attaqué par une espèce étroitement alliée mais différente d' *Urocystis* —viz. *U. colchici* . Les Ranunculaceæ sont attaqués par un autre allié dans *U. pompholygodes* et Rye est attaqué par un troisième dans *U. occulta* . Aucune méthode de traitement n'a encore été publiée pour ce ravageur; il est cependant souhaitable que seuls des bulbes sains et bons soient plantés, car si des bulbes infectés sont placés dans le sol, c'est un moyen certain de propager la maladie. Les barres représentées sur l'illustration de cette maladie sont de magnifiques cristaux, très communs dans les cormes de glaïeuls.

Les lis sont très sujets à une maladie au début de l'été: les feuilles sont tachetées et humides et pourrissent; les boutons floraux suivent rapidement et laissent la tige nue. La maladie des lis est causée par un champignon étroitement lié au champignon de la maladie de la pomme de terre et nommé *Ovularia elliptica* , également connu sous le nom de *Botrytis elliptica* (voir illustration C). Les spores sont grosses et produisent des zoospores, ou des spores à queue en forme de poil (cils), capables de nager dans l'eau ou dans des endroits humides. Ce ravageur attaque un grand nombre d'espèces de *Lilium* , à la fois avant et après la floraison. *Hyacinthus candicans* et certaines tulipes souffrent d'un organisme très similaire, sinon le même. Ce champignon a été décrit comme un vrai *Peronospora* . Les bulbes sont sujets à de nombreuses poussées de champignons comme *Volutella hyacinthorum* , *Didymium Sowerbei* , etc. de nombreux champignons suivent la décomposition du bulbe, d'autres produisent ou accélèrent sans aucun doute la décomposition. Aucun remède n'est connu, mais nous conseillons l'achat des ampoules les plus saines et les meilleures. Un bon drainage et une quantité d'air suffisante sont indispensables. Tous les feuillages et tiges infectés doivent être brûlés.

Maladie des roses trémières et des plantes malvacées. - Dans certaines parties de l'Angleterre, la culture de la rose trémière avait à un moment donné tout à fait cessé à cause des attaques d'un champignon microscopique nommé *Puccinia malvacearum* . Dans les jardins et les pépinières, où il y a des années les roses trémières étaient l'un des principaux ornements du lieu, il devenait impossible de cultiver une seule plante. La maladie ne se limite pas à la rose trémière, car elle s'attaque à de nombreuses plantes malvacées, notamment les mauves de nos haies. Nous avons vu des plantes de la variété blanche du Musk Mallow (*Malva moschata*) totalement détruites par ce parasite. La maison du champignon rose trémière est le Chili, d'où le champignon de la pomme de terre nous est parvenu. Le champignon rose trémière a d'abord attaqué les plantes malvacées d'Australie, puis a atteint l'Angleterre en 1873 par le continent européen. Les graines les meilleures et les plus propres de la rose trémière doivent être achetées.

CHAMPIGNON DE LA MALADIE DE HOLLYHOCK

Puccinia malvacearum

Un fragment de feuille de rose trémière est illustré en A, parsemé des pustules brunes caractéristiques; ces pustules recouvrent les tiges ainsi que les feuilles. En B est représenté le bord d'une pustule agrandi de cent diamètres et vu en coupe; montrer l'ensemble d'une pustule en section de six pouces à un pied d'espace serait nécessaire. En éclatant à travers la peau de la plante, on peut voir une forêt dense de fils, chaque fil portant une spore avec un joint au milieu. Une seule pustule produira des milliers de ces doubles spores. En C, certains des fils et des spores sont encore agrandis jusqu'à deux cents diamètres, et en D une spore mûre est représentée tombant du fil et se brisant en deux - chaque pièce est un corps reproducteur ou une spore. À maturité, ces minuscules spores ou «graines» sont transportées dans l'air par millions. En E, l'une des spores composées est agrandie à quatre cents diamètres. Comme cette maladie est installée dans les tissus de la plante, les remèdes sont difficiles à appliquer et, dans de nombreux cas, les tentatives de guérison ont échoué. Il ne fait aucun doute que le champignon est nourri par des mauvaises herbes malvacées. Les plantes de rose trémière infectées et les mauvaises herbes apparentées doivent être détruites par le feu ou par enfouissement profond.

Maladie du pavot. —Les pavots de jardin sont souvent attaqués par un champignon ravageur étroitement lié au champignon de la maladie de la pomme de terre et nommé *Peronospora arborescens* . Il pousse parfois en abondance sur le pavot rouge commun des champs de maïs (*Papaver Rhoeas*), et il attaque mal *P. somniferum* et toutes ses variétés de jardin. Le champignon se développe dans les feuilles et émerge avec une croissance en forme d'arbre à travers les organes de transpiration (les stomates) sur la face inférieure des feuilles. Comme le champignon de la maladie de la pomme de terre, il installe rapidement la décomposition et détruit la plante hôte.

CHAMPIGNON DE LA MALADIE DU COQUELICOT

Peronospora arborescens

En A est illustrée l'une des tiges du pavot *Peronospora* émergeant de la feuille, agrandie de soixante-quinze diamètres. Le champignon du coquelicot est beaucoup plus ramifié que celui de la pomme de terre et chaque minuscule rameau porte une spore. Pour éviter toute confusion, un grand nombre de spores sont omis des rameaux de l'illustration, et les branches qui poussent à partir de la tige à la fois avant et derrière sont pour la même raison laissées de côté. En B, une pointe d'une seule branche est représentée agrandie à quatre cents diamètres. Les spores du champignon du pavot sont inhabituellement grandes et nombreuses: une plante infectée rejettera plusieurs millions de ces spores. Toute la ponte putréfactive de ce champignon se trouve à l'intérieur de la plante hôte; guérir, par conséquent, est difficile. Cette maladie, comme toute autre maladie des plantes, est toujours à son pire dans les endroits mal entretenus où les coquelicots rouges sont abondants. Les coquelicots des champs sont souvent semés avec du maïs sale. Comme il vaut mieux prévenir que guérir, tout ce que nous pouvons vous conseiller est d'acheter les meilleures et les plus propres semences de jardin et de champ, de cultiver de la meilleure façon, de rechercher et de brûler, ou d'enterrer profondément dès que détectées, toutes les plantes atteintes de la maladie, qu'ils soient sauvages ou cultivés. Lorsque des plantes malades de toutes sortes sont laissées pourrir sur le tas de déchets, c'est le moyen le plus sûr de propager une maladie des plantes pour l'année suivante.

Maladies des violettes. —Les violettes sont sujettes à des maladies fongoïdes, tant au printemps qu'en automne. La maladie de l'automne est causée par la *Puccinia violæ* brune , alliée au *P. graminis* du maïs et au *P. malvacearum* des roses trémières et de diverses plantes malvacées. La *Puccinia* des violettes a son stade jaunâtre ou orange; il est alors connu sous le nom de *Trichobasis* , ou *Uredo violarum* . Au printemps et au début de l'été, les violettes sont souvent gravement affectées par un champignon nommé *Æcidium violæ* , qui est cependant apparemment identique à *Puccinia violæ* . Cette maladie attaque les feuilles, les tiges et les sépales, et il est préférable de l'examiner sur les feuilles. Dans cette position, il est considéré comme consistant en un nombre de minuscules pustules jaunes, chaque pustule de moins en taille qu'une tête d'épingle, et toutes rassemblées en une masse circulaire plate d'environ un quart de pouce de diamètre. Ce ravageur est très fréquent sur le chien violet, mais il est peut-être également commun sur les violettes douces de nos jardins au début du printemps, et il se propage fréquemment à d'autres espèces de *viola* . L'un des ravageurs les plus destructeurs des altos se trouve dans *Æcidium depauperans* , ainsi appelé parce que son effet est d'abord d'affamer et d'atténuer, puis de détruire totalement les plantes de *Viola cornuta* . C'est un proche allié d' *Ae. violæ* , mais il diffère en ce que ses coupes minuscules ou pustules sont irrégulièrement réparties sur toutes les parties vertes de la plante hôte au lieu d'être rassemblées en plaques circulaires, comme dans *Ae. violes* . Notre illustration montre, en A, une petite portion de la tige de *Viola cornuta* attaquée par *Æcidium depauperans* . On voit les minuscules pustules (taille naturelle) réparties sur toute la tige, les tiges des feuilles et les feuilles en ruine; la croissance du champignon a pour effet de décomposer les tissus de la plante. En B, une coupe transversale à travers la tige est illustrée et agrandie de vingt diamètres. La section coupe plusieurs des pustules en forme d'abcès et on voit à quel point elles sont complètement intégrées dans la chair de la plante. En C, une pustule est vue en coupe, agrandie de soixante diamètres pour montrer plus clairement les innombrables spores, ou «graines», disposées en collier, destinées à reproduire le ravageur dans les saisons futures. Une autre maladie des violettes à l'automne est causée par un champignon appelé *Urocystis violæ* . Ce champignon provoque la formation de gonflements goutteux sur les tiges et les veines principales. Ces gonflements à la longue éclatent, présentent des taches noires et déchargent des spores de suie. La maladie fongoïde nommée *Phyllosticta violæ* est fréquemment répandue sur les feuilles de violette en juin. En cela, les taches sont blanchâtres. Aucun remède n'est connu et il est toujours bon de brûler ou d'enterrer profondément toutes les feuilles ou plantes infectées.

MALADIE

DE VIOLETTE Æcidium depauperans

www.ingramcontent.com/pod-product-compliance
Lightning Source LLC
LaVergne TN
LVHW061935220826
846092LV00004B/1016

* 9 7 8 2 3 8 3 3 7 0 9 0 1 *